Thomas Bader

Multimodale Interaktion in Multi-Display-Umgebungen

Karlsruher Schriften zur Anthropomatik
Band 9
Herausgeber: Prof. Dr.-Ing. Jürgen Beyerer

Lehrstuhl für Interaktive Echtzeitsysteme
Karlsruher Institut für Technologie

Fraunhofer-Institut für Optronik, Systemtechnik und
Bildauswertung IOSB Karlsruhe

Eine Übersicht über alle bisher in dieser Schriftenreihe erschienenen Bände
finden Sie am Ende des Buchs.

Multimodale Interaktion in Multi-Display-Umgebungen

von
Thomas Bader

Dissertation, Karlsruher Institut für Technologie
Fakultät für Informatik
Tag der mündlichen Prüfung: 12. Juli 2011
Referenten: Prof. Dr.-Ing. Jürgen Beyerer, Prof. Dr.-Ing. Rainer Stiefelhagen

Impressum

Karlsruher Institut für Technologie (KIT)
KIT Scientific Publishing
Straße am Forum 2
D-76131 Karlsruhe
www.ksp.kit.edu

KIT – Universität des Landes Baden-Württemberg und nationales
Forschungszentrum in der Helmholtz-Gemeinschaft

KIT Scientific Publishing 2011
Print on Demand

ISSN: 1863-6489
ISBN: 978-3-86644-760-8

Danksagung

Die vorliegende Arbeit entstand während meiner Tätigkeit als wissenschaftlicher Mitarbeiter am Lehrstuhl für Interaktive Echtzeitsysteme (IES) des Karlsruher Instituts für Technologie (KIT) in enger Kooperation mit dem Fraunhofer Institut für Optronik, Systemtechnik und Bildverarbeitung (IOSB) unter der Leitung von Herrn Prof. Dr.-Ing. Jürgen Beyerer. Ihm danke ich für die kontinuierliche Betreuung der Arbeit, die vielen wertvollen Anregungen und die Hilfestellung bei wichtigen Weichenstellungen. Herrn Prof. Dr.-Ing. Rainer Stiefelhagen danke ich für die Übernahme des Korreferats und insbesondere für die Unterstützung auf den „letzten Metern" durch wertvolle Kommentare.

Den Kollegen am IES gebührt Dank für die freundschaftliche Arbeitsatmosphäre, die wertvollen Kommentare und anregenden Diskussionen zu meiner Arbeit sowie für das ein oder andere „soziale Event" zur Vertiefung interdisziplinärer Themen nach Feierabend. Herrn Dr.-Ing. Michael Heizmann danke ich für die Orientierung im wissenschaftlichen Umfeld zu Beginn der Arbeit und die Motivation mit unkonventionellen Mitteln auf der Zielgeraden.

Allen Kollegen am Fraunhofer IOSB, insbesondere jenen aus der Abteilung Interaktive Analyse und Diagnose (IAD), danke ich für das inspirierende Projektumfeld, die tatkräftige Unterstützung bei der Projektarbeit während zeitlichen Engpässen und die vielen inspirierenden und erfrischenden Gespräche im Arbeitsalltag. Großer Dank gilt Ralf Eck, der mich bereits während des Studiums für die wissenschaftliche Arbeit begeistert hat und über viele Jahre begleitet und gefördert hat. Ebenso danke ich Frau Dr.-Ing. Elisabeth Peinsipp-Byma und Herrn Dr. rer. nat. Jürgen Geisler für Rat und Tat in unterschiedlichsten Situationen sowie für die Möglichkeit über die Promotion hinaus gehende Erfahrungen im wissenschaftlichen Umfeld zu sammeln.

Ich danke Herrn Dr.-Ing. Marco Huber, Alexander Schick und Christian Bader für das intensive Korrekturlesen. Allen Studenten, die mich im Rahmen der Arbeit unterstützt haben, danke ich für ihren Einsatz und den unverzichtbaren Beitrag zu dieser Arbeit.

Größter Dank gilt meiner Familie und meinen Freunden für die bedingungslose Unterstützung und den Rückhalt. Insbesondere danke ich meinen Eltern für die lebenslange Förderung und Begleitung, welche den Grundstein für das Gelingen dieser Arbeit bilden. Besonderer Dank geht an Julia für ihre Begleitung während dieser intensiven Zeit durch Verständnis, Unterstützung und Liebe.

Karlsruhe, im September 2011   *Thomas Bader*

Kurzfassung

Interaktive Umgebungen entwickeln sich mehr und mehr weg von Einzelarbeitsplätzen, bestehend aus einem Display sowie Maus und Tastatur als Eingabegeräte, hin zu Multi-Display-/Multi-User-Umgebungen. Diese stellen neue Anforderungen an Eingabegeräte und Interaktionstechniken. Im Rahmen dieser Arbeit werden neue Ansätze zur Interaktion auf Basis von Handgesten und Blick als neuartige Eingabemodalitäten entwickelt und untersucht.

Dazu wird der Gestaltungsraum von Multi-Display-/Multi-User-Umgebungen aufgespannt, relevante Ausprägungen identifiziert sowie konkrete Anforderungen an geeignete Eingabegeräte und Interaktionstechniken abgeleitet.

Diese werden durch ein neuartiges videobasiertes System zur displayunabhängigen Erfassung von Handgesten adressiert, welches die Position von Hand und Fingerspitzen in 3D erfasst sowie unterschiedliche Handposen in Echtzeit klassifiziert. Der dadurch aufgespannte Gestaltungsspielraum wird anhand von relevanten Interaktionsaufgaben systematisch exploriert. Anhand von zwei neuen, im Rahmen der Arbeit entwickelten gestenbasierten Interaktionstechniken zum Verschieben von Objekten zwischen Displays und zur Interaktion mit entfernten Anzeigen werden neue Möglichkeiten zur Gestaltung von Interaktion in Multi-Display-Umgebungen aufgezeigt.

Als zweite Eingabemodalität wird der menschliche Blick betrachtet, wobei hier der Schwerpunkt auf die Interpretation von *natürlichem* Blickverhalten während der Interaktion gelegt wird. Dabei werden zunächst relevante Einflussfaktoren auf natürliches Blickverhalten in interaktiven Umgebungen anhand von empirischen Studien identifiziert und charakterisiert. Des Weiteren wird ein neuartiges formales Framework zur Modellierung von Zusammenhängen zwischen unterschiedlichen Eingabemodalitäten, dem mentalen Modell des Benutzers, der Interaktionsaufgabe und natürlichem Blickverhalten vorgestellt und validiert. Insbesondere wird gezeigt, wie auf Basis des im Rahmen der Arbeit entwickelten Frameworks die Intention des Benutzers sowie dessen mentales Modell aus beobachtetem natürlichem Blickverhalten zuverlässig geschätzt werden kann. Die Qualität der Schätzung wird anhand von zwei Anwendungsbeispielen im Rahmen von Benutzerstudien evaluiert.

Anhand einer neuartigen, multimodalen Interaktionstechnik wird gezeigt, wie sich auf Basis von modellbasierten Intentionsschätzungen die Vorteile beider im Rahmen der Arbeit betrachteten Eingabemodalitäten für die Interaktion in Multi-Display-Umgebungen kombinieren lassen.

Inhaltsverzeichnis

Notation

Konventionen

x	Skalar
$\underline{x}$	Zeilenvektor
$\underline{x}^{\mathsf{T}}$	Spaltenvektor
$\boldsymbol{x}$	Zufallsvariable (Skalar)
$\underline{\boldsymbol{x}}$	Mehrdimensionale Zufallsvariable
$\mathbf{A}$	Matrix
$\mathbf{A}^{\mathsf{T}}$	Transponierte Matrix von $\mathbf{A}$
$\mathcal{A}$	Menge
$P(\cdot)$	Wahrscheinlichkeit
T,t	Symbolische Bezeichner
T	Konstanten
$P(\underline{\boldsymbol{x}}|\underline{y})$	Verkürzte Schreibweise für $P(\underline{\boldsymbol{x}}|\underline{\boldsymbol{y}} = \underline{y})$

Symbole

Dieses Verzeichnis beschränkt sich aus Gründen der Übersichtlichkeit auf jene Symbole, welche in dieser Arbeit über längere Passagen genutzt werden oder in ähnlicher Form mehrfach eingesetzt werden. Die Verwendung eines Symbols beschränkt sich dabei auf das Kapitel, dem es in nachfolgender Übersicht zugeordnet ist.

Kapitel 3

α_i^{SVM}	Gewichtungsfaktor für Support-Vektor $\underline{v}_i$, Seite 57
β^{NN}	Bias eines künstlichen Neurons, Seite 56

β^{SVM}	Bias einer SVM, Seite 57
$\tilde{c}_k(i)$	Projektion von $\underline{c}(i)$ auf die k-te Hauptachse, Seite 47
$\underline{c}(i)$	Position des i-ten Konturpixels im Bild, Seite 46
$\mathcal{E}$	Menge lokaler Extrema in f_h, Seite 52
$\underline{f}_\mathrm{n}(i)$	Normalenvektor zur Kontur im Punkt $\underline{c}(i)$, Seite 51
$f^{\mathrm{NN}}(\cdot)$	Aktivierungsfunktion eines künstlichen Neurons, Seite 56
$f^{\mathrm{SVM}}(\cdot)$	Entscheidungsfunktion einer SVM, Seite 57
$f_\mathrm{h}(i)$	*Arc Height Function*, Seite 50
$f_\mathrm{w}(i)$	*Arc Width Function*, Seite 50
γ^{SSVM}	Parameter für Radiale Basisfunktion, Seite 59
$h \in \mathcal{H}$	Numerischer Bezeichner für eine Handpose, Seite 55
$\kappa(\cdot,\cdot)$	Kernfunktion einer SVM, Seite 58
Σ_c	Kovarianzmatrix zur Beschreibung von $\underline{c}(i)$, Seite 47
$\underline{\mu}_\mathrm{c}$	Mittelwert über die Konturpixel $\underline{c}(i)$, Seite 47
N_c	Parameter zur Definition der Länge des Kontursegments für die Extraktion von f_w und f_h, Seite 51
N_s	Anzahl verwendeter Abtastpunkte zur Repräsentation der Signaturen im Merkmalsvektor, Seite 63
R_h	Verhältnis von Länge zu Breite einer Hand, Seite 47
$\underline{v} \in \mathcal{V}$	Merkmalsvektor für die Klassifikation von Handposen, Seite 55
$\hat{w}$	Schätzung der Breite einer Hand, Seite 48
$\mathcal{W}$	Menge an Indizes der Kontur zur Beschreibung von Segmentierungsergebnissen, Seite 47
$\underline{w}^{\mathrm{NN}}$	Skalare Gewichte für jede Komponente des Eingabevektors eines künstlichen Neurons, Seite 56
$\underline{w}^{\mathrm{SVM}}$	Normalenvektor der Trennhyperebene einer SVM, Seite 57
W_s	Parameter für Grobsegmentierung der Hand, Seite 47
$x(i)$	x-Koordinate des i-ten Konturpixels im Bild, Seite 46
$y(i)$	y-Koordinate des i-ten Konturpixels im Bild, Seite 46

Kapitel 4

A_{korr}	Anzahl erfolgreich ausgeführter Aufgaben, Seite 75
B	Bearbeitungsdauer, Seite 74

B_{kum} Summe der Bearbeitungsdauer aller durchgeführten Aufgaben, Seite 75

G Genauigkeit, Seite 74

Ω Leistung, Seite 75

Kapitel 5

$\mathcal{A}^*_{l,g}$ Menge an optimalen Aktionen für ein bestimmtes mentales Modell l und ein Ziel g, Seite 121

$\underline{a} \in \mathcal{A}$ Aktion in einem MDP oder POMDP, Seite 114

$\underline{b} \in \mathcal{B}$ Zustand eines Belief-MDP, Seite 116

D_1, D_2 Bezeichner für Diagonalen, Seite 107

$\underline{f} \in \mathcal{F}$ Zustand des Blicks bzw. des visuellen Aufmerksamkeitsfokus, Seite 118

$g \in \mathcal{G}$ Ziel des Benutzers, Seite 118

$\mathcal{H}_o$ Beobachtbare Historie, Seite 115

$\underline{i} \in \mathcal{I}$ Zustand der Eingabe in einem interaktiven System, Seite 118

$l \in \mathcal{L}$ Mentales Modell des Benutzers, Seite 121

$\mathcal{M}$ Menge an Schätzungen von Intention und mentalem Modell des Benutzers, Seite 122

N_p Planungshorizont, Seite 114

O Bezeichner für objektzentrierte Fixation, Seite 98

$\Omega_\%$ Individuelles Leistungsniveau, Seite 150

Ω_L Leistungsmaß als Indikator für den Zustand des mentalen Modells des Benutzers, Seite 147

Ω_{max} Individuelle Maximalleistung, Seite 150

$\underline{o} \in \mathcal{O}$ Beobachtung in einem POMDP, Seite 115

P Bezeichner für proaktive Fixation, Seite 97

P_i Bezeichner für unterschiedliche initiale Bewegungsrichtungen, Seite 110

π^* Optimale Strategie eines MDPs oder POMDPs, Seite 114

$\underline{p} \in \mathcal{P}$ Position eines Objektes auf dem Display, Seite 125

$Q(\cdot,\cdot)$ Q-Funktion, Seite 115

R Bezeichner für reaktive Fixation, Seite 97

$r(\cdot), r(\cdot,\cdot)$ Gütefunktion eines MDP oder POMDP, Seite 114

$\underline{s} \in \mathcal{S}$	Systemzustand eines MDPs oder POMDPs, Seite 114
T_i	Bezeichner für unterschiedliche Zielbereiche, Seite 105
$\underline{T}_{\Delta,f}, \overline{T}_{\Delta,f}$	Parameter zur Definition des Abstands zum Objekt für Transformation von Messungen in den Zustandsraum des Modells, Seite 139
$T_{\angle,f}$	Parameter zur Definition des Winkels zur Transformation von Blickmessungen in den Zustandsraum des Modells, Seite 139
V^*	Optimale kumulierte Gütefunktion, Seite 115
V^π	Kumulierte Gütefunktion, Seite 114

Abkürzungen

ACT-R	Atomic Components of Thought - Rational, Seite 36
AHF	Arc Height Function, Seite 51
AOI	Area-of-Interest, Seite 31
AWF	Arc Width Function, Seite 50
BK	Bayes Klassifikator, Seite 55
bMDP	Belief-MDP, Seite 116
DCT	Diskrete Kosinustransformation (engl.: *discrete cosine transform*), Seite 55
EPIC	Executive-Process/Interactive Control, Seite 36
GIS	Geoinformationssystem, Seite 68
HMM	Hidden-Markov-Modell, Seite 35
LCD	Flüssigkristallbildschirm (engl.: *liquid crystal display*), Seite 11
LED	Leuchtdiode (engl.: *light-emitting diode*), Seite 45
MAP	Maximum-a-Posteriori, Seite 55
MDP	Merkov'scher Entscheidungsprozess (engl.: *Markov decision process*), Seite 113
NASA-TLX	NASA-Task-Load-Index, Seite 74
NIR	Nahes Infrarot (engl.: *near infrared*), Seite 45
NN	Neuronales Netz, Seite 56
PC	Personal Computer, Seite 1
PDA	Personal Digital Assistant, Seite 3
POMDP	Partiell beobachtbarer Markov'scher Entscheidungsprozess (engl.: *Partially Observable Markov Decision Processes*), Seite 113

SEEV	Modell zur Beschreibung der Einflüsse von Auffälligkeit (engl.: *salience*), Erwartung (engl.: *expectancy*), Aufwand (engl.: *effort*) und Nutzen/Wert (engl.: *value*) auf den visuellen Aufmerksamkeitsfokus, Seite 33
Soar	State, Operators and Results, Seite 36
SSVM	Soft-Margin SVM, Seite 58
SVM	Support-Vektor-Maschine, Seite 57
WIMP	Windows, Icons, Menues, Pointers, Seite 183

1 Einführung

1.1 Motivation

Die Variantenvielfalt von Displays als auch die von immer kleiner werdenden Rechnerplattformen hat in den vergangenen Jahren stetig zugenommen. Unterstützt durch den anhaltenden Trend zur Vernetzung von Rechenressourcen, Datenspeichern und Endgeräten, hat dies zur Entstehung völlig neuer interaktiver Umgebungen geführt. Insbesondere ist ein Trend weg vom klassischen *Personal Computer* (PC) hin zu interaktiven Multi-Display-/Multi-User-Umgebungen zu beobachten. Dabei ist die Informationsvisualisierung auf mehrere, dem jeweiligen Anwendungsfall angepasste Displays bzw. Geräte verteilt, um mehreren Benutzern interaktiv den Zugang zu einer digitalen Informationsumgebung zu ermöglichen.

Die Interaktion in solchen Umgebungen ist heute noch stark geprägt durch das Paradigma des *Personal Computings*, bei dem die Mensch-Maschine-Schnittstelle maßgeblich für die Interaktion zwischen einem Benutzer und einem Display bzw. Gerät ausgelegt ist. Überwiegend werden Eingabegeräte eingesetzt, die für die Erfassung von Eingaben von einem einzigen Benutzer ausgelegt sind (z.B. Maus, Tastatur) oder an ein einziges Display gebunden sind (z.B. berührungsempfindliche oder stiftsensitive Displays). Dies ermöglicht zwar prinzipiell die Interaktion einzelner Benutzer mit den unterschiedlichen Anzeigen, allerdings erzwingen die oben genannten Eigenschaften der heute verwendeten Eingabegeräte oft die Nutzung ineffizienter Interaktionstechniken und erlauben keine intuitive und direkte Interaktion in Multi-Display-/Multi-User-Umgebungen. In Abbildung 1.1 ist die oben skizzierte Entwicklung graphisch dargestellt.

Im Rahmen dieser Arbeit wird untersucht, wie sich die Interaktion in solchen interaktiven Umgebungen durch neue Eingabegeräte und Interaktionsparadigmen besser unterstützen lässt, als dies durch herkömmliche Ansätze der Fall ist. Es wer-

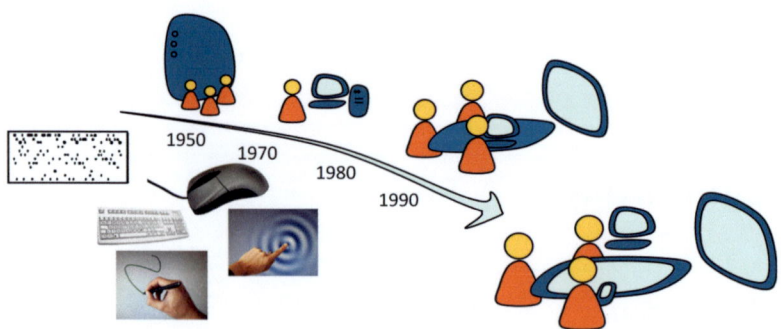

Abb. 1.1: Entwicklung interaktiver Umgebungen vom Mainframe-Computer über den Personal Computer (PC) hin zu Multi-Display-/Multi-User-Umgebungen. Am Anfang dieser Entwicklung teilten sich mehrere Benutzer ein Gerät und Eingaben wurden über Lochkarten an das System übermittelt. Im PC-Zeitalter waren interaktive Umgebungen überwiegend auf die Interaktion zwischen einem Benutzer und einem Display bzw. Gerät ausgelegt. Dabei entstanden Eingabegeräte wie Maus, Tatstatur, berührungsempfindliche und stiftsensitive Oberflächen. Diese werden auch in heutigen Multi-User-/Multi-Display Umgebungen als Eingabegeräte genutzt, schränken allerdings die Interaktion in solchen Umgebungen stark ein.

den neue Lösungsansätze für technische und wissenschaftliche Herausforderungen in diesem Kontext vorgestellt, evaluiert und bewertet. Dabei wird insbesondere auf die Nutzung von Handgesten und Blick als vielversprechende Eingabemodalitäten eingegangen sowie systematische Ansätze zu deren multimodaler Integration vorgestellt.

1.2 Zielsetzung und Beitrag der Arbeit

Im Gegensatz zu herkömmlichen Arbeitsumgebungen, welche auf die Interaktion eines Benutzers mit ein oder mehreren Displays per Maus und Tastatur ausgelegt sind, zeichnen sich Multi-Display-Umgebungen durch eine Vielzahl an Displayvarianten, räumlichen Displaykonfigurationen und Eingabegeräten aus. Diese müssen bei der Gestaltung von Interaktionstechniken bzw. neuen Eingabegeräten für solche Umgebungen explizit berücksichtigt werden. Um die im Rahmen dieser Arbeit behandelte Problemstellung herauszuarbeiten, werden anhand eines beispielhaft ausgewählten, fiktiven Szenarios zunächst einige Parameter illustriert, anhand derer sich unterschiedliche Ausprägungen von Multi-Display-Umgebungen charakterisieren lassen. Anschließend werden diese explizit beschrieben, daraus die allgemeine sowie die im Rahmen dieser Arbeit im speziellen betrachtete Problemstellung abgeleitet und die Beiträge dargelegt, welche diese Arbeit zur Erweiterung des Stands von Technik und Forschung leistet.

Fiktives Beispielszenario:
Mehrere Personen nehmen an einer Besprechung in einem Lagezentrum zur Bewältigung einer Großschadenslage teil. Dabei sind Vertreter von Feuerwehr, Polizei, Technischem Hilfswerk und Behörden beteiligt. Diese müssen so schnell wie möglich mit aktueller Information über das Schadensereignis versorgt werden bzw. interaktiv Information an Einsatzkräfte vor Ort weiter geben.

Der Besprechungsraum ist mit unterschiedlichen *stationären öffentlichen* Visualisierungsmedien ausgestattet, um dem gesamten Team Information über *großflächige* Anzeigen interaktiv zur Verfügung zu stellen. Dort können beispielsweise aktuelle Meldungen aus dem Katastrophengebiet, Übersichtskarten oder Kräfteübersichten dargestellt werden. Einige dieser Anzeigen befinden sich *im Greifraum* einiger Benutzer (z.B. tischartige *horizontale* Anzeigen oder digitale Whiteboards), andere in *größerer Entfernung* an der Wand (z.B. Projektionsdisplays oder Videowände). Einige Besprechungsteilnehmer tragen *persönliche mobile* Geräte bei sich, die ihnen über *kleinere* Displays den individuellen Zugang zum digitalen Informationsnetz ermöglichen (z.B. über Notebooks, Tablett-PCs, PDAs oder Smartphones). Dort kann insbesondere Information abgerufen und bearbeitet werden, welche zunächst nur für einzelne Teammitglieder relevant sind.

Ein Besprechungsteilnehmer möchte nun Information von seinem persönlichen Smartphone auf ein öffentliches großflächiges Display „verschieben", um es dem gesamten Team zur Unterstützung des Abstimmungsprozesses zur Verfügung stellen. Dazu greift er das Objekt mit der bloßen Hand auf dem Display des Smartphones und löst dessen Übertragung auf ein wandgroßes Display durch eine Zeigegeste in die entsprechende Richtung aus. Im weiteren Verlauf der Diskussion möchte ein anderes Teammit-

glied auf einem entfernten Display dargestellte Information manipulieren,
um die Diskussion durch angepasste Information für das gesamte Team
zu unterstützen. Dazu zeigt er auf das entsprechende Objekt, worauf
geeignete Bedienelemente zur Manipulation des Objekts direkt vor ihm
auf dem Tisch dargestellt werden.

Ähnliche Szenarien lassen sich auch für zahlreiche andere Anwendungsbereiche
definieren, beispielsweise bei Planungsaufgaben, kreativen Gestaltungsprozessen,
aber auch bei alltäglichen Besprechungen. Die Unterstützung des Benutzers bei
der Bearbeitung von typischen Interaktionsaufgaben in Multi-Display-Umgebungen
durch darauf angepasste Interaktionstechniken, wie sie oben skizziert sind, ist Ziel
dieser Arbeit. Dabei muss insbesondere die Variantenvielfalt der Ausprägung unterschiedlicher Multi-Display-Umgebungen bei der Gestaltung von Eingabegeräten und
Interaktionstechniken berücksichtigt werden. Diese lassen sich zunächst bezüglich
der Eigenschaften einzelner Displays wie Größe, Mobilität und Auflösung unterscheiden. Ebenso sind deren Anzahl, die räumlichen und funktionalen Beziehungen
zueinander sowie die räumliche Anordnung in Relation zum Benutzer wichtige
Unterscheidungsmerkmale.

Herkömmliche Eingabegeräte können diese Variantenvielfalt nicht abdecken bzw.
Schränken die Gestaltung von displayübergreifenden Interaktionstechniken stark
ein. Insbesondere stellt die Unterstützung von Interaktion über mehrere Displays
mit unterschiedlicher und unter Umständen variierender räumlicher Anordnung,
unterschiedlicher räumlicher Relation zum Benutzer sowie zwischen mobilen und
stationären Anzeigen in einer Multi-User-Umgebung eine bisher noch nicht zufriedenstellend gelöste Herausforderung dar.

Die Zielsetzung der vorliegenden Arbeit ist im Allgemeinen eine einheitliche
displayübergreifende Interaktion ohne zusätzliche Eingabegeräte in einer Multi-
Display-Umgebung zu ermöglichen. Insbesondere sollen dabei Lösungen für die
Unterstützung von relevanten Interaktionsaufgaben unter Berücksichtigung der
dargestellten Variantenvielfalt von Multi-Display-Umgebungen entwickelt und systematisch untersucht werden. Als relevante Interaktionsaufgaben werden dabei
im Rahmen der Arbeit das Verschieben von Objekten zwischen unterschiedlichen
Displays sowie die Interaktion mit entfernten Anzeigen im Detail betrachtet.

Handgesten 	Blick 
Natürlicher Manipulator	Natürlich zur Perzeption eingesetzt
Viele Freiheitsgrade	Wenig Freiheitsgrade
geringe Genauigkeit bei großer Entfernung	Hohe Genauigkeit bei großer Entfernung
Körperliche Ermüdung	Geringe Ermüdung

Abb. 1.2: Vor- und Nachteile von Handgesten und Blick als Eingabemodalitäten.

Als vielversprechende Eingabemodalitäten werden Handgesten und Blick betrachtet. Diese beiden Modalitäten bieten sich gegenseitig ergänzende Eigenschaften, welche in Abbildung 1.2 zusammenfassend dargestellt sind. Die Nutzung der menschlichen Hand als Eingabemedium bietet insbesondere den Vorteil, dass sie auch in natürlichen Umgebungen zur Manipulation von Objekten eingesetzt wird und daher auch die Nutzung zur Manipulation von virtuellen Objekten als intuitiv empfunden wird. Zudem bietet sie viele Freiheitsgrade, was für die schnelle Bearbeitung komplexer Interaktionsaufgaben nützlich sein kann. Nachteilig wirkt sich hingegen die geringe Genauigkeit beim Zeigen auf entfernte Objekte bzw. Displays sowie die körperliche Ermüdung aus, welche insbesondere bei weiträumiger Interaktion auftritt. Über die menschliche Blickrichtung können Rückschlüsse auf den Aufmerksamkeitsfokus des Benutzers gezogen werden. Wird dieser als Eingabekanal für die Mensch-Maschine Interaktion genutzt, so lassen sich beispielsweise entfernte Objekte genau referenzieren und größere räumliche Distanzen ermüdungsarm überbrücken. Allerdings stehen nur wenige Freiheitsgrade zur Gestaltung von Interaktionstechniken zur Verfügung. Außerdem wird der menschliche Blick in natürlichen Umgebungen, im Gegensatz zur Hand, nicht als Manipulator sondern zur Perzeption der Umwelt eingesetzt. Daher ist auch eine bewusste Nutzung des Blicks als Eingabe kognitiv belastend bzw. erfordert Übung durch den Benutzer. Die Gestaltung intuitiver blickbasierter Interaktion kann daher nicht direkt aus der Nutzung des Blicks in natürlichen Umgebungen abgeleitet werden.

Im Speziellen wird im Rahmen dieser Arbeit untersucht, wie sich durch Kombination beider Modalitäten deren Vorteile nutzen bzw. Nachteile ausgleichen lassen. Insbesondere ergeben sich dadurch Herausforderungen auf drei Gebieten, zu denen die Arbeit die im Folgenden dargestellten Beiträge leistet.

- **Erfassung und Interpretation von Eingaben**:
  Auf diesem Gebiet ergeben sich zwei überwiegend technische Herausforderungen. Einerseits sind bisher keine Eingabegeräte kommerziell verfügbar, welche Handgesten in einer Multi-Display-Umgebung mit einer ausreichenden Genauigkeit erfassen. Im Rahmen der Arbeit wurde ein videobasiertes System zur Erfassung der Position mehrerer Hände sowie deren Fingerspitzen in 3D entwickelt. Im Vergleich zu bereits in der Literatur nachgewiesenen Ansätzen erlaubt das System zudem die robuste Klassifikation einer großen Menge an unterschiedlichen Handsymbolen in Echtzeit. Als weiterer Beitrag wurde ein modulares Framework entwickelt, welches die Interpretation von Eingaben in einer Multi-Display-Umgebung ermöglicht und die Grundlage für die Gestaltung von displayübergreifenden Interaktionstechniken bildet.

- **Gestenbasierte Interaktion in Multi-Display-Umgebungen**:
  Hinsichtlich der Gestaltung von gestenbasierter Interaktion für die betrachteten Interaktionsaufgaben ergeben sich mehrere wissenschaftliche Fragestellungen. Zum einen wurde bisher nicht untersucht, wie sich die Fähigkeiten von Systemen zur Handgestenerkennung, insbesondere die Lokalisierung von Hand und Fingerspitzen in 3D sowie die Erkennung von Handposen, nutzen lassen, um typische Interaktionsaufgaben in Multi-Display-Umgebungen effizient und effektiv zu lösen. Zum anderen ist der Gestaltungsspielraum von Interaktion in Multi-Display-Umgebungen noch zu einem großen Teil nicht exploriert und systematisch untersucht. Im Rahmen der vorliegenden Arbeit wurden neue Interaktionstechniken auf Basis des entwickelten Systems zur Handgestenerkennung für die betrachteten Interaktionsaufgaben entwickelt, unterschiedliche Gestaltungsoptionen evaluiert und mit Ansätzen aus der Literatur im Rahmen von Benutzerstudien verglichen. Als Ergebnis wird eine allgemeine Bewertung von Handgesten bzw. einzelner Merkmale bezüglich der Nutzung für neue Interaktionstechniken für Multi-Display-Umgebungen abgeleitet.

- **Multimodale Interaktion**:

  Bei der multimodalen Integration von Blick stellt sich das grundsätzliche Problem, dass der menschliche Blick in seiner Funktion zur visuellen Wahrnehmung der Umgebung von vielen nur schwer kontrollierbaren Faktoren abhängt und insbesondere von nicht direkt beobachtbaren und unterbewusst ablaufenden kognitiven Prozessen gesteuert wird. Durch die im Rahmen der Arbeit durchgeführten empirischen Untersuchungen werden wichtige Einflussfaktoren auf natürliches Blickverhalten systematisch identifiziert und charakterisiert. Zudem wurde ein formales Framework entwickelt, welches die Modellierung des Zusammenhangs zwischen natürlichem Blickverhalten und kognitiven Prozessen, dem mentalen Modell sowie der Aufgabe bzw. der Intention des Benutzers ermöglicht. Damit wird die Interpretation von natürlichem Blickverhalten ermöglicht, was wiederum die Basis für dessen Nutzung zur Gestaltung von Interaktionstechniken darstellt. Die Anwendung des Frameworks zur blickbasierten Schätzung der Intention des Benutzers wird anhand von zwei Interaktionstechniken demonstriert. Zudem wird durch eine neue multimodale Interaktionstechnik zum displayübergreifenden Verschieben von Objekten gezeigt, dass der Blick als zusätzliche Eingabemodalität zur Gestik deren Nachteile, insbesondere die körperliche Ermüdung, reduzieren kann.

1.3 Vorgehensweise und Aufbau der Arbeit

Die für diese Arbeit gewählte Vorgehensweise spiegelt sich in der Gliederung sowie im Aufbau der einzelnen Kapitel wider. Im Folgenden sind die einzelnen Schritte bzw. der Inhalt der einzelnen Kapitel kurz beschrieben.

In Kapitel 2 wird der Stand von Technik und Forschung auf dem Gebiet der Gestaltung von Interaktionstechniken für Multi-Display-Umgebungen auf Basis unterschiedlicher Eingabegeräte sowie auf dem Gebiet der Erfassung von Eingaben in Multi-Display-Umgebungen dargestellt. Des Weiteren wird im Speziellen auf Handgesten und Blick als Eingabemodalitäten eingegangen und dabei insbesondere existierende Ansätze zur Erfassung von Handgesten, zur Gestaltung gestenbasierter Interaktion sowie zur blickbasierten und multimodalen Interaktion dargestellt und die Beiträge der vorliegenden Arbeit entsprechend eingeordnet.

In Kapitel 3 wird der im Rahmen der Arbeit entwickelte Ansatz zur videobasierten Handgestenerkennung im Detail, gemeinsam mit Evaluierungsergebnissen,
vorgestellt und diskutiert. Das im Rahmen der Arbeit entwickelte Framework zur
kontextsensitiven Interpretation von Eingaben in Multi-Display-Umgebungen wird
ebenfalls in diesem Kapitel vorgestellt und mit bestehenden Ansätzen aus der
Literatur verglichen.

In Kapitel 4 werden unterschiedliche neue Ansätze zur Lösung relevanter Interaktionsaufgaben per Handgesten als Eingabemodalität vorgestellt. Insbesondere
werden durch mehrere Benutzerstudien die Nutzung von unterschiedlichen Handposen zur Auslösung von Eingaben sowie die Nutzung der Position von Hand und
Fingerspitzen in 3D für die Gestaltung neuer Interaktionstechniken untersucht.
Als Ergebnis wird eine Bewertung von gestenbasierter Interaktion, insbesondere
der genannten Merkmale, hinsichtlich der Nutzbarkeit für die Interaktion in einer
Multi-Display-Umgebung dargestellt.

In Kapitel 5 werden zunächst anhand von Ergebnissen mehrerer Benutzerstudien grundlegende Eigenschaften von natürlichem Blickverhalten in interaktiven
Umgebungen sowie Zusammenhänge mit wichtigen Variablen in Multi-Display-
Umgebungen und dem mentalen Zustand des Benutzers charakterisiert. Darauf
aufbauend wird ein formales Framework entwickelt, welches die Interpretation
von natürlichem Blickverhalten im Kontext von interaktiven Umgebungen und
variablen mentalen Zuständen des Benutzers ermöglicht. Dieses wird anhand von
zwei Anwendungen validiert und evaluiert. Zudem wird eine neue multimodale
Interaktionstechnik vorgeschlagen und evaluiert, mit der insbesondere aufgezeigt
wird, wie sich charakteristische Eigenschaften von Blick und Handgesten als Eingabemodalitäten sinnvoll ergänzen lassen.

In Kapitel 6 werden die Ergebnisse der Arbeit zusammenfassend diskutiert sowie
Anknüpfungspunkte für zukünftige Arbeiten herausgearbeitet.

2 Stand von Technik und Forschung

Im Folgenden wird der Stand von Technik und Forschung für die in dieser Arbeit betrachteten Fragestellungen dargelegt. Zunächst werden in Abschnitt 2.1 unterschiedliche Ausprägungen von Multi-Display-Umgebungen, wie sie in der Literatur bereits untersucht bzw. realisiert wurden, beschrieben. In Abschnitt 2.2 wird dann auf allgemeine Ansätze zur Unterstützung der Interaktion in Multi-Display-Umgebungen eingegangen. Insbesondere werden dort Lösungen auf Basis herkömmlicher Eingabegeräte betrachtet. Mit *Eingabegerät* wird dabei im Allgemeinen eine technische Vorrichtung bezeichnet, über die Daten und Kontrollsignale einem informationsverarbeitenden System zugeführt werden. Insbesondere werden damit in dieser Arbeit Geräte bezeichnet, welche Kontrollsignale vom Benutzer aufnehmen und diese einem oder mehreren Rechnern als Eingaben zur Verfügung stellen. Abschnitt 2.3 behandelt Arbeiten zur Nutzung von Gestik und Blick als Eingabemodalitäten für uni- und multimodale Interaktionstechniken. Mit *Interaktionstechnik* wird dabei die unter Umständen komplexe Abbildung von Eingaben auf Systemreaktionen beschrieben. Die Gestaltung von Elementen einer graphischen Benutzungsoberfläche und deren Reaktion auf Eingaben gehören dabei mit zum Gestaltungsfreiraum einer Interaktionstechnik.

2.1 Multi-Display-Umgebungen

Die Interaktion in Multi-Display-Umgebungen wird bereits seit einigen Jahren durch entsprechende Forschungsarbeiten beleuchtet. Hier sollen zunächst einzelne Versuchsumgebungen sowie dazugehörige Forschungsschwerpunkte kurz skizziert werden. Dabei wird insbesondere darauf eingegangen, welche charakteristischen Aspekte von Multi-Display-Umgebungen bei den einzelnen Ansätzen berücksichtigt werden. Am Ende dieses Abschnitts wird die im Rahmen dieser Arbeit verwendete Multi-Display-Umgebung vorgestellt und eingeordnet. Details zu einzelnen Interaktionstechniken werden in den nachfolgenden Abschnitten diskutiert.

Eine Ausprägung, welche häufig in der Literatur betrachtet wird, sind großräumige, in einem Raum verteilte, heterogene Multi-Display-Umgebungen. Je nach Ausprägung können in solchen Umgebungen viele charakteristische Aspekte von Multi-Display-Umgebungen untersucht werden. Dies sind beispielsweise die unterschiedliche Größe von Displays, deren Mobilität, verschiedene räumliche Anordnungen und Relationen zum Benutzer sowie eine unterschiedliche Anzahl an Benutzern.

Ein Beispiel hierfür ist *i-LAND*, welches in [132] vorgestellt wird und eine Multi-Display-Umgebung zur Unterstützung von kreativen Arbeitsprozessen darstellt. Diese besteht aus einer wandgroßen Anzeige (*DynaWall*), einem berührungs- und stiftsensitiven tischartigen Display (*InteracTable*) und mehreren Stühlen mit integrierten Tablett-PCs (*CommChairs*). Der Forschungsschwerpunkt liegt hier sowohl auf der Gestaltung einer Softwareinfrastruktur zur Unterstützung displayübergreifender Teamarbeit (*BEACH*) als auch auf der Entwicklung einfacher displayübergreifender Interaktionstechniken. Ähnliche Umgebungen wurden beispielsweise in [18, 62, 63, 92, 114] mit ähnlichen Forschungsschwerpunkten untersucht. Als Eingabegeräte dienen hierbei meist Stifte, die Maus oder berührungsempfindliche Oberflächen.

Ein weiterer Kontext, in dem zahlreiche Arbeiten zur Untersuchung von Interaktion in Multi-Display-Umgebungen durchgeführt wurden, sind interaktive tischartige Anzeigen (engl.: *Tabletops*). Dabei wird insbesondere die Interaktion mit Displays im Greifraum des Benutzers untersucht. Zudem können unterschiedliche Varianten der Umgebung bezüglich Größe und Mobilität der Displays sowie eine unterschiedliche Anzahl an Benutzern abgedeckt werden. Meist wird hierbei die Interaktion mit dem Tisch selbst und darauf liegenden Geräten untersucht. Weitere Aspekte bezüglich der räumlichen Anordnung von Displays in Multi-Display-Umgebungen, wie die Interaktion mit entfernten Anzeigen, werden nicht untersucht.

Beispiele für Arbeiten auf diesem Gebiet sind in [8, 87, 114, 137, 146] zu finden. Bei diesen Arbeiten ist der Fokus auf die Entwicklung neuer Interaktionstechniken gerichtet, insbesondere um Objekte zwischen unterschiedlichen Displays zu verschieben. Als Basis dienen hierbei meist herkömmliche Zeigegeräte wie Stifte, Maus

oder berührungsempfindliche Oberflächen (engl.: *Touchscreen*) in Kombination
mit Sensorik zur Lokalisierung von mobilen Geräten auf dem Tisch bzw. in der
Umgebung.

Weitere Arbeiten beschäftigen sich mit der displayübergreifenden Interaktion
mit mobilen Geräten, wobei hier insbesondere die Herausforderung der fehlenden
umgebenden Infrastruktur adressiert wird. Weitere charakteristische Aspekte von
Multi-Display-Umgebungen werden meist nicht betrachtet. Beispiele für Arbeiten
auf diesem Gebiet sind in [54, 55, 56] zu finden. Aufgrund der fehlenden umgebenden
Infrastruktur werden bei diesen Arbeiten meist in den Geräten verbaute Sensorik als
Eingabegeräte verwendet. Ein weiterer Forschungsschwerpunkt stellt hier neben der
Gestaltung von Interaktionstechniken auch die spontane Etablierung von drahtlosen
Verbindungen dar.

Klassische Mehrmonitorsysteme, welche aus mehreren nebeneinander angeordneten Displays bestehen und für die Arbeit am PC ausgelegt sind, werden hier nicht
näher betrachtet. Diese werden seit mehr als einem Jahrzehnt im praktischen Alltag
genutzt, sind allerdings auf die Bedienung durch einen Benutzer per Maus und
Tastatur ausgelegt. Dadurch decken sie nur einen sehr kleinen Teil der möglichen
Varianten von Multi-Display-Umgebungen ab. Für einen Überblick über Arbeiten
zu diesem Gebiet sei an dieser Stelle auf [93] verwiesen.

2.1.1 Der Digitale Lagetisch

Als Basis für die Untersuchungen im Rahmen dieser Arbeit wird der sogenannte Digitale Lagetisch (DigLT) [168] verwendet. Diese Multi-Display-Umgebung
besteht aus einer horizontal angeordneten Rückprojektionsanzeige (124 × 89 cm),
einem großflächigen vertikal angeordneten Flüssigkristallbildschirm (engl.: *liquid
crystal display, LCD*) (102,5 × 57,5 cm) und mehreren mobilen Tablett-PCs (siehe
Abbildung 2.1). Das System wurde für die Unterstützung der Stabsarbeit beim Ka-
tastrophenmanagement und ähnlichen kollaborativen Planungsprozessen konzipiert.

Mit der Umgebung werden viele wesentlichen Gestaltungsvarianten bezüglich der
räumlichen Anordnung von Displays abgedeckt. Insbesondere kann mit dem System
die Interaktion mit horizontalen und vertikalen Anzeigen, im oder außerhalb des

Abb. 2.1: Versuchsumgebung bestehend aus einer großflächigen horizontalen Anzeige, einer großflächigen vertikalen Anzeige und mehreren mobilen Tablett-PCs.

Greifraums des Benutzers sowie mit stationären und mobilen Displays untersucht werden. Außerdem sind Displays unterschiedlicher Größe repräsentiert.

Für die Lokalisierung der Tablett-PCs auf dem Tisch steht ein markerbasiertes Trackingsystem zur Verfügung (siehe [168] für Details). Damit lässt sich sowohl die Position als auch die Rotation von auf dem Tisch liegenden mobilen Displays bestimmen.

2.2 Eingabegeräte und Interaktion in Multi-Display-Umgebungen

Die in diesem Abschnitt dargestellten Lösungsansätze für die Interaktion in Multi-Display-Umgebungen sind in zwei Kategorien gegliedert. In Abschnitt 2.2.1 werden Ansätze auf Basis *displayabhängiger Eingabegeräte* vorgestellt. Damit sind jene Eingabegeräte gemeint, die bedingt durch das zugrunde liegende Messprinzip nur Eingaben in unmittelbarer Nähe zur Oberfläche bestimmter Displays erfassen können. Ein prominentes Beispiel hierfür sind Touchscreens. Die in Abschnitt 2.2.2

dargestellten Ansätze hingegen basieren auf *displayunabhängigen Eingabegeräten*. Die Erfassung von Eingaben geschieht hier unabhängig von einzelnen Displays. Ein klassisches Beispiel hierfür ist die Maus. Diese Gliederung für die Darstellung verwandter Arbeiten auf diesem Gebiet wurde gewählt, da die jeweilige Klasse von Eingabegeräten prinzipbedingte Eigenschaften aufweist, welche die Eignung der Repräsentanten der Klasse für den Einsatz in einer Multi-Display-Umgebung bestimmen. Diese Eigenschaften werden in den jeweiligen Abschnitten im Detail diskutiert.

Eine vollständige Auflistung aller in der Literatur vorgeschlagenen Interaktionstechniken liegt außerhalb des Rahmens dieser Arbeit. Stattdessen werden im Folgenden jeweils einige Repräsentanten für unterschiedliche Arten von Eingabegeräten bzw. Ansätze zur Umsetzung von Interaktionstechniken in Multi-Display Umgebungen beschrieben und diskutiert. Ein umfangreicher Überblick sowie eine Klassifikation von Interaktionstechniken, welche potentiell für die Interaktion bzw. für das Verschieben von Objekten zwischen einzelnen Displays in Multi-Display-Umgebungen nutzbar sind, ist in [93] zu finden.

2.2.1 Interaktion auf Basis displayabhängiger Eingabegeräte

Im Folgenden werden zunächst prinzipbedingte Vor- und Nachteile displayabhängiger Eingabegeräte anhand von einigen Beispielen diskutiert. Des Weiteren werden unterschiedliche, auf displayabhängigen Eingabegeräten basierende, Interaktionstechniken für Multi-Display-Umgebungen vorgestellt und diskutiert.

Eingabegeräte

Displayabhängige Eingabegeräte haben in den letzten Jahren stark zugenommen, da sie insbesondere eine direkte Interaktion mit einzelnen Displays ermöglichen und sich kompakt verbauen lassen (z.B. in mobilen Geräten). Beispiele für solche Eingabegeräte sind (Multi-)Touchscreens, welche Berührungen einzelner Displays durch den Benutzer erkennen können. Diese basieren heute meist auf einem resistiven oder kapazitiven Messprinzip, bei dem eine Berührung entweder durch Schließen von elektrischen Kontakten durch mechanischen Druck oder über die Veränderung eines elektrischen Feldes bei Berührung der Anzeige detektiert wird (siehe beispielsweise

[126] für eine Übersicht). Eine Erweiterung klassischer Touchscreen-Technologie stellen videobasierte interaktive Oberflächen dar. Diese erlauben, durch im Display verbaute Kameras, zusätzlich zur Berührungsdetektion auch auf der Anzeigefläche liegende Objekte zu identifizieren [87] sowie in größerer Entfernung zur Anzeige wahrzunehmen [144]. Dennoch ist bei allen Ansätzen die Erkennung von Eingaben an ein bestimmtes Display gebunden. Eine weitere Klasse von displayabhängigen Eingabegeräten stellen stiftsensitive Displays dar (siehe z.b. [138]). Diese basieren heute meist auf einem elektromagnetischen Messprinzip und erlauben damit die Erfassung der Stiftposition bzw. des Zustandes von am Stift angebrachten Tasten nicht nur direkt auf der Sensoroberfläche, sondern auch einige Zentimeter darüber.

Interaktionstechniken

Auf Basis displayabhängiger Eingabegeräte wurden zahlreiche Interaktionstechniken für Multi-Display-Umgebungen vorgeschlagen. Häufig wurde dabei als Aufgabe das Verschieben von Objekten zwischen unterschiedlichen Displays betrachtet [91, 93].

Die meisten Interaktionstechniken nutzen lediglich ein Display als Eingabemedium, ermöglichen aber durch indirekte Techniken die Interaktion mit weiteren Anzeigen. Beispiele hierfür sind *Drag-and-Throw* [52], *Slingshot* und *Pantograph* [91], *Push-and-Throw* [29] und *Press-and-Flick* [91]. Bei diesen Techniken wird das Objekt ausgehend vom als Eingabemedium genutzten Display auf ein zweites Display verschoben. Vorteil dieser Art von Interaktionstechniken ist, dass auch außerhalb des Greifraums liegende Bereiche erreicht werden können. Allerdings sind die Techniken zum Teil schwierig zu bedienen, wie auch in Abschnitt 4.2 dieser Arbeit noch gezeigt wird.

Bei einem ähnlichen Ansatz, repräsentiert durch *Drag-and-Pop*, *Push-and-Pop* [28, 91] und *Radar View* [91], werden entfernte oder auf entfernten Displays liegende Bereiche temporär auf das Display des Eingabegeräts geholt, um dort die gewünschte Interaktion durchführen zu können. Vorteil dieser Technik ist, dass damit prinzipiell beliebige Operationen auf einem anderen Display durchgeführt werden können. Ein prinzipbedingter Nachteil ist, dass komplexe graphische Benutzungsoberflächen zwischen unterschiedlichen Geräten ausgetauscht werden müssen und zudem ausreichend Platz zur Anzeige der zusätzlichen Elemente auf dem Display des

Eingabegeräts vorhanden sein muss bzw. in Anspruch genommen wird. Zudem muss bei *Drag-and-Pop* und *Push-and-Pop* Information über Objekte, welche als mögliche Interaktionsziele in Frage kommen, zwischen den unterschiedlichen Displays und dahinter liegenden Systemen ausgetauscht werden, was in einer heterogenen Gerätelandschaft schwierig zu realisieren ist.

In [111] und [112] wird des Weiteren eine direkte Interaktionstechnik namens *Pick-and-Drop* beschrieben, welche das Verschieben von Objekten zwischen zwei Displays mit stiftsensitiven Oberflächen unterstützt. Das Objekt kann auf einem der Displays über eine Berührung per Stift aufgegriffen werden und durch Berühren der anderen Oberfläche dort abgelegt werden. Eine ähnliche Technik wird mit *Corresponding-Gestures* [91] bezeichnet, wobei hier das Aufnehmen und Ablegen des Objekts jeweils über eine dynamische Stiftgeste ausgelöst wird. Zur selben Kategorie gehört die in [55] mit *Stitching* bezeichnete Technik, die bei der Bewegung eines Stifts von einem Display auf ein anderes eine definierte Aktion auslöst (z.B. das Kopieren von Bildern). All diese Techniken haben den Nachteil, dass sie auf stiftsensitive Oberflächen angewiesen sind und das Objekt zwischen dem Aufnehmen und Ablegen auf der jeweiligen Displayoberfläche komplett verschwindet. Letzteres kann aufgrund des fehlenden Feedbacks zu Verwirrung des Benutzers und damit, wie später in Abschnitt 4.2 gezeigt wird, zu erhöhten Leistungsschwankungen führen.

Weitere Möglichkeiten der Realisierung von displayübergreifenden Interaktionstechniken auf Basis displayabhängiger Eingabegeräte ergeben sich, wenn die relative Lage der Displays zueinander hinzugezogen wird. Bei videobasierten berührungsempfindlichen Oberflächen wie dem Microsoft Surface [87], kann beispielsweise die Position von auf der entsprechenden Oberfläche liegenden Displays bestimmt werden. Auf dieser Basis wurden bereits Interaktionstechniken umgesetzt, bei denen Objekte vom einen Display auf das andere verschoben werden, sobald diese aufeinander gelegt werden [87, 146]. Eine Technik zur Interaktion mit entfernten Displays in Multi-Display-Umgebungen, welche ebenfalls die räumliche Relation der Anzeigen zueinander direkt nutzt, wurde in [18] vorgeschlagen. Dabei wird die Lage von Objekten auf entfernten Anzeigen über die Kamera eines Smartphones bestimmt und die Interaktion geschieht direkt über den Touchscreen des Smartphones in dem dort angezeigten Kamerabild. Die detektierten Berührungen werden dann an das entfernte Display bzw. Objekt weiter geleitet. Sehr einfache Interaktionen, wie beispielsweise die Initialisierung einer gegenseitigen drahtlosen Verbindung zwischen zwei mobilen Geräten, können auch auf Basis der im Gerät integrierten Beschleunigungssensoren durch zeitlich synchron ausgeführte Gesten (z.b. Schütteln der Geräte) umgesetzt werden [54, 56].

2.2.2 Interaktion auf Basis displayunabhängiger Eingabegeräte

In diesem Abschnitt wird analog zum vorherigen unterschiedliche displayunabhängige Eingabegerät vorgestellt, prinzipbedingte Vor- und Nachteile dieser Klasse von Eingabegeräten diskutiert und Interaktionstechniken vorgestellt, welche auf Basis displayunabhängiger Eingabegeräte bereits umgesetzt wurden.

Eingabegeräte

Die prominentesten Vertreter von displayunabhängigen Eingabegeräten sind sicherlich Maus und Tastatur. Eingaben des Benutzers werden hier durch ein zusätzliches Gerät unabhängig von einem Display erfasst. Dadurch kann die Maus auch prinzipiell problemlos als Zeigegerät für mehrere Anzeigen verwendet werden, was heute auch in vielen Büros an Doppelmonitorarbeitsplätzen gängige Praxis ist. Während die klassische Maus auf einen festen Untergrund als Eingabefläche angewiesen ist, erlauben Weiterentwicklungen, wie beispielsweise die sogenannte *Air Mouse*[1], auch die Steuerung eines Zeigers in der Luft. Dasselbe gilt für moderne elektronische Zeigegeräte wie die Wii-Fernbedienung [96], welche die absolute Messung der Zeigerichtung durch Beschleunigungssensorik oder videobasierte Vermessung von künstlichen Marken in der Umgebung ermöglichen. Displayunabhängige Zeigegeräte wurden auch auf Basis von Laserpointern umgesetzt [98, 147].

Vorteile dieser Zeigegeräte sind, dass sich dadurch robust ein Zeiger, insbesondere auf entfernten Anzeigen, steuern lässt und zusätzliche Eingabeoptionen (z.B. Buttons, Mausrad) sich direkt am Gerät verbauen lassen. Zudem lassen sich große räumliche Bewegungen des Zeigers mit nur kleinen Bewegungen aus dem Handgelenk bewerkstelligen und damit ermüdungsarm größere räumliche Distanzen im Interaktionsraum überwinden. Durch die displayunabhängige Erfassung der

---

1   z.B. MX Air von Logitech (http://www.logitech.com)

Eingaben lassen sich solche Eingabegeräte prinzipiell auch für die Interaktion in Multi-Display-Umgebungen nutzen. Allerdings schränkt das zusätzlich benötigte Eingabegerät wiederum die Nutzbarkeit durch mehrere Benutzer sowie für Anwendungen, bei denen keine zusätzlichen Eingabegeräte genutzt werden können (z.b. Medizintechnik, Automobil, öffentlicher Bereich), ein.

Um ein zusätzliches Eingabegerät zu vermeiden, wurden zahlreiche videobasierte Ansätze zur Erkennung von Hand- und Körperposen vorgeschlagen. Diese werden gesondert in Abschnitt 2.3.1 betrachtet.

Interaktionstechniken

In der Literatur finden sich zahlreiche Arbeiten zur displayübergreifende Nutzung von Zeigegeräten. In [114] werden beispielsweise zwei Techniken zur Interaktion per Maus über die Grenzen des Display hinaus für komplexere Multi-Display-Umgebungen vorgestellt. Als Versuchsumgebung wird eine Multi-Display-Umgebung bestehend aus einem Laptop, einer tischartigen Anzeige und einem vertikalen Monitor genutzt. Beim sogenannten *„hyperdragging"* können Objekte per Maus vom ursprünglichen Display des Laptops auf eines der beiden anderen Display verschoben werden. Zur Lokalisierung von mobilen Geräten wird ein markerbasiertes visuelles Trackingsystem verwendet, welches es erlaubt, die Position des Mauszeigers beim Übergang von einem Display auf ein anderes geeignet anzupassen. Zudem wird eine Technik namens *„object aura"* vorgeschlagen, bei der Objekte, sobald sie auf dem Tisch abgelegt werden, mit einer interaktiven Aura umgeben werden und darüber per Maus mit dem Objekt interagiert werden kann. Eine ähnliche Art der displayübergreifenden Nutzung von Mauszeigern wird in [41, 63] unter dem Namen *PointRight* vorgeschlagen. Nachteil dieser Techniken ist, dass sie auf der Maus basieren und damit nur über ein zusätzliches Gerät Eingaben möglich sind, welches zudem die Anzahl der Benutzer bzw. deren Bewegungsradius stark einschränkt. Außerdem ist die Steuerung des Mauszeigers aus bestimmten Blickwinkeln bzw. auf bestimmten interaktiven Oberflächen sehr schwierig.

Prinzipiell bieten aber displayunabhängige Eingabegeräte großes Potential für die Gestaltung von Interaktionstechniken in Multi-Display-Umgebungen. Insbesondere Gestenerkennungssysteme, welche die natürliche Bewegung des menschlichen

Körpers bzw. von Körperteilen, wie der Hand, berührungslos erfassen, bieten das Potential, displayübergreifende Interaktion ohne zusätzliche Hilfsmittel zu ermöglichen. Zudem wird die menschliche Hand auch im natürlichen alltäglichen Gebrauch als Manipulator eingesetzt und legt damit eine Verwendung zur Interaktion auch mit virtuellen Objekten nahe. Bei der berührungslosen Erfassung von Handgesten in einer Multi-Display-Umgebung, als auch bei der Gestaltung von ergonomisch günstigen Interaktionstechniken, ergeben sich allerdings zahlreiche Herausforderungen, welche nachfolgend in Abschnitt 2.3 im Detail beleuchtet werden. Als ergänzende Eingabemodalität zur Gestik wird in dieser Arbeit der menschliche Blick betrachtet. Dieser stellt generell eine in diesem Kontext bisher wenig untersuchte Eingabemodalität dar und bietet zudem großes Potential zukünftige Mensch-Maschine-Schnittstellen besser an menschliche Bedürfnisse zu adaptieren. Insbesondere lassen sich bei geschickter Kombination Nachteile gestenbasierter Interaktion auszugleichen. Details zum Stand von Technik und Forschung werden auch zu diesem Gebiet gesondert im nachfolgenden Abschnitt 2.3 dargelegt.

2.3 Handgesten und Blick als Eingabemodalitäten

Zahlreiche Arbeiten haben sich in den vergangenen Jahrzehnten mit der Nutzung von Handgesten und Blick als separate Eingabemodalitäten für die Mensch-Maschine-Kommunikation beschäftigt. Dabei wird die Bezeichnung *Geste* in der Literatur nicht einheitlich verwendet. Den Ausführungen in dieser Arbeit werden folgende Definitionen zugrunde gelegt:

- **Handpose**: Beschreibung einer statischen Handkonfiguration, wobei der Konfigurationsraum je nach Detailgrad einzelne Gelenkwinkelstellungen oder aber nur eine bestimmte Menge an Handkonfigurationen enthalten kann. Insbesondere umfasst der Konfigurationsraum auch die Lage der Hand in einem Weltkoordinatensystem.

- **Handgeste**: Interpretation einer Handpose im Kontext (z.B. Berührung einer Anzeige) oder des zeitlichen Verlaufs von Handposen (z.B. Finger auf und ab).

Prinzipiell ergeben sich bei beiden Modalitäten, nämlich Blick und Handgesten, wissenschaftliche und technische Herausforderungen auf zwei Gebieten: dem Gebiet

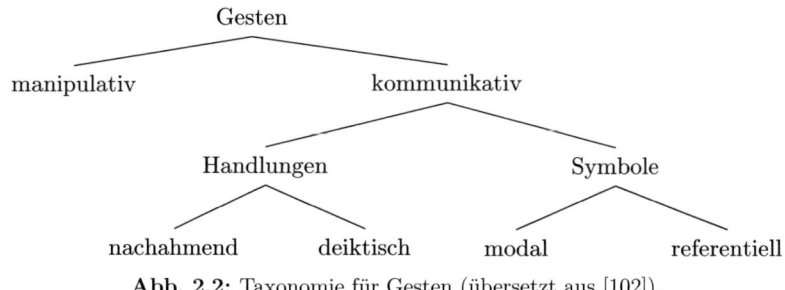

Abb. 2.2: Taxonomie für Gesten (übersetzt aus [102]).

der robusten Erfassung der Eingaben sowie auf dem Gebiet der Gestaltung adäquater Interaktionstechniken. Zu letzterem wird hier insbesondere auch die Einbindung der jeweiligen Modalität in eine multimodale Mensch-Maschine-Schnittstelle gezählt.

2.3.1 Erfassung von Handposen und Handgesten

In der Literatur finden sich zahlreiche Taxonomien zur Klassifikation unterschiedlicher Arten von Gesten. Eines der gängigsten Klassifikationsschemata für Gesten im Kontext der Mensch-Maschine-Interaktion basiert auf den Publikationen [102, 107, 108] und sieht zunächst eine Unterscheidung zwischen manipulativen und kommunikativen Gesten vor. Während *manipulative Gesten* zur Veränderung des Zustands von Objekten eingesetzt werden, dienen *kommunikative Gesten* der Übermittlung von Information. In natürlichen Umgebungen werden diese häufig in Verbindung mit Sprache eingesetzt [102]. Kommunikative Gesten lassen sich weiter unterscheiden in *Symbole* und *Handlungen*. Erstere haben entweder *referentiellen* Charakter (z.B. kreisender Zeigefinger als Symbol für ein Rad) oder *modalen* Charakter (z.B. beim Ausruf „Schau', der Vogel!" und gleichzeitiger wellenförmiger Bewegung der Hand die anzeigt, dass der Flügel sich bewegt [44]). Bei Handlungen hingegen wird die Bewegung der Hand direkt interpretiert, welche sich weiter in *nachahmende Gesten* oder *deiktische Gesten* (Zeigegesten) untergliedern lassen. In Abbildung 2.2 ist die beschriebene Taxonomie grafisch illustriert.

In dieser Arbeit wird ein Fokus auf die berührungslose Erfassung von manipulativen und deiktischen Handgesten gelegt. Diese werden als geeignet für die zu lösenden Interaktionsaufgaben erachtet, da sich beide Klassen analog zu ihrem

Einsatz in natürlichen Umgebungen direkt für die Mensch-Maschine-Interaktion nutzen lassen (Manipulation und zeigen auf virtuelle Objekte). Ansätze, welche auf am Benutzer angebrachter Sensorik oder künstlichen Markern basieren (z.B. [88]), spezielle Handschuhe (z.B. [97]) oder Armbänder (z.B. [113]) erfordern, werden hier nicht näher betrachtet. Diese schränken die Nutzbarkeit des Systems aufgrund der zusätzlichen am Benutzer angebrachten Eingabegeräte stark ein.

Bisher auf dem Gebiet der berührungslosen Erfassung von Handposen und -gesten in der Literatur nachgewiesene Ansätze lassen sich nach der verwendeten Sensorik bzw. deren Modalität in unterschiedliche Kategorien unterteilen. Im Einzelnen sind dies Ansätze zur Erfassung über elektromagnetische Felder, über Ultraschall oder über visuelle Sensorik. Die einzelnen Ansätze werden im Folgenden kurz erläutert, wobei auf videobasierte Ansätze ausführlicher eingegangen wird.

Erfassung über elektromagnetische Felder

Bei diesem Ansatz wird die Veränderung eines elektrischen Feldes durch Einbringung des menschlichen Körpers oder von Körperteilen (z.B. der Hand) ausgenutzt, um deren Position im Raum zu erfassen.

Vorteile dieser Technologie sind der geringe Stromverbrauch der Sensorik, die geringen Hardwarekosten, die hohe Aktualisierungsrate sowie die Robustheit gegenüber visuellen Eigenschaften von umgebenden Oberflächen und Kleidung. Allerdings wird das elektrische Feld insbesondere bei großräumigeren Erfassungsbereichen durch elektrische Leiter oder Störsignale verzerrt und damit die Erfassung gestört. Des Weiteren ist die Erfassung komplexer Posen der menschlichen Hand mit dieser Technologie schwierig. Erste Ansätze hierzu wurden in [131] aufgezeigt, allerdings nicht mehr weiter verfolgt. Zudem erfordert die Nutzung dieses Prinzips zum Teil die umfangreiche Installation von Transmittern im Raum bzw. die Einschränkung des Bewegungsraumes des Benutzers auf Flächen, die mit entsprechenden Elektroden ausgestattet sind. Außerdem hängt die Berechnung der Position des Benutzers aus Sensordaten von der Kopplung des Benutzers mit den Elektroden bzw. mit der Umgebung oder Masse ab. Dies macht, insbesondere bei großräumigen Erfassungsbereichen, entweder eine komplexe Kalibrierung notwendig oder erfordert eine starke

Einschränkung der Bedienumgebung, um für konstante Umgebungsbedingungen zu sorgen.

Beispiele für auf Basis dieser Technik umgesetzte Eingabegeräte finden sich in [16] und [69]. Diese beschränken sich allerdings überwiegend auf die Interaktion mit einzelnen Anzeigen und sind eingeschränkt durch die oben genannten Nachteile der zugrundeliegenden Technologie.

Erfassung über Ultraschall

Bei auf Ultraschall basierenden Systemen wird entweder die Laufzeit oder die Frequenzverschiebung (Dopplereffekt) gemessen und analysiert, um Handbewegungen vor einem Display zu detektieren oder zu klassifizieren. In [67] wird beispielsweise eine System vorgestellt, welches durch Ausnutzung des Dopplereffekts acht unterschiedliche dynamische Handgesten unterscheiden kann. Allerdings können aufgrund des eingesetzten Messprinzips keine unterschiedlichen Handposen erkannt werden. Zudem ist das System auf die Erfassung einer einzigen Hand beschränkt. Ähnliche Eigenschaften zeigt ein Produkt der Firma Elipticlabs [35], welches ebenfalls unterschiedliche dynamische Handgesten auf Basis von Ultraschallmessungen erkennt. Genaue technische Daten zu dem System, insbesondere hinsichtlich der Fähigkeit zur Messung der absoluten Position der Hand, waren zum Zeitpunkt der Anfertigung dieser Arbeit nicht verfügbar. In [27] wird die Positionierungsgenauigkeit des Geräts allerdings als sehr grob bewertet.

Zusammenfassend lässt sich sagen, dass sich durch Ultraschall zwar sehr kostengünstige Geräte, insbesondere zur Erfassung von dynamischen Handgesten, realisieren lassen, diese allerdings für eine absolute Positionsmessung bzw. Erfassung der Pose der menschlichen Hand in Multi-Display-Umgebungen eher ungeeignet sind.

Erfassung über visuelle Sensorik

Die wohl am umfangreichsten untersuchte Klasse von Ansätzen zur berührungslosen Erfassung von Handgesten für die Mensch-Maschine Interaktion stellen die visuellen Verfahren dar. Hierbei wird durch entsprechende Kameras eine Szene visuell erfasst und durch geeignete Verfahren aus den Bildfolgen die gewünschten Größen zur

Beschreibung von Handgesten extrahiert. Da der in dieser Arbeit verfolgte Ansatz zur Erfassung von Handgesten auf visueller Sensorik beruht, werden verwandte Arbeiten hier ausführlicher dargestellt.

Bezüglich der Sensorik lassen sich zunächst grob drei Ansätze unterscheiden. Dies sind Kameras, welche Information im nahen Infrarot aufnehmen, Farbkameras und Tiefenkameras. Auf der jeweiligen Sensorik basierende Ansätze werden im Folgenden dargestellt.

Kameras mit Empfindlichkeit im nahen Infrarot (ca. $700 - 1400$ nm) liefern ein Abbild der Szene als Grauwertbild (ein Kanal). Der Ansatz hat den Vorteil, dass die Szene im nahen Infrarot ausgeleuchtet werden kann, ohne störende Effekte im Bereich des sichtbaren Lichts (ca. $380 - 780$ nm) zu erzeugen. Durch die künstliche Beleuchtung lässt sich insbesondere eine größere Unabhängigkeit des erfassten Bildmaterials von unter Umständen schwankenden Beleuchtungsverhältnissen der Umgebung erreichen. Kameras zur Erfassung einer Szene im nahen Infrarot sind zudem kostengünstig, da viele Chips in Consumer-Kameras auch in diesem Spektralbereich empfindlich sind (bis ca. 900 nm [105]). Nachteilig kann sich der begrenzte zur Verfügung stehende Farbraum für nachfolgende Segmentierungsschritte auswirken. Beispiele für Ansätze, welche auf Bildfolgen im nahen Infrarot operieren, sind [3, 27, 154]. Diese sind zu unterscheiden von Ansätzen im thermischen Infrarot (z.B. [73, 100]). Bei letzteren ist für die Bildaufnahme relativ teure Hardware erforderlich.

Ein ebenso häufig genutzter Ansatz zur Erfassung des Menschen für die Mensch-Maschine Interaktion basiert auf der Nutzung von RGB-Bildfolgen. Hierbei wird die Szene im sichtbaren Spektrum erfasst und das drei-kanalige Bild, getrennt nach den Farben Rot, Grün und Blau, zur weiteren Verarbeitung genutzt. Vorteile dieser Erfassungsmethode sind insbesondere die kostengünstig zur Verfügung stehende Sensorik sowie der im Vergleich zu Grauwertkameras größere Farbraum, welcher die Segmentierung von Objekten erleichtern kann. Ein großer Nachteil der Erfassung einer Szene im sichtbaren Spektrum stellt die Abhängigkeit des erfassten Bildmaterials von externen Beleuchtungsbedingungen dar. Diese können in unterschiedlichen Umgebungen stark unterschiedlich ausfallen sowie zeitlich schwanken. Für die robuste Segmentierung menschlicher Haut, auch unter schwankender Umgebungsbeleuchtung, wurden zwar schon zahlreiche Ansätze untersucht (siehe [66] für eine aktuelle Übersicht), allerdings ist auch dafür immer noch ein Mindestmaß an Licht notwendig, was in manchen Anwendungsfällen nicht gegeben ist. Zudem werden auch hoch dynamische Inhalte von Anzeigen, welche sich im Sichtbereich der Kameras befinden, mit aufgenommen und können die Segmentierung so erheblich erschweren. Beispiele für Ansätze, welche RGB-Bildfolgen, zum Teil mit zusätzlichen Filtern, als Grundlage für nachfolgende Verfahrensschritte nutzen, sind in [1, 31, 85, 99, 121, 122] zu finden.

Eine weitere Möglichkeit zur visuellen Erfassung der Oberflächenform einer Szene stellen Tiefenmessungen dar. Die hierfür verfügbare Sensorik (z.B. Laserscanner oder Time-of-flight Kameras) basiert meist auf der Messung der Laufzeit von aktiv ausgestrahltem Licht. Im Vergleich zur Sensorik der obigen beiden Lösungsansätze war diese bisher allerdings sehr teuer und bietet meist nur eine begrenzte Auflösung (z.B. PMD[vision] CamCube 3.0 mit 200×200 Pixel [104]). Seit Ende 2010 ist ein neuer, kostengünstiger visueller Tiefensensor von PrimeSense [106] kommerziell erhältlich, welcher diese Nachteile zum Teil ausgleicht. Dieser nutzt strukturiertes Licht im nahen Infrarot, welches in die Szene projiziert und von einer Kamera aufgenommen wird. Die Vorteile solcher aktiven Tiefenkameras sind die weitgehende Unabhängigkeit von Beleuchtungsschwankungen in der Umgebung sowie die direkt verfügbare Tiefeninformation. In den letzten Jahren wurden auf Basis von Tiefenbildern einige Ansätze zur Erfassung von Handgesten und Körperposen in 3D realisiert (siehe z.B. [42, 74, 89]). Mit Kinect [71] von Microsoft wurde zudem Ende 2010 ein kommerziell erhältliches System zur interaktiven Steuerung von Spielen per Körpergesten auf den Markt gebracht.

Basierend auf den aus der Sensorik gewonnenen Rohdaten müssen durch geeignete Verfahren die gewünschten Größen extrahiert werden, welche zur Gestaltung der Interaktion zwischen Mensch und Computer genutzt werden sollen. Insbesondere wird in dieser Arbeit die Extraktion von Handgesten betrachtet. Hier lassen sich prinzipiell zwei Klassen von Ansätzen unterscheiden. *Modellbasierte* Ansätze nutzen geometrische oder kinematische Modelle, deren freie Parameter anhand der Bilddaten geschätzt werden. Für die Schätzung der Pose des gesamten menschlichen Körpers sind hier inzwischen echtzeitfähige Ansätze bekannt, welche überwiegend auf der Nutzung von Tiefenbildern basieren (z.B. [71]). Für die modellbasierte Schätzung der Pose einer menschlichen Hand, inklusive Gelenkwinkelstellungen einzelner Finger, existieren ebenfalls unterschiedliche Ansätze

(z.B. [26, 136]). Aufgrund der großen Zahl an Freiheitsgraden sowie dem hohen
Grad an Selbstverdeckung sind diese Ansätze zum jetzigen Zeitpunkt allerdings
noch nicht echtzeitfähig bzw. nicht robust genug für den Einsatz im Bereich der
Mensch-Maschine-Kommunikation. *Ansichtsbasierte* Ansätze hingegen beschränken
sich auf die Erkennung und Klassifikation bestimmter charakteristischer Ansichten
von Handposen, welche für die jeweilige Anwendung relevant sind. Die Spanne an
Ansichten, welche von solchen Ansätzen abgedeckt werden, reicht von Ansichten
aus einem bestimmten Betrachtungswinkel [3, 49, 74, 154] bis hin zu vollen 360°
Rundumsichten [7, 48, 115]. Erkennungsraten und Verarbeitungszeiten von letzteren
Ansätzen entsprechen allerdings noch nicht den Anforderungen, welche interaktive
Systeme an ein entsprechendes Eingabegerät stellen. Häufig verwendete Merkmale
zur Erkennung unterschiedlicher Handposen beim Einsatz von Grauwert- oder
RGB-Kameras sind direkt aus dem Abbild der Handpose berechnete Hu-Momente
[3, 115, 154]. In [121] werden direkt normierte Bildausschnitte (16×16 Pixel) für
die Klassifikation von sechs unterschiedlichen Handposen verwendet. Diese Ansätze
liefern gute Klassifikationserkebnisse, zumindest für eine kleine Menge an unterschiedlichen Handposen. In [49] wird dagegen ein konturbasierter Ansatz verfolgt.
Dieser nutzt lokalisierte Kontursequenzen (engl.: *localized contour sequences*) zur
Repräsentation der Kontur. Die Berechnung des dort vorgeschlagenen Distanzmaßes
ist allerdings sehr rechenintensiv. In [74] wird ein Verfahren zur ansichtsbasierten
Klassifikation von Handposen in Tiefenbildern vorgestellt. Für einen umfangreichen
Überblick über weitere Verfahren zur Erkennung von Handposen sei an dieser Stelle
auf [37] verwiesen.

Trotz umfangreicher Forschungsaktivitäten auf dem Gebiet der Gestenerkennung
kommen kommerzielle Systeme erst langsam auf den Markt. Zum Zeitpunkt der
Anfertigung dieser Arbeit war kein geeignetes kommerzielles System erwerblich.
Die oben skizzierten Ansätze aus der Forschung sind entweder nicht echtzeitfähig,
nicht robust genug oder beschränken sich auf die Erkennung weniger Handposen
(z.B. [43, 121, 154]) bzw. lediglich auf die Erkennung einzelner Fingerspitzen (z.B.
[1, 31, 81]).

2.3.2 Gestenbasierte Interaktion

Auf Basis der oben beschriebenen Systeme zur Erfassung von Handgesten wurden bereits unterschiedliche Interaktionstechniken umgesetzt. Allerdings beschränken sich die meisten hierbei auf die Interaktion mit einer einzelnen Anzeige. So wird in [27] ein visuelles Gestenerkennungssystem beschrieben, welches die berührunglose Bedienung einer Anzeige im Operationssaal per Zeigegesten ermöglicht. Ähnliche Interaktionstechniken werden auch mit der Auswertung von auf Tiefenbildern basierenden Systemen (z.B. Kinect [42, 71]) umgesetzt. In [122] wird die Interaktion mit einer wandgroßen Anzeige per Zeigegesten beschrieben. Bei diesen Interaktionstechniken wird jedoch meist nur die Zeigerichtung eines oder mehrerer Unterarme bzw. die eines einzelnen Fingers für Interaktionszwecke genutzt. Zum Teil werden auch einfache Greifgesten zur Selektion von Objekten verwendet (z.B. [42]).

Im Projekt *OASIS* bei Intel Research [153] wird aus Tiefenbildern sowie einem zusätzliche RGB-Bild die Hand extrahiert sowie diverse Objekte anhand ihrer visuellen Eigenschaften klassifiziert. Auf dieser Basis werden einfach Interaktionstechniken mit einer Aufprojektionsanzeige umgesetzt.

Die Interaktion auf Basis unterschiedlicher Handposen wurde ebenfalls bereits in unterschiedlichen Anwendungsbereichen untersucht. In [3, 154] wurden beispielsweise unterschiedliche Handsymbole zur Bedienung von Geräten im Fahrzeugcockpit eingesetzt. Die Unterscheidung von zwei unterschiedlichen Handposen wurde in [144] zur Manipulation von Objekten in 3D über einer tischartigen Anzeige und in [43] für das Auslösen bestimmter Ereignisse für ein Multi-User-Spiel ebenfalls auf einer großen horizontalen Anzeige eingesetzt.

Gestenbasierte Interaktion wurde auch bereits in Kombination mit anderen Modalitäten in zahlreichen Arbeiten betrachtet. Ein sehr früher Ansatz, bei dem Sprache mit Zeigegesten kombiniert wurde, ist die sogenannte „put-that-there" Metapher [17]. Dabei wird durch eine Zeigegeste ein zu manipulierendes Objekt referenziert und durch Sprache die entsprechenden Ereignisse ausgelöst. In [95] wurde die Genauigkeit von Zeigegesten durch Nutzung der Information über die Kopfdrehung des Benutzers erhöht. In [149] wird vorgeschlagen, Kopfdrehungen mit Zeigegesten zur Verbesserung der Bedienung einer wandgroßen Anzeige zu verwenden.

Das Projekt Lightspace bei Microsoft Research [145] ist eines der wenigen Arbeiten, welche sich explizit mit gestenbasierter Interaktion für Multi-Display-Umgebungen beschäftigt. Hierbei werden die Daten mehrerer Tiefenkameras kombiniert, um mehrere Benutzer in einer Multi-Display-Umgebung zu erfassen. In dem dort verfolgten Ansatz wird komplett auf die Erkennung einzelner Körperteile bzw. die Schätzung der Pose von Körper und Hand verzichtet und direkt das aus der 3D-Information rekonstruierte Oberflächennetz für die Gestaltung von Interaktionstechniken genutzt. Damit wird beispielsweise eine Interaktionstechnik umgesetzt, bei der ein Objekt per Hand von einem Display auf ein anderes verschoben werden kann, wobei das Objekt kontinuierlich auf die sich bewegende Hand projiziert wird.

Mit der auf Ultraschall basierenden Sensorik wurden bisher hauptsächlich Wischgesten zur Bedienung von dafür ausgelegten Menüs auf einer einzelnen Anzeige umgesetzt (siehe z.B. [35]). Die auf dem elektromagnetischen Messprinzip basierende Technik wurde bisher lediglich zur Interaktion mittels Zeigegesten auf einzelnen Displays genutzt (siehe z.B. [16, 69]).

Es zeigt sich, dass der aufgrund neuer Sensorik immer vielfältiger werdende Gestaltungsraum für gestenbasierte Interaktion in Multi-Display-Umgebungen noch kaum exploriert und systematisch untersucht wurde. Bis auf wenige Arbeiten stand bisher die Interaktion mit einzelnen Anzeigen im Vordergrund wissenschaftlicher Untersuchungen. Diese Arbeit leistet auf diesem Gebiet einen wesentlichen Beitrag und beleuchtet systematisch mögliche Gestaltungsoptionen für Multi-Display-Umgebungen.

2.3.3 Erfassung des menschlichen Blicks

Für die Erfassung des Blicks werden in dieser Arbeit kommerziell verfügbare Blickbewegungsmessgeräte eingesetzt. Prinzipiell lassen sich die für diese Arbeit relevanten Blickbewegungsmessgeräte in zwei unterschiedliche Kategorien unterteilen: mobile und stationäre Geräte. Einzelne Beispiele für die jeweilige Klasse sind in Abbildung 2.3 dargestellt und werden im Folgenden beschrieben.

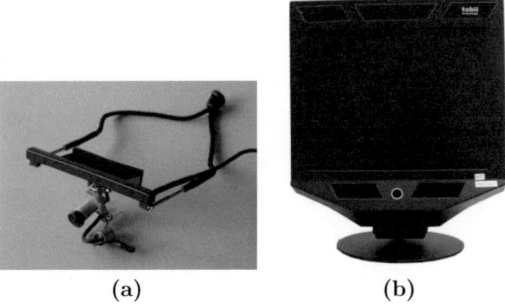

(a) (b)

Abb. 2.3: Unterschiedliche Ansätze zur Messung von Blickbewegungen. (a): mobiles kopfgetragenes Blickbewegungsmessgerät, (b): an ein Display gekoppeltes externes Blickbewegungsmessgerät

Mobile Blickbewegungsmessgeräte

Bei mobilen Systemen zur Erfassung des menschlichen Blicks wird die Sensorik direkt am Kopf des Probanden befestigt. Daher werden sie im Englischen auch als *Head-mounted Eye Tracker* bezeichnet. Die Sensorik setzt sich aus zwei Kameras zusammen, einer Augenkamera und einer Feldkamera. Über die *Augenkamera* wird das menschliche Auge erfasst und daraus der jeweils aktuelle Blickwinkel in Relation zur Feldkamera berechnet. Über die *Feldkamera* wird die Umgebung aufgezeichnet. Die meisten Geräte liefern die aktuelle Blickposition im Koordinatensystem der Feldkamera und erfordern eine nachträgliche manuelle Referenzierung der Blickdaten mit realen Objekten in der Umgebung. Neuere Systeme wie beispielsweise das System *Dikablis* der Firma Ergoneers [36] oder das mobile Blickbewegungsmessgerät von Tobii [135] erlauben die automatische Referenzierung von Blickdaten in der Umgebung durch dort angebrachte künstliche aktive [135] oder passive [36] Marker.

Ein Vorteil mobiler Blickbewegungsmessgeräte im Kontext dieser Arbeit ist ihre Einsetzbarkeit für Untersuchungen in Multi-Display-Umgebungen, da die Erfassung unabhängig von im Raum angebrachten Displays geschieht. Zudem erlauben sie dem Benutzer während der Aufzeichnung sich frei im Raum zu bewegen. Als Nachteil ist insbesondere die störende Sensorik am Kopf zu nennen. Auch die Genauigkeit ist meist geringer als bei stationären Systemen.

Stationäre Blickbewegungsmessgeräte

Stationäre Blickbewegungsmessgeräte (engl.: *remote eye tracker*) basieren auf in der Umgebung angebrachter Sensorik. Hierzu werden meist Kameras in Kombination mit einer aktiven Infrarotbeleuchtung eingesetzt. Durch Techniken der automatischen Bildauswertung wird die Blickposition in Relation zu einem externen Referenzsystem bestimmt. Bei Systemen die fest in eine Anzeige integriert sind (z.b. T-Serie von Tobii [135] oder RED-Modell von SMI [128]) ist dies meist das Koordinatensystem des Bildschirms, während bei frei im Raum installierbaren Systeme (z.B. SmartEye [127]) das Bezugskoordinatensystem frei definiert werden kann.

Vorteile dieser Art von Systemen ist, dass keine störende Hardware am Probanden installiert werden muss und die Blickdaten direkt in einem externen, ortsfesten Koordinatensystem geliefert werden. Ein Nachteil für den in dieser Arbeit betrachteten Anwendungsbereich stellt insbesondere der begrenzte räumliche Erfassungsbereich der Systeme bzw. die zum Teil feste Kopplung mit einzelnen Displays dar.

Weitere Grundlagen

Im Allgemeinen erfassen Blickbewegungsmessgeräte zu jedem Zeitpunkt die Blickrichtung des Benutzers. Der zeitliche Verlauf von Blickrichtungen lässt sich weiter in unterschiedliche Kategorien unterteilen. Im Folgenden werden die für diese Arbeit relevanten Klassen kurz vorgestellt. Für eine Überblick über weitere Kategorien sei auf [32] verweisen.

- *Fixationen* haben in der Regel eine Dauer von 100 bis 150 ms [119]. Während dieser Zeit finden lediglich sehr kleine Bewegungen des Auges statt (sogenannte Drifts, Tremors und Mikrosakkaden [32]). In der Regel führen diese Bewegungen zu einer Schwankung der Blickrichtung von unter einem Grad [150].

- *Sakkaden* sind sehr schnelle Bewegungen des Auges und dienen der Repositionierung, um die Projektion visueller Ziele auf der Retina mit der Fovea in Übereinstimmung zu bringen. Die Dauer von Sakkaden von mehr als fünf Grad beträgt ungefähr 30 ms und weitere 2 ms für jedes weitere Grad [23].

- *Smooth Persuits* werden eingesetzt, um bewegte Objekte mit dem Auge zu verfolgen. Diese können vom Menschen nicht bewusst ausgeführt werden, sondern werden durch einen externen Stimulus hervorgerufen [32].

Für die Detektion der unterschiedlichen Klassen von Blickbewegungen existieren unterschiedliche Ansätze. Meist wird hierbei die Geschwindigkeit sowie die Streuung der Blickbewegungen analysiert [119]. Die im Rahmen dieser Arbeit genutzten Verfahren werden an der entsprechenden Stelle in den nachfolgenden Kapiteln beschrieben bzw. referenziert.

2.3.4 Blickbasierte und multimodale Interaktion

Da die Verfügbarkeit und Robustheit von Blickbewegungsmessgeräten in den letzten Jahren stetig zugenommen hat, wird auch der Untersuchung von blickbasierten Interaktionstechniken bzw. der Einbindung von Blick in multimodale Benutzungsschnittstellen immer mehr Aufmerksamkeit gewidmet.

Prinzipiell gibt es zwei Möglichkeiten, Blick als Eingabemedium zu nutzen. Die erste besteht darin, den Benutzer zu zwingen, bewusst an bestimmte Stellen zu schauen, um damit Aktionen in einem interaktiven System auszulösen. Ein Beispiel eines solchen Ansatzes ist *Eye Typing*, die Bedienung einer virtuellen Tastatur mit dem Blick. Diese Interaktionstechnik wird bereits seit Jahrzehnten in unterschiedlichen Varianten untersucht [84]. In solchen Ansätzen wird der menschliche Blick direkt als Zeigegerät verwendet und Aktionen werden meist nach einer vorgegebenen Verweildauer (engl.: *dwell time*) ausgelöst. Alternative Ansätze zum Auslösen von Aktionen sind blinzeln, bestimmte Gesichtsausdrücke wie Stirnrunzeln oder aber durch eine Eingabe über eine andere Modalität wie das Drücken einer Taste [84]. Die Vorteile solcher Ansätze sind die einfache Implementierbarkeit sowie dass sie keine Analyse und Verständnis von komplexem Blickverhalten erfordern. Speziell für Menschen mit Behinderung bieten solche Interaktionstechniken oft die einzige Möglichkeit, mit einer graphischen Benutzungsoberfläche zu interagieren. Für die meisten Menschen ist allerdings die *bewusste* Nutzung von Blick als Zeiger oder Eingabemodalität unnatürlich, erfordert daher Training und führt zu zusätzlicher kognitiver Belastung [61].

Die zweite Möglichkeit Blick als Eingabekanal einzubinden, besteht in der Interpretation von *natürlichem* Blickverhalten. Hierbei dient oft eine zweite Eingabemodalität als primärer Eingabekanal. Vielversprechende Beispiele für solche Interaktionstechniken können in [60] und [151] gefunden werden. In beiden Ansätzen wird das natürliche Blickverhalten analysiert und für Interaktionszwecke genutzt ohne den Benutzer zu zwingen davon abzuweichen. Bei dem System *iDict* [60] wird die Dauer von Fixationen analysiert, während der Benutzer einen Text in einer Fremdsprache liest. Sobald der Blick für längere Zeit an einer Stelle verharrt, wird automatisch eine Übersetzung des betrachteten Wortes vom System angezeigt. Eine Erweiterung des Prinzips wurde in [14] veröffentlicht. Hier werden je nach aktueller Position des Lesers im Text zusätzliche Bilder oder kontextabhängige Geräusche eingeblendet. Bei dem Ansatz „Manual and Gaze Input Cascaded (MAGIC) Pointing" [151] wird der Mauszeiger bei einer Mausbewegung automatisch an die Stelle bewegt, die zum jeweiligen Zeitpunkt vom Benutzer betrachtet wird. Damit können weiträumige Bewegungen der Maus abgekürzt werden. Beide Ansätze nutzen den Blick nicht direkt als Zeigegerät, sondern interpretieren Blickdaten im Kontext der jeweiligen Aufgabe (lesen, zeigen). Eine weitere beispielhafte Klasse von Anwendungen bei der natürliches Blickverhalten als unterstützende Modalität untersucht wurde, ist Relevanzfeedback bei Suchaufgaben. Hierbei wird untersucht, ob sich Blickdaten dazu eignen, die Relevanz von Objekten (z.B. Bilder [152] oder Objekte in einer realen Umgebung [68]) für die momentan vom Benutzer durchgeführte Aufgabe zu bewerten.

In dieser Arbeit werden Möglichkeiten der Einbindung von Blick und insbesondere der Kombination von Blick und Gestik nach zweiter Art untersucht. Dabei werden Beiträge zu folgenden Themengebieten geleistet, deren Betrachtung als notwendig für die Gestaltung guter Interaktionstechniken auf Basis von *natürlichem* Blickverhalten erachtet werden:

1. Etablierung eines grundlegenden Verständnisses von natürlichem Blickverhalten in interaktiven Umgebungen,

2. Entwicklung von Methoden zur automatischen Analyse von Blickdaten im Kontext dynamischer und interaktiver Umgebungen sowie

3. Gestaltung und Evaluierung neuer blickbasierter Interaktionstechniken.

Arbeiten zur blickbasierten Interaktion wurden bereits am Anfang dieses Abschnitts dargestellt. Im Folgenden wird der Stand von Forschung und Technik auf dem Gebiet der ersten beiden Punkte skizziert.

Natürliches Blickverhalten

Prinzipiell werden bei Verschiebung von Aufmerksamkeit im Allgemeinen zwei Kategorien unterschieden. Eine *sichtbare Verschiebungen* (engl.: *overt shift*) der Aufmerksamkeit ist mit einer nach außen hin sichtbaren Ausrichtung der entsprechenden Wahrnehmungsorgane verbunden. Eine *verdeckte Verschiebung* (engl.: *covert shift*) hingegen ist nach außen hin nicht sichtbar und findet nicht auf sensorischer, sondern auf kognitiver Ebene statt (z.B. Aufmerksamkeitszuwendung zu Objekten im peripheren Blickfeld). In dieser Arbeit werden lediglich sichtbare Verschiebungen der visuellen Aufmerksamkeit des Menschen berücksichtigt, da sich diese aus Blickbewegungsmessungen schätzen lassen. Die Korrelation beider Größen wird auch im Bereich der anwendungsorientierten Forschung für die meisten Anwendungen als ausreichend groß erachtet, um daraus zuverlässige Schätzungen zu gewinnen [142]. Daher wird im Folgenden davon ausgegangen, dass eine gemessene Blickrichtung bzw. Blickposition in der Umgebung auch den Aufmerksamkeitsfokus der Person widerspiegelt. Die Begriffe werden daher im Rahmen dieser Arbeit zum Teil synonym verwendet.

Um natürliches Blickverhalten korrekt interpretieren zu können, ist es wichtig, zunächst die unterschiedlichen Einflussfaktoren zu identifizieren und zu charakterisieren. In [142] werden sechs unterschiedliche Faktoren genannt, welche prinzipiell Einfluss auf die Allokation von visueller Aufmerksamkeit auf einen bestimmten Bereich von Interesse (engl.: *area of interest*, AOI) haben:

- *Gewohnheit* (engl.: *habit*):
  Beschreibt beispielsweise kulturelle Einflüsse wie die Leserichtung, welche nachweislich in westlichen Kulturen dazu führt, dass visuelle Suchfelder vorzugsweise von links oben nach rechts unten durchsucht werden ([141], Seite 75).

- *Auffälligkeit* (engl.: *salience*):
  Beschreibt zu welchem Grad die visuelle Aufmerksamkeit durch entsprechende
  Auffälligkeiten (z.b. Farbe, blinken) in einem bestimmten Bereich angezogen
  wird. Ein gutes Maß für den Grad der Anziehung visueller Aufmerksamkeit ist
  die Latenz, mit der eine bestimmte Region nach einem entsprechenden Reiz
  fixiert wird.

- *Ereignisrate* oder *Bandbreite* (engl.: *event rate, bandwidth*):
  Beschreibt die Häufigkeit mit der relevante Ereignisse in einem gewissen
  Zeitsegment auftreten. Informationstheoretisch kann dies auch durch die
  Bandbreite beschrieben werden, sofern der Informationsgehalt eines Ereignisses
  angegeben werden kann (z.B. in Bits). Ein Informationskanal, z.B. eine AOI,
  mit hoher Ereignisrate oder Bandbreite wird häufiger betrachtet als ein Kanal
  mit geringer Ereignisrate.

- *Kontext* (engl.: *contextual relevance*):
  Beschreibt kontextuelle Einflüsse, welche zur Zuwendung von visueller Aufmerksamkeit auch auf Informationskanäle mit geringer Bandbreite führen.
  Beispielsweise können dies auditive Signale sein, welche auf einen Alarm hinweisen. Oder Information aus einem anderen visuellen Informationskanal,
  welcher im Kontext der durchzuführenden Aufgabe das Auftreten relevanter
  Information in einem anderen Kanal wahrscheinlich macht.

- *Nutzen* der Information (engl.: *information value*):
  Beschreibt den Nutzen (engl.: *utility*), welchen bestimmte Information für die
  erfolgreiche Durchführung einer bestimmten Aufgabe hat bzw. welcher Nutzen
  verloren geht, wenn diese nicht wahrgenommen wird.

- *Aufwand* (engl.: *effort conservation*):
  Beschreibt den Aufwand, der mit einem Wechsel der visuellen Aufmerksamkeit
  zwischen unterschiedlichen Informationskanälen verbunden ist. Dieser wird
  insbesondere bestimmt durch den visuellen Winkel zwischen zwei räumlich
  angeordneten Informationskanälen sowie deren Tiefenunterschied und den
  Umfang an Störungen, welche zuerst verarbeitet werden müssen, um an die
  Zielinformation zu gelangen.

Die Faktoren *Bandbreite* und *Kontext* können hierbei weiter zu einer Größe zusammengefasst werden, welche die *Erwartung* (engl.: *expectancy*) für das Eintreten eines bestimmten Ereignisses in einem Informationskanal widerspiegelt. Erwartung und Nutzen eines Ereignisses ergeben in Kombination den *erwarteten Nutzen* bei der Beobachtung eines Kanals [142]. Dieser wiederum spiegelt den Top-Down-Einfluss von wissensbasierten Faktoren wider.

Die Faktoren *Aufwand* und *Auffälligkeit* sind hingegen Bottom-Up-Einflussfaktoren und bestimmen, zu welchem Grad der Blick von einer bestimmten AOI angezogen wird. Im Kontext der Gestaltung von Mensch-Maschine-Schnittstellen sollten die Bottom-Up-Faktoren so auf die restlichen Faktoren abgestimmt sein, dass visuelle Aufmerksamkeit möglichst nur von aufgabenrelevanten Informationskanälen, d.h. von jenen mit hohem erwarteten Nutzen, angezogen wird. Außerdem sollten über den Kontext der Aufgabe zusammenhängende Informationskanäle räumlich nah beieinander liegen [142]. Der Zusammenhang der Faktoren Auffälligkeit (Sal), Erwartung (Exp), Aufwand (Eff) und Nutzen (Val) wird in [142] durch das sogenannte SEEV-Modell. Die Wahrscheinlichkeit, mit der einer bestimmten AOI visuelle Aufmerksamkeit att zugewendet wird, kann demnach laut [142] beschrieben werden durch

$$P(att = \text{AOI}) \propto \text{Sal(AOI)} - \text{Eff(AOI)} + \text{Exp(AOI)} + \text{Val(AOI)}. \tag{2.1}$$

Dieses einfache Modell, insbesondere die letzteren drei Summanden, wurde bereits in zahlreichen Studien validiert, beispielsweise für Anwendungen in der Luftfahrt [140, 143]. Allerdings wurden hierbei zur Beschreibung der einzelnen Einflussgrößen stets nur relative und sehr grobe Abschätzungen verwendet, welche zudem manuell a-priori bestimmt werden müssen. Das entsprechende Schema zur Bestimmung der unterschiedlichen Einflussgrößen ist in ([142], Seite 57) zu finden. Diese manuelle Vorgehensweise mag zwar für einige einfache, statische Anordnungen von AOIs sinnvoll sein, für den Einsatz in dynamischen, interaktiven Umgebungen ist dieses Vorgehen allerdings nicht praktikabel.

Es wurde in zahlreichen Studien gezeigt, dass das *mentale Modell* des Benutzers entscheidend das natürliche Blickverhalten beeinflusst. Als mentales Modell wird dabei im Kontext dieser Arbeit die mentale Repräsentation des interaktiven Systems bezeichnet. Dieses kann beispielsweise unsicher oder unvollständig sein, was sich insbesondere in unterschiedlichem Blickverhalten von Novizen und Experten nieder schlägt ([141], Seite 72). Studien, die dies belegen, sind in zahlreichen Anwendungsbereichen zu finden [53], beispielsweise bei der Arbeit im Flugzeugcockpit [10], beim Autofahren [76], beim Sport [79] oder im Bereich der laparoskopischen Chirurgie [80]. Es wurde ebenfalls gezeigt, dass sich die Erwartung für bestimmte Ereignisse durch Training gezielt verändern lässt und sich dies auch im Blickverhalten niederschlägt [39].

Auch der dominierende Einfluss der *Aufgabe* auf das Blickverhalten wurde in zahlreichen Studien nachgewiesen. Eine der ersten Studien hierzu wurde in ([148], Seite 174) beschrieben. Hierbei wurde nachgewiesen, dass unterschiedliche Instruktionen an Personen, welche ein Gemälde betrachten, zu stark unterschiedlichem Blickverhalten führt. Während in dieser Studie eine statische Umgebung betrachtet wurde, gibt es auch zahlreiche Studien zum Einfluss der Aufgabe in natürlichen dynamischen Umgebungen, beispielsweise beim Verschieben von Klötzen [103], bei einfacher Objektmanipulation [64], beim Autofahren [78], beim Spielen von Cricket [79] sowie beim Anfertigen von Portraits [77]. Ebenso gibt es Studien in denen Blickverhalten während der Mensch-Maschine-Interaktion untersucht wurde (z.B. [15, 130]) bzw. beim Verschieben von virtuelle Klötzen mit Fokus auf Unterschiede zwischen Blickverhalten bei der Durchführung von Aktionen und der Beobachtung von Aktionen anderer [40, 46]. Des Weiteren wurde der Einfluss kognitiver Prozesse bei der Lösung von Aufgaben auf das Blickverhalten untersucht, zum Beispiel bei der Lösung von Rechenaufgaben oder beim Lesen [118].

In den unterschiedlichen Arbeiten werden verschiedene Blickverhaltensmuster beschrieben, welche während der Aufgabenbearbeitung beobachtet wurden. In [130] wurde beispielsweise die Hand-Auge-Koordination während einer Zeigeaufgabe mit unterschiedlichen indirekten Eingabegeräten untersucht. Als ein Ergebnis der Studie wurden hauptsächlich drei unterschiedliche Blickverhalten beobachtet und beschrieben: *target gaze* (Blick leitet den Zeiger zum Ziel), *following* (Blick verfolgt den Zeiger) und *switching* (Blick springt zwischen Zeiger und Ziel hin und her). Einige dieser Muster konnten in [15] bei einem ähnlichen Versuch mit der Maus als Eingabegerät bestätigt werden. In [46] werden ebenso drei unterschiedliche Muster während einer Aufgabe beobachtet, bei der mehrere Rechtecke auf einem Bildschirm von einer Position an eine andere gestapelt werden mussten. Hier wurde zwischen den Mustern *proactive, reactive* und *tracking* unterschieden.

Eine Schwäche der meisten bisherigen Studien zu natürlichem Blickverhalten ist, dass Ergebnisse nur informell berichtet werden, z.b. in Form verbaler Beschreibung beobachteter Phänomene oder Plots von Blickbewegungsdaten bzw. direkt daraus abgeleiteter Größen. Während solche Beschreibungen zwar einen Beitrag zum prinzipiellen Verständnis von natürlichem Blickverhalten leisten, so ist die Vergleichbarkeit der Ergebnisse auf Basis quantitativer Größen sowie deren Nutzbarkeit für die automatische Analyse von natürlichem Blickverhalten stark eingeschränkt. Eine Beschreibung von Versuchsergebnissen in formaler Weise wäre hier sehr hilfreich. Die Untersuchungen zu natürlichem Blickverhalten während der Mensch-Maschine-Interaktion sind zudem auf die Interaktion mit herkömmlichen Zeigegeräten wie der Maus beschränkt.

Automatische Analyse von Blickdaten

Allgemeine Methoden zur automatischen Analyse von Blickverhalten beschränken sich heute meist auf die automatische Detektion von Fixationen, Sakkaden und zum Teil auch Smooth Persuits [32, 75, 119]. Zur weiteren Analyse werden meist einfache statistische Größen wie Fixationshäufigkeit und -dauer in bestimmten räumlichen Bereichen verwendet.

Eine Interpretation der Blickdaten im Kontext der durch den Probanden bearbeiteten Aufgabe oder dessen kognitiver Prozesse wird meist manuell durchgeführt oder ist beschränkt auf statische Umgebungen (z.B. [60, 118, 119]). In [118] werden Blickdaten auf zugrundeliegende kognitive Prozesse durch eine formale Aufgabenbeschreibung in Kombination mit Hidden-Markov-Modellen (HMM) abgebildet. Unterschiedliche Lösungsstrategien für eine Aufgabe werden hierbei durch eine reguläre Grammatik generiert, wobei einzelne Regeln mit Wahrscheinlichkeiten versehen sind, welche das a-priori Wissen bezüglich der Nutzung einzelner Lösungsstrategien durch den Benutzer repräsentieren. Diese Lösungsstrategien werden schließlich in eine probabilistische Beschreibung in Form eines HMMs überführt. Zur Evaluierung dieser Vorgehensweise wurde das Lösen von mathematischen Gleichungen, Lesen und Eye Typing betrachtet. Der Ansatz hat den Vorteil, dass Unsicherheiten bezüglich unterschiedlicher Lösungsstrategien im Prozessmodell berücksichtigt werden können. Allerdings sind die modellierten Umgebungen statisch und insbesondere nicht interaktiv. Zudem ist das Framework nur auf die Modellierung des Blicks ausgelegt und Multimodalität wird nicht berücksichtigt. Insbesondere ist damit die Modellierung des Einflusses anderer Eingabemodalitäten auf das natürliche Blickverhalten nicht möglich.

Eine weitere Möglichkeit Blickbewegungsdaten mit kognitiven Prozessen in Verbindung zu bringen, stellen kognitive Modelle auf Basis unterschiedlicher kognitiver Architekturen dar (z.B. ACT-R (*atomic components of thought - rational*) [6], EPIC (*Executive-Process/Interactive Control*) [70], Soar (*State, Operators and Results*) [94]). Auf Basis dieser Architekturen kann fertigkeits- und regelbasiertes Verhalten erklärt werden (siehe [109] für Drei-Ebenen-Modell menschlichen Verhaltens). Dabei liegt der Schwerpunkt bei *ACT-R* auf der Modellierung kognitiver Aktionen und Abläufe zur Bearbeitung bestimmter Aufgaben auf Basis von Theorien aus der Psychologie. Insbesondere zu deren Validierung durch den Vergleich mit empirischen Daten. Die Verbindung zur Perzeption wird über entsprechende perzeptive Module realisiert (siehe z.B. [6, 117]) in denen Eigenschaften der jeweiligen Sinnesmodalität hinterlegt sind. Diese Modelle werden im Kontext der Mensch-Maschine-Interaktion hauptsächlich zur Vorhersage der Leistung eines Benutzers für unterschiedliche Gestaltungsoptionen einer Mensch-Maschine-Schnittstelle eingesetzt (siehe z.B. [34]). *Soar* wird hingegen primär im Bereich der künstlichen Intelligenz zur Untersuchung des Verhaltens künstlicher intelligenter Agenten verwendet. Ein Vergleich der unterschiedlichen Architekturen ist in [22] und kompakter in ([34], Seite 16) zu finden. In [120] wurde vorgeschlagen kognitive Architekturen zu verwenden, um anhand von Beobachtungen von Aktionen einer Person auf deren kognitive Prozesse Rückschlüsse zu ziehen. Damit wäre beispielsweise auch die Schätzung der Intention des Benutzers möglich. Ein ähnlicher Ansatz wird in dieser Arbeit verfolgt, wobei Aktionen hier Blickbewegungen darstellen. Allerdings wird im Rahmen dieser Arbeit gezeigt, dass eine Beschränkung auf die fertigkeits- und regelbasierte Ebene nicht ausreichend ist, um natürliches Blickverhalten mit kognitiven Prozessen in Übereinstimmung zu bringen. Daher sind obige Ansätze nicht direkt für die Umsetzung eines entsprechenden Frameworks zur Interpretation des im Rahmen dieser Arbeit betrachteten Kontextes geeignet.

2.4 Zusammenfassung und Fazit

In diesem Kapitel wurde gezeigt, dass sich herkömmliche Eingabegeräte nur bedingt für die Interaktion in Multi-Display-Umgebungen eignen bzw. den Gestaltungsspielraum stark einschränken. Als Alternativen stellen Handgesten und Blick vielversprechende Eingabemodalitäten dar, werfen allerdings noch zahlreiche ungelöste Herausforderungen auf.

Einerseits ist die berührungslose Erfassung von Handgesten noch nicht zufriedenstellend gelöst bzw. stand zum Zeitpunkt dieser Arbeit kein geeignetes, kommerziell verfügbares System zur Verfügung. Insbesondere existieren nur sehr wenige Arbeiten zu gestenbasierter displayübergreifender Interaktion und der Gestaltungsspielraum ist noch weitgehend unexploriert. Auf dem Gebiet der Nutzung von natürlichem Blickverhalten für die Mensch-Maschine-Interaktion bestehen insbesondere noch Wissenslücken zu natürlichem Blickverhalten in interaktiven dynamischen Umgebungen, zum Zusammenhang mit dem mentalen Modell des Benutzers und der bearbeiteten Aufgabe sowie zur multimodalen Integration von Blick mit anderen Eingabemodalitäten. Die vorliegende Arbeit erweitert den Stand der Wissenschaft auf diesen Gebieten.

3 Erfassung und Interpretation von Eingaben in einer Multi-Display-Umgebung

Displayübergreifende Interaktion in Multi-Display-Umgebungen stellt, wie in Kapitel 1 motiviert, neue Anforderungen an Eingabegeräte und die Infrastruktur zur Interpretation von multimodalen Eingabeströmen. In diesem Abschnitt werden die im Rahmen dieser Arbeit entstandenen Beiträge auf diesen beiden Gebieten dargestellt. In Abschnitt 3.1 wird zunächst ein Framework zur kontextsensitiven Interpretation von Eingaben vorgestellt, welches die Grundlage für die Umsetzung von displayübergreifenden Interaktionstechniken darstellt. In Abschnitt 3.2 wird das im Rahmen dieser Arbeit entwickelt videobasierte System zur Erkennung von Handgesten beschrieben und Evaluierungsergebnisse vorgestellt.

3.1 Framework zur kontextsensitiven Interpretation von Eingaben in Multi-Display-Umgebungen

Die Interaktion in Mutli-Display-Umgebungen stellt neue Anforderungen an die zugrunde liegende Softwarearchitektur der beteiligten Systeme. In klassischen interaktiven Umgebungen werden Eingabegeräte in der Regel mit einem System verbunden und Eingaben auch nur von diesem Gerät interpretiert. Einfache Erweiterungen, wie sie durch Software wie Synergy [133] ermöglicht werden, bieten eine gute Grundlage für die Interaktion mit einfachen Multi-Display-Umgebungen auf Basis von Maus und Tastatur. Allerdings schränken sie aufgrund der ausschließlichen Fokussierung auf Maus und Tastatur sowie aufgrund fehlender Möglichkeiten zur

Interpretation von Eingaben im Kontext der gesamten Multi-Display-Umgebung den Gestaltungsspielraum für Interaktionstechniken stark ein.

Im Folgenden wird nochmals kurz der Stand der Technik zu diesem speziellen Gebiet skizziert und anschließend das im Rahmen dieser Arbeit entwickelte Framework vorgestellt.

3.1.1 Stand der Technik

In [63] wird ein Framework für die Interaktion in intelligenten Räumen vorgeschlagen. Für die Interaktion mit dem sogenannten *iRoom* wird eine Infrastruktur namens *iROS* (Room Operating System) verwendet. Diese besteht hauptsächlich aus drei Komponenten, nämlich dem EventHeap, dem DataHeap und dem iCrafter. Während der *EventHeap* für den Austausch von Nachrichten im Sinne eines Messaging-Dienstes zwischen den einzelnen Systemkomponenten verantwortlich ist [63], stellt die Komponente *DataHeap* diese Funktionalität für den Austausch von Daten zur Verfügung. Mit Daten sind hierbei hauptsächlich Dateien gemeint, wie beispielsweise Bilder oder PowerPoint-Folien. Die dritte Komponente, der *iCrafter*, übernimmt die Verwaltung von Diensten und stellt insbesondere angepasste graphische Benutzungsoberflächen in unterschiedlicher Ausprägung für unterschiedliche Geräte zur Verfügung. Bei den Arbeiten zum iRoom standen überwiegen Fragestellungen zur Interoperabilität von Bedienoberflächen und Anwendungen in einer heterogenen Multi-Geräte-Umgebung im Vordergrund. Die Interaktion wurde hauptsächlich mit displayspezifischen Eingabegeräten wie Maus oder Stift über herkömmliche graphische Benutzungsoberflächen realisiert. Komponenten zur Interpretation von Eingaben von displayunabhängigen Eingabegeräten, wie beispielsweise dem im nachfolgenden Abschnitt beschriebenen Gestenerkennungssystem, im Kontext einer Multi-Display-Umgebung sowie Mechanismen zur Gestaltung entsprechender Interaktionstechniken sind daher nicht vorgesehen. Gleiches gilt für die Arbeiten zur sogenannten *Meeting Machine* [8] von Hewlett Packard (HP), welche sich stark an die Infrastruktur von iROS anlehnt. Ein Ansatz, der auch die displayübergreifende Gestaltung von Interaktionstechniken mit einbezieht, wurde in [28] vorgestellt. Zentraler Gedanke dabei ist, eine zusätzliche Instrumentenschicht über die eigentliche Anwendungsschicht zu legen, welche die Eingaben des Benutzers entgegen nimmt, ggf. zusätzliches visuelles Feedback darstellt und die entsprechenden Kommandos an die darunter liegende Anwendungsschicht weiter gibt. *Instrumente* können sich an einem sogenannten *Drag-and-Drop Manager* registrieren, welcher auf allen an der Interaktion beteiligten Geräte installiert sein muss. Für die displayübergreifende Interaktion wird ein Master-Slave-Prinzip angewendet. Ein *Masterinstrument* kann hierbei mehrere *Slaveinstrumente* auf anderen Geräten bzw. Displays kontrollieren und damit beispielsweise die Anzeige von entsprechendem Feedback während einer displayübergreifenden Interaktion steuern. Eine einfache geräteunabhängige Verwaltung von Fenstern wird in einem *Displayserver* realisiert, wobei die Lage einzelner Fenster zueinander in einem sogenannten *Topology-Manager* verwaltet wird. Während dieses Konzept weiter geht als das von iROS, insbesondere was die Gestaltung von displayübergreifender Interaktion betrifft, so ist die Eingabe durch das Master-Slave-Prinzip immer noch an ein Fenster bzw. ein Display gebunden.

3.1.2 Eigener Ansatz

Um auch die Interpretation von Eingaben zu ermöglichen, welchen unabhängig von bestimmten Displays erfasst werden, wurde im Rahmen dieser Arbeit ein eigenes Framework zur Verarbeitung und Interpretation solcher Eingaben entwickelt. Dies erlaubt insbesondere die Gestaltung von kontextabhängigen Interaktionstechniken in einer Multi-Display-Umgebung. Das modulare Framework besteht aus folgenden Komponenten:

- Message-Dispatcher (MD):
  Dieses Kernmodul ist verantwortlich für den Transport von Nachrichten zwischen den beteiligten Modulen. Im Gegensatz zum EventHeap in iROS wird hier keine proprietäre Technologie bzw. Nachrichtenformat eingesetzt, sondern auf etablierte Lösungen im Bereich Messaging-Dienste gesetzt. In der aktuellen Version wird der Java Messaging Service (JMS) [50] verwendet, welcher eine Anbindungen an unterschiedliche Programmiersprachen bietet. Nach dem Publisher-Subscriber-Prinzip können sich Module für bestimmte Nachrichten registrieren und bekommen diese dann ausgeliefert.

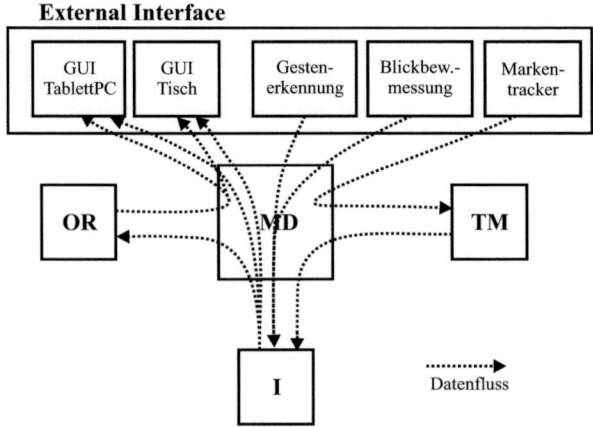

Abb. 3.1: Framework zur Interpretation von Eingaben in Multi-Display-Umgebungen.

- Topology-Manager (TM):

  Dieses Modul ist dafür zuständig, räumliche Attribute einer interaktiven Multi-Display-Umgebung zu verwalten. Dies schließt beispielsweise die Größe einzelner Displays, deren Auflösung sowie deren räumliche Relationen zu anderen Display bzw. einem globalen Referenzsystem ein. Orientierung und Position einzelner mobiler Anzeigen kann dabei durch Trackingsysteme aktualisiert werden, welche am Topology-Manager über das *External-Interface*-Modul angeschlossen sind. Räumliche Attribute von stationären Displays lassen sich manuell festlegen. Im Gegensatz zu [28] werden hier keine Fenster auf den einzelnen Displays verwaltet. Dies geschieht falls notwendig weiterhin auf dem jeweiligen Gerät.

- External-Interface:

  Dieses Schnittstellenmodul enthält die einzelnen Module, welche die Anbindung von Eingabegeräten (z.B. System zur Handgestenerkennung, Blickbewegungsmessgerät) und Ausgabegeräten (z.B. graphische Benutzungsoberfläche auf einem Display) an das Framework realisieren. Insbesondere wird hier die Transformation von Nachrichten in und aus dem Messaging-Format vorgenommen.

- Interpreter (I):

  Der Interpreter empfängt Information von Eingabegeräten, welche über das External-Interface-Modul eingespeist werden und interpretiert diese im Kontext der aktuellen räumlichen Displaykonfiguration, die über den Topology-Manager zur Verfügung gestellt wird. Dieses Modul enthält damit eine erste Stufe der Logik zur Umsetzung von displayübergreifenden Interaktionstechniken. Es generiert Ereignisse, welche dann zur weiteren Verarbeitung und Interpretation an die entsprechenden Displays gesendet werden. Hier werden beispielsweise Berührungen von Anzeigen oder spezielle Gesten erkannt.

- Object Repository (OR):

  Das Object Repository ist vergleichbar mit dem Konzept des DataHeap in iROS. Hier können Objekte zwischengespeichert werden, welche von einem Display auf ein anderes verschoben werden oder unterschiedliche Repräsentationen auf unterschiedlichen Displays haben. Allerdings wird nur die Information bezüglich der visuellen Repräsentation der Objekte gespeichert (z.B. Symbol einer Datei). Die Daten selbst bleiben unverändert und müssen ggf. separat behandelt werden.

In Abbildung 3.1 sind die unterschiedlichen Module sowie ihre Beziehungen zueinander dargestellt. Das Framework ist aktuell überwiegend in Java implementiert, wobei einzelne Schnittstellenmodule in Python oder C++ umgesetzt sind.

3.2 Videobasierte Erkennung von Handposen

Für diese Arbeit wird ein videobasierter Ansatz zur Erfassung von Handposen auf Basis von Grauwertbildern im nahen Infrarot gewählt. Dies hat den Vorteil, dass kostengünstige Sensorik zur Verfügung steht, durch künstliche Beleuchtung im nahen Infrarot die Robustheit der Bildverarbeitungsverfahren gegenüber variierenden Beleuchtungseinflüssen aus der Umgebung erhöht und zudem ein großer räumlicher Erfassungsbereich abgedeckt werden kann. Des Weiteren ist die Technologie displayunabhängig, was Voraussetzung für eine möglichst uneingeschränkte Exploration von Interaktionstechniken für eine Multi-Display-Umgebung ist.

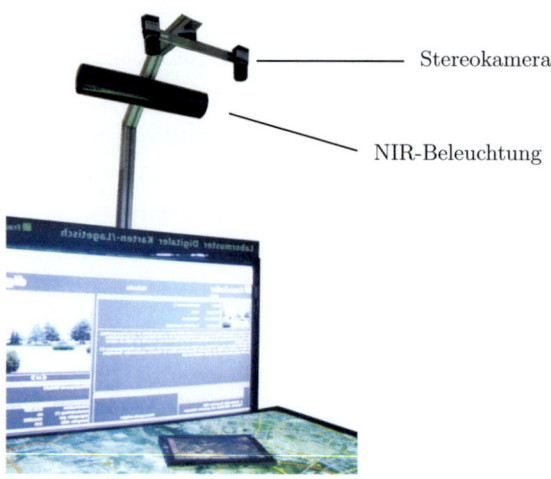

Stereokamera

NIR-Beleuchtung

Abb. 3.2: Hardwareaufbau zur videobasierten Erfassung von Handposen.

Ziel bei der Entwicklung des Systems ist, im Gegensatz zu Arbeiten wie [26, 136], nicht die möglichst genaue Schätzung einzelner Gelenkwinkelstellungen der Finger einer menschlichen Hand, sondern ein aufgabenangepasstes, robustes und insbesondere den zeitlichen Anforderungen hinsichtlich der Verarbeitungszeit genügendes System. Als Vorgabe wurde hierbei eine maximale Latenzzeit der Systemreaktion von 50 ms angesetzt, da größere Latenzen vom Benutzer bewusst wahrgenommen werden [139]. Um genügend Gestaltungsspielraum für die Entwicklung von Interaktionstechniken zu bieten, sollen neben der Position von Hand und Fingerspitzen in 3D auch unterschiedliche Handposen benutzerunabhängig erkannt werden.

Als Versuchsplattform dient die in Abschnitt 2.1.1 beschriebene Multi-Display-Umgebung.

3.2.1 Lösungsansatz

Um die Position von Hand und Fingerspitzen in 3D bestimmen zu können, wird ein stereobasierter Ansatz gewählt. Der entsprechende Hardwareaufbau ist in Abbildung 3.2 dargestellt und umfasst sowohl die Sensorik als auch die LED-Beleuchtung (engl.: *light-emitting diode*) im nahen Infrarot (NIR) mit einer Wellenlänge von 860 nm.

Die entwickelten Verfahren werden im Folgenden anhand der einzelnen Verfahrensschritte im Detail dargestellt. Der Verarbeitungsprozess wird hierzu in sechs Blöcke unterteilt, nämlich in Bildsegmentierung, Handsegmentierung, Merkmalsextraktion, Fingerspitzendetektion, Klassifikation und Stereofusion. Mit *Bildsegmentierung* werden hierbei Verarbeitungsschritte bezeichnet, welche die Separation von Regionen im Bild durchführen, die potentiell eine Hand enthalten könnten. Aufbauend auf dieser Segmentierung im Bildbereich wird durch die *Handsegmentierung* das Problem der Trennung der menschlichen Hand von anderen Körperteilen mit ähnlichen Reflektanzeigenschaften im nahen Infrarot adressiert (z.B. Armsegmente), welche im vorangehenden Verfahrensschritt mit segmentiert wurden. Durch die *Merkmalsextraktion* werden aus der segmentierten Kontur Merkmale berechnet, die sich für den Einsatz in den nachfolgenden Verarbeitungsschritten, *Fingerspitzendetektion* und *Klassifikation* von Handposen eignen. Im letzten Verarbeitungsschritt, der *Stereofusion*, wird schließlich die aus den einzelnen Bildern extrahierte Information fusioniert, um beispielsweise die Position von Hand und Fingerspitzen in 3D zu berechnen.

Bildsegmentierung

Der Verarbeitungsschritt der Bildsegmentierung wurde im Rahmen dieser Arbeit stark auf die genutzte Versuchsplattform angepasst, kann aber für den Einsatz in anderen Umgebungen einfach erweitert bzw. ausgetauscht werden. Beispiele für komplexere Verfahren zur Bildsegmentierung sind in [81] zu finden.

Da das Stereokamerasystem, wie in Abbildung 3.2 dargestellt, über der tischartigen Anzeige angebracht ist, bildet die Displayoberfläche auch den Hintergrund. Bei der Bildsegmentierung wird ausgenutzt, dass die menschliche Haut Reflektanzeigenschaften im nahen Infrarot aufweist, die sich stark von denen der für die Rückprojektion verwendeten Mattscheibe unterscheiden. Wie in Abbildung 3.3 dargestellt, erscheint die Projektionsoberfläche im nahen Infrarot dunkel, die Hand hingegen hell. Die gleiche Eigenschaft kann auch bei LCD- oder Plasma-Bildschirmen als Hintergrund ausgenutzt werden. Der auf der Anzeige dargestellte visuelle Inhalt

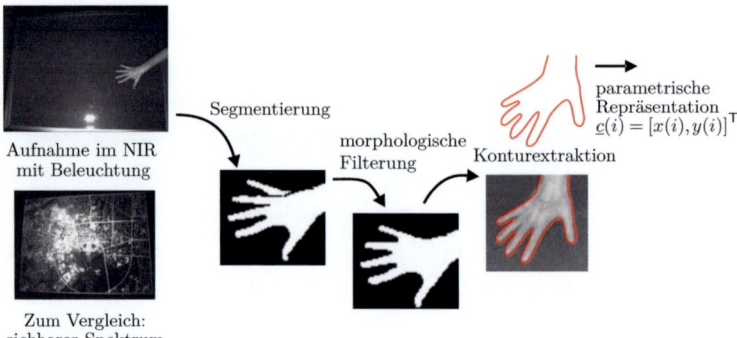

Abb. 3.3: Schematischer Überblick über eingesetzte Verfahren zur Bildsegmentierung und Konturextraktion.

wird dabei durch einen sogenannten Tageslicht-Sperrfilter, welcher vor den einzelnen Kameras angebracht ist, herausgefiltert. Damit steht ein relativ homogenes Hintergrundbild zur Verfügung. Zur Segmentierung von Regionen, welche potentiell eine menschliche Hand darstellen, wird daher ein Differenzbildverfahren, gefolgt von einer Schwellwertfilterung, eingesetzt. Zum Teil ergeben sich Segmentierungsfehler durch lokalen Schattenwurf. Diese können durch den Einsatz morphologischer Filter ausgeglichen bzw. reduziert werden (siehe Abbildung 3.3).

Handsegementierung

Da durch die Bildsegmentierung nicht nur die Hand, sondern beispielsweise auch Armsegmente mit extrahiert werden können, wird in einem nachgelagerten Verarbeitungsschritt die Hand vom Unterarm segmentiert. Dies wird hier durch ein konturbasiertes Verfahren gelöst.

Zunächst wird daher für jede Region im Binärbild die Kontur im Uhrzeigersinn extrahiert und in parametrischer Form repräsentiert. Die Kontur wird damit durch

$$\underline{c}(i) = [x(i), y(i)]^{\mathsf{T}} \quad i = 1,...,N \tag{3.1}$$

beschrieben, wobei $x(i)$ und $y(i)$ die Position des i-ten Konturpixels im Binärbild beschreibt. N bezeichnet die Länge der Kontur. Dem im Folgenden vorgestellten

Verfahren liegt die Annahme zugrunde, dass sich segmentierte Regionen hauptsächlich entlang der Zeigerichtung des Arms ausdehnen, falls dieser mit segmentiert wird. Außerdem wird angenommen, dass das Verhältnis von Länge zu Breite einer Hand aufgrund ihrer Anatomie einen bestimmten Wert R_h nicht übersteigt. Falls dieses Verhältnis überschritten bzw. $1/R_h$ unterschritten wird, wird davon ausgegangen, dass die segmentierte Region zusätzlich zur Hand noch weitere Körperteile enthält. Durch die Analyse statistischer Eigenschaften der Lage der Konturpixel im Bild, werden mittels Hauptkomponentenanalyse [33] die Hauptachsen der Region im Bild bestimmt. Hierzu werden die Konturelemente $\underline{c}(i)$ als Realisierungen eines Zufallsvektors $\underline{c}$ aufgefasst und durch Mittwelwert $\underline{\mu}_c$ und Kovarianzmatrix Σ_c beschrieben. Der normierte Eigenvektor, welcher zu dem größeren der beiden Eigenwerte von Σ_c gehört, ist die erste Hauptkomponente und wird im folgenden mit $\underline{e}_1$ bezeichnet. Der normierte Eigenvektor zum kleineren Eigenwert mit $\underline{e}_2$. Unter der Annahme, dass die erste Hauptachse mit der Zeigerichtung des Arms korrespondiert (siehe Abbildung 3.4), kann sich die Hand nur an einem der beiden Enden der Region entlang der ersten Hauptkomponente befinden. Basierend auf dieser Annahme wird zunächst eine Grobsegmentierung vorgenommen. Durch

$$\mathcal{W}_{min} = \left\{ m \mid \tilde{c}_1(m) < \min_i \{\tilde{c}_1(i)\} + W_s \right\} \quad \text{und} \tag{3.2}$$

$$\mathcal{W}_{max} = \left\{ n \mid \tilde{c}_1(n) > \max_i \{\tilde{c}_1(i)\} - W_s \right\} \tag{3.3}$$

werden die Indizes jener Konturpunkte bestimmt, welche sich an den beiden Enden der Region befinden. Dabei bezeichnet $\tilde{c}_k(i)$ die Projektion von $\underline{c}(i)$ auf die k-te Hauptachse und W_s einen Parameter, über den die Grenze für die Grobsegmentierung eingestellt werden kann. Es zeigte sich, dass eine sehr grobe Segmentierung mit $W_s = \frac{\max_i \tilde{c}_1(i) - \min_i \tilde{c}_1(i)}{2}$ meist ausreichend ist. Für die durch $\mathcal{W}_{min}$ und $\mathcal{W}_{max}$ beschriebenen Segmente wird jeweils der Mittelwert $\underline{\mu}_c^{min}$ bzw. $\underline{\mu}_c^{max}$ berechnet und die Position der zum jeweiligen Segment gehörenden Konturelemente um den Mittelwert bereinigt und durch

$$\underline{c}^{min}(m) = \underline{c}(m) - \underline{\mu}_c^{min} \quad \text{bzw.} \tag{3.4}$$

$$\underline{c}^{max}(n) = \underline{c}(n) - \underline{\mu}_c^{max} \tag{3.5}$$

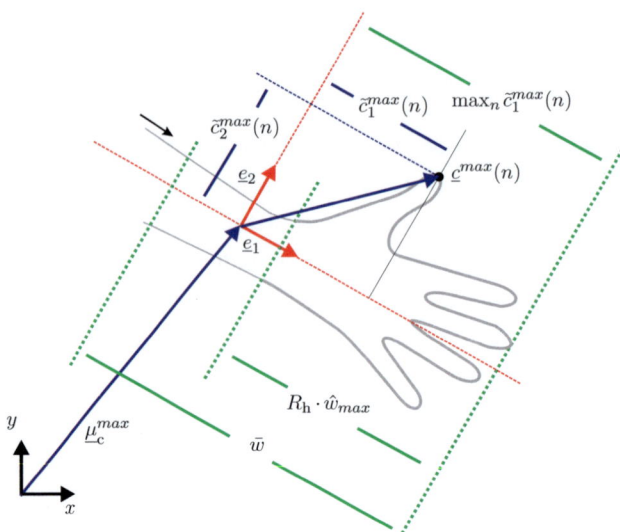

Abb. 3.4: Verfahren zur Segmentierung der Hand (exemplarisch für ein Ende der Kontur entlang der ersten Hauptkomponente dargestellt).

beschrieben. Durch die Projektion dieser Vektoren auf die zweite Hauptkomponente lässt sich eine grobe Schätzung der Breite der sich potentiell am jeweiligen Ende befindenden Hand durch

$$\hat{w}_{min} \;=\; \frac{2}{|\mathcal{W}_{min}|} \sum_{m \in \mathcal{W}_{min}} |\tilde{c}_2^{min}(m)| \quad \text{und} \tag{3.6}$$

$$\hat{w}_{max} \;=\; \frac{2}{|\mathcal{W}_{max}|} \sum_{n \in \mathcal{W}_{max}} |\tilde{c}_2^{max}(n)| \tag{3.7}$$

ermitteln, wobei $\tilde{c}_k^{min}(m)$ und $\tilde{c}_k^{max}(n)$ analog zu oben die Projektion von $\underline{c}^{min}(m)$ bzw. $\underline{c}^{max}(n)$ auf die k-te Hauptachse bezeichnen. Auf Basis dieser Schätzung und einem typischen Verhältnis von Breite zu Länge einer Hand von R_h lässt sich die Grobsegmentierung durch

$$\mathcal{W}_{min}^{\mathrm{h}} \;=\; \Big\{ m' \in \mathcal{W}_{min} \mid \tilde{c}_1^{min}(m') < \min_{m} \big\{ \tilde{c}_1^{min}(m) \big\} + R_\mathrm{h} \cdot \hat{w}_{min} \Big\} \tag{3.8}$$

$$\mathcal{W}_{max}^{\mathrm{h}} \;=\; \Big\{ n' \in \mathcal{W}_{max} \mid \tilde{c}_1^{max}(n') > \max_{n} \big\{ \tilde{c}_1^{max}(n) \big\} - R_\mathrm{h} \cdot \hat{w}_{max} \Big\} \tag{3.9}$$

verfeinern. Als günstig hat sich hierbei ein Verhältnis von $R_{\mathrm{h}} = 2{,}5$ erwiesen. $\mathcal{W}^{\mathrm{h}}_{min}$ und $\mathcal{W}^{\mathrm{h}}_{max}$ enthalten schließlich die das Segmentierungsergebnis beschreibenden Indizes der zum jeweiligen Segment gehörenden Konturpunkte. Um jene der beiden Mengen zu identifizieren, welche tatsächlich die Hand enthält, kann entweder Kontextwissen (z.B. Position des Benutzers in Relation zur Kamera) oder das Ergebnis der Klassifikation, welche weiter unten beschrieben wird, genutzt werden.

Das hier vorgestellte Verfahren hat im Vergleich zu Handsegmentierungsverfahren aus der Literatur (z.B. [20, 44]) den Vorteil, dass keine Annahmen über die Form und Beschaffenheit der zusätzlich zur Hand segmentierten Bereiche gemacht werden. Damit ist das Verfahren weitgehend robust gegenüber unterschiedlicher Kleidung, die der Benutzer des Systems trägt. Außerdem ist das Verfahren invariant gegenüber Skalierung des segmentierten Bereichs. Ein weiterer im Rahmen dieser Arbeit entwickelter und untersuchter Ansatz zur Handsegmentierung wurde in [165] vorgestellt. Dieser hat aber den Nachteil, dass die Handsegmentierung auf einem vorgelagerten Schritt zur Fingerspitzendetektion basiert. Durch die Fortpflanzung von Fehlern ergeben sich damit weniger robuste Segmentierungsergebnisse als mit dem hier vorgestellten Ansatz, weshalb auf eine ausführliche Darstellung an dieser Stelle verzichtet wird.

Merkmalsextraktion

Für die Erkennung von Fingerspitzen sowie für die Klassifikation von unterschiedlichen Handposen wird in dieser Arbeit ebenfalls ein konturbasierter Ansatz gewählt. Durch die damit einhergehende Reduktion der zu verarbeitenden Datenmenge ergeben sich insbesondere Vorteile hinsichtlich der benötigten Rechenzeit gegenüber anderen Verfahren. Zudem haben vorangegangene Arbeiten gezeigt, dass in der Silhouette einer Hand bereits ausreichend Information steckt, um einfache Handposen voneinander zu unterscheiden [37, 49].

Als Grundlage für die Extraktion von Merkmalen dient die in (3.1) definierte parametrische Beschreibung einer Kontur, während an dieser Stelle davon ausgegangen wird, dass diese nur noch eine segmentierte Hand beschreibt.

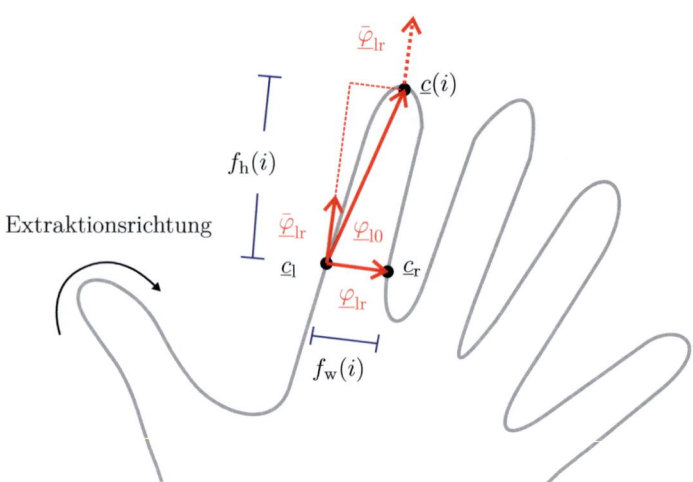

Abb. 3.5: Definition der verwendeten Signaturen.

Aus $\underline{c}(i)$ werden die eindimensionalen Signaturen

$$f_{\mathrm{w}}(i) = \left\| \underline{\varphi}_{\mathrm{lr}} \right\| \tag{3.10}$$

und

$$f_{\mathrm{h}}(i) = \left\langle \underline{\varphi}_{\mathrm{l0}}, \bar{\underline{\varphi}}_{\mathrm{lr}} \right\rangle \tag{3.11}$$

berechnet, wobei $\langle \cdot, \cdot \rangle$ in diesem Fall das Standardskalarprodukt im $\mathbb{R}^2$ bezeichnet. Die Abhängigkeit von $\underline{\varphi}_{\mathrm{l0}}$, $\underline{\varphi}_{\mathrm{lr}}$ und $\bar{\underline{\varphi}}_{\mathrm{lr}}$ vom Index i wird dabei der Übersichtlichkeit halber nicht explizit dargestellt und es wird auch im Folgenden aus diesem Grund meist darauf verzichtet.

Die im Folgenden mit *Arc Width Function* (AWF) bezeichnete Funktion f_{w} beschreibt die Länge der Sehne

$$\underline{\varphi}_{\mathrm{lr}} = \underline{c}_{\mathrm{r}} - \underline{c}_{\mathrm{l}} \tag{3.12}$$

eines Kontursegments der Länge N_c zwischen $\underline{c}_r(i) := \underline{c}(i + N_c/2)$ und $\underline{c}_l(i) :=$ $\underline{c}(i - N_c/2)$ (siehe Abbildung 3.5).

In (3.11) beschreibt $\bar{\varphi}_{lr}$, mit $\left\| \bar{\varphi}_{lr} \right\| = 1$, den um 90 Grad gegen den Uhrzeigersinn gedrehten und normierten Vektor $\underline{\varphi}_{lr}$. Für die zweite Variable in (3.11) gilt $\underline{\varphi}_{l0} =$ $\underline{c}(i) - \underline{c}_l$. Geometrisch betrachtet ist f_h eine Beschreibung der Höhe des durch $\underline{c}_r$ und $\underline{c}_l$ begrenzten Konturbogens, genauer, die orthogonale Distanz des Punkts $\underline{c}(i)$ zur Geraden $\underline{c}_l + \lambda \underline{\varphi}_{lr}$. Daher wird sie auch mit *Arc Height Function* (AHF) bezeichnet. Dadurch stellt die Funktion eine Maß für die Krümmung einer tiefpassgefilterten Version der Kontur dar, wobei der Parameter N_c die Tiefpasscharakteristik des Filters beschreibt.

In [49] wird die in [82] ursprünglich mit AHF bezeichnete Signatur f_h als *localized contour sequence* bezeichnet. Die Bezeichnung AWF für die Funktion f_w wurde im Rahmen dieser Arbeit in Anlehnung an die AHF eingeführt.

Des Weiteren wird eine zweidimensionale Signatur mit

$$\underline{f}_n(i) = \bar{\varphi}_{lr} \tag{3.13}$$

berechnet, welche eine Approximation der Normalen zur Kontur in $\underline{c}(i)$ für jedes Konturpixel i darstellt (siehe Abbildung 3.5).

Alle oben beschriebenen Signaturen sind invariant gegenüber *Translation* der gesamten Kontur. Eine *Rotation* der Kontur führt zu einer Verschiebung der Signaturen entlang i. In späteren Verarbeitungsschritten wird dies durch eine Normierung der Position bestimmter signifikanter Punkte entlang der Kontur der menschlichen Hand ausgeglichen. Details hierzu werden weiter unten erläutert. Eine *Skalierung* der Kontur führt zu zwei unterschiedlichen Effekten in f_w und f_h, während f_n invariant gegenüber Skalierung ist. Zunächst nimmt durch eine Vergrößerung der Kontur der Abstand zwischen zwei Konturpunkten im zweidimensionalen Raum zu. Gleiches gilt für die Terme $\left\| \underline{\varphi}_{lr} \right\|$ und $\left\| \underline{\varphi}_{l0} \right\|$. Um die Invarianz der Signaturen dagegen zu erhöhen, wird die Amplitude von f_w und f_h durch $\max f_w(i)$ bzw. $\max |f_h(i)|$ normiert. Der zweite Effekt ist, dass die Bogenlänge mit zunehmender Vergrößerung aufgrund der höheren Abtastrate zunimmt (Anzahl der Pixel pro Längeneinheit). Eine Möglichkeit die Signaturen gegenüber diesem Effekt zu normieren wäre die Normierung der Länge der gesamten Kontur bevor daraus die Signaturen extrahiert werden. Da die Länge der Kontur aber stark für unterschiedliche Handposen variiert, würde dies entweder zur Unterabtastung von Handposen mit langen Konturen führen oder aber die Interpolation von fehlenden Werten bei Handposen mit kurzer Kontur erfordern. Eine weitere Möglichkeit wäre die Betrachtung im Skalenraum bzw. die Anpassung des Parameters N_c. Dies wiederum würde aber erfordern, dass die Signaturen zunächst für mehrere N_c berechnet werden müssten, um daraus jene mit den gewünschten Eigenschaften auszuwählen. Solche Methoden, welche im Skalenraum operieren, haben zwar den Vorteil, dass sie größtenteils invariant gegenüber Skalierung sind, allerdings sind sie in der Regel extrem rechenintensiv.

In dieser Arbeit werden zwei Ansätze zur Normierung der Bogenlänge untersucht. Im ersten Ansatz wird lediglich die Länge der extrahierten Konturen normiert, wie dies bereits in [49] vorgeschlagen wurde. Im zweiten Ansatz werden zunächst, wie nachfolgend beschrieben, Fingerspitzen detektiert sowie die Fingerlänge berechnet. In einem zweiten Schritt wird dann die Fingerlänge in der Kontur normiert und alle Signaturen erneut berechnet.

Als Basis für die im Folgenden beschriebenen Verarbeitungsschritte werden zunächst lokale Extrema in f_h detektiert. Diese werden im Weiteren mit

$$\mathcal{E} = \mathcal{E}^+ \cup \mathcal{E}^- \qquad (3.14)$$

bezeichnet, wobei $\mathcal{E}^+ = \{i_{max}^0,...,i_{max}^{N_+}\}$ und $\mathcal{E}^- = \{i_{min}^0,...,i_{min}^{N_-}\}$ zwei Mengen sind, welche die Indizes aller lokalen Maxima und Minima enthalten.

Fingerspitzendetektion

Der im Folgenden beschriebene Algorithmus zur Detektion von Fingerspitzen ist skalierungsinvariant und basiert auf unnormierten Signaturen.

Es werden im Wesentlichen zwei charakteristische Eigenschaften von Fingern ausgenutzt, welche in den beiden Signaturen f_h und $\underline{f}_n$ repräsentiert sind. Die erste genutzte Eigenschaft ist, dass Finger immer konvexe Segmente in der Kontur erzeugen, was wiederum zu positiven Werten von f_h führt. Zudem entsprechen Fingerspitzen Punkten mit maximaler Krümmung der Kontur innerhalb dieser Segmente, was sich in f_h als Ausprägung lokaler Maxima darstellt. Die zweite genutzte Eigenschaft ist die Parallelität der Kanten entlang der Außenseite eines

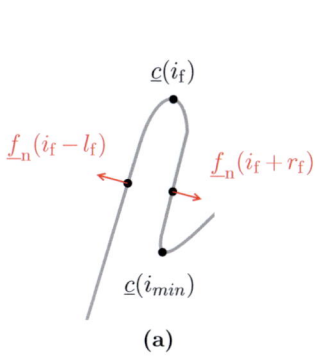

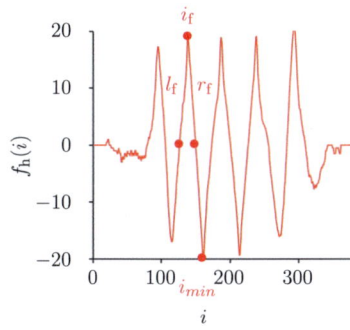

(a)

(b) AHF für $N_c = 20$ und Handpose mit fünf ausgestreckten Fingern.

Abb. 3.6: Detektion von Fingerspitzen.

Fingers. Dadurch zeigen die zur Kontur senkrecht stehenden Normalenvektoren an beiden Außenseiten eines Fingers in entgegengesetzte Richtungen, was wiederum in $\underline{f}_n$ erfasst wird (siehe Abbildung 3.6a).

Formal wird ein Punkt $\underline{c}(i_f)$ auf einer Kontur als Fingerspitze klassifiziert, wenn $f_h(i_f)$ ein lokales Maximum darstellt, d.h. $i_f \in \mathcal{E}^+$, und

$$< \underline{f}_n(i_f - l_f), \underline{f}_n(i_f + r_f) > \approx -1, \tag{3.15}$$

Die beiden Punkte $\underline{c}(i_f - l_f)$ und $\underline{c}(i_f + r_f)$ bezeichnen die entlang der Kontur am nächsten beieinander liegenden Punkte auf beiden Seiten eines Fingers, deren lokale Krümmung betraglich unter einen Schwellwert $0 < \varepsilon_h \ll 1$ fallen. Formal kann dies als

$$l_f = \min\{l \mid |f_h(i_f - l)| < \varepsilon_h\} \tag{3.16}$$

und

$$r_f = \min\{r \mid |f_h(i_f + r)| < \varepsilon_h\} \tag{3.17}$$

geschrieben werden. Die Menge an Indizes, die mit Fingerspitzen korrespondieren, wird im Folgenden mit

$$\mathcal{E}^f = \{i_{\mathrm{f}}^0, \ldots, i_{\mathrm{f}}^{N_{\mathrm{f}}}\} \subset \mathcal{E}^+ \tag{3.18}$$

bezeichnet. Die Länge eines Fingers mit dem korrespondierenden Index i_{f} wird als die Distanz zum nächsten lokalen Minimum entlang der Kontur berechnet, welches in der Regel den Ansatz eines Fingers kennzeichnet (siehe Abbildung 3.6). Formal ist dies

$$\mathrm{len}(i_{\mathrm{f}}) = \min_{i_{min} \in \mathcal{E}^-} |i_{\mathrm{f}} - i_{min}| \quad . \tag{3.19}$$

Die Amplitude von Rauschen in f_{h}, das durch Segmentierung und Quantisierung der realen Handsilhouette hervorgerufen wird, beträgt ungefähr 0,5 Pixel. Solange die Amplituden lokaler Extrema der Konturkrümmung signifikant größer sind als diese Störung, können Finger robust detektiert werden. In einem Skalierungsbereich, welche für praktische Anwendungen relevant ist, ist dies der Fall.

Klassifikation

Bezüglich der Klassifikation von Handposen werden unterschiedliche Ansätze zur Normierung und Repräsentation der extrahierten Signaturen evaluiert. Als Basis für die Gewinnung der Merkmale werden die beiden Signaturen f_{h} und f_{w} verwendet.

In einem ersten Schritt werden die Signaturen bezüglich der Rotation der gesamten Kontur normiert. Dies wird durch das zyklische Verschieben der Position des ersten Fingers, welcher entlang der Kontur im Uhrzeigersinn ausgehend vom Armansatz gefunden wird, an den Anfang der jeweiligen Signatur erreicht. Zur Normierung der Signaturen bezüglich Skalierung wurden die beiden oben beschriebenen Varianten umgesetzt und evaluiert.

Zur Repräsentation von f_{h} und f_{w} werden im Wesentlichen zwei unterschiedliche Ansätze untersucht. Im ersten Ansatz werden beide Signaturen als Merkmalsvektoren konstanter Länge N_{v} repräsentiert, welche durch äquidistante Abtastung der beiden Signaturen mit jeweils N_{v} Abtastpunkten gewonnen werden. Im zweiten Ansatz wird der Verlauf von f_{h} und f_{w} durch die ersten N_{v} Koeffizienten der Diskreten

Kosinustransformation (DCT) beschrieben [2]. Die beiden Vektoren werden in beiden Ansätzen schließlich zu einem Vektor $\underline{v} \in \mathcal{V}$ der Länge $V_{\text{len}} = 2N_{\text{v}}$ konkateniert. Im Folgenden werden die beiden Ansätze mit *Samples* und DCT bezeichnet.

Für die Zuordnung einer durch den Merkmalsvektor $\underline{v}$ beschriebenen Handpose zu einer Klasse aus $\mathcal{H} = \left\{ h_1, ..., h_{N_{\text{h}}} \right\}$ wurden im Rahmen dieser Arbeit unterschiedliche Klassifikatoren untersucht. N_{h} bezeichnet dabei die Anzahl an unterschiedlichen Handposen. Diese werden im Folgenden kurz vorgestellt. Für eine detaillierte Darstellung der zugrundeliegenden Theorie sei auf [33, 124] verwiesen.

- *Bayes Klassifikator* (BK): Beim Bayes Klassifikator wird häufig als Entscheidungskriterium für die Klassifikation das sogenannte Maximum a-posteriori Kriterium (MAP) verwendet. Dies bedeutet, dass ein gegebener Merkmalsvektor $\underline{v}$ der Klasse $\hat{h}^{\text{BK}}$ mit der höchsten a-posteriori Wahrscheinlichkeit zugeordnet wird, welche nach Bayes durch

$$P(\boldsymbol{h}|\underline{\boldsymbol{v}}) = \frac{P(\underline{\boldsymbol{v}}|\boldsymbol{h})P(\boldsymbol{h})}{P(\underline{\boldsymbol{v}})} \tag{3.20}$$

  gegeben ist. Für die Klassifikation bzw. die Bestimmung der wahrscheinlichsten Klasse sind lediglich die Komponenten im Zähler interessant, wodurch sich der Klassifikator durch

$$\hat{h}^{BK} = \arg \max_{h \in \mathcal{H}} \left\{ P(\underline{\boldsymbol{v}}|\boldsymbol{h} = h)P(\boldsymbol{h} = h) \right\} \tag{3.21}$$

  beschreiben lässt. Häufig wird zusätzlich angenommen, dass die Verteilung der Merkmale einer Normalverteilung $\mathcal{N}(\underline{\mu}_{\text{v}}, \Sigma_{\text{v}})$ entspricht. Die einzelnen Parameter werden dabei aus der Trainingsdatenmenge geschätzt. Wird lediglich der Erwartungswert $\underline{\mu}_{\text{v}}$ als klassenabhängig angenommen und die Kovarianzmatrix für alle Klassen gleich, so ergeben sich für obigen Klassifikator lineare Entscheidungsgrenzen bezüglich $\underline{v}$. Wird zusätzlich Σ_{v} als klassenabhängig modelliert, so ergeben sich Quadriken.

  In dieser Arbeit wird der Bayes Klassifikator sowohl mit linearen als auch mit Quadriken als Entscheidungsgrenzen evaluiert. Als Grundlage wird die Implementierung in MATLAB [86] verwendet.

- *Neuronales Netz* (NN): Dieser Klassifikator ist je nach Parametrierung und Struktur in der Lage, auch komplexere Entscheidungsgrenzen zu realisieren. Die Struktur ist dabei der Informationsverarbeitung in biologischen Systemen nachgebildet und setzt sich aus einzelnen künstlichen Neuronen zusammen, welche zu einem Netz zusammen geschaltet sind. Ein einzelnes Neuron ist dabei für einen Eingabevektor $\underline{v}$ definiert durch

$$\alpha^{\mathrm{NN}} = f^{\mathrm{NN}}((\underline{w}^{\mathrm{NN}})^{\mathsf{T}}\underline{v} + \beta^{\mathrm{NN}}), \qquad (3.22)$$

wobei der Vektor $\underline{w}^{\mathrm{NN}}$ skalare Gewichte für jede Komponente des Eingabevektors $\underline{v}$ enthält, β^{NN} den sogenannten *Bias* beschreibt und $f^{\mathrm{NN}}(\cdot)$ die *Aktivierungsfunktion* für das Neuron spezifiziert. Ein künstliches NN setzt sich in der Regel aus mehreren Schichten zusammen, wobei jede Schicht mehrere Neuronen enthalten kann. Die k-te Schicht lässt sich durch

$$\underline{\alpha}_k^{\mathrm{NN}} = \underline{f}_k^{\mathrm{NN}}(\mathbf{W}_k^{\mathrm{NN}}\underline{\alpha}_{k-1}^{\mathrm{NN}} + \underline{\beta}_k^{\mathrm{NN}}), \qquad (3.23)$$

beschreiben, wobei der Eingang der ersten Schicht den Eingabevektor darstellt, womit gilt $\underline{\alpha}_0 = \underline{v}$. Der Ausgangsvektor $\underline{\alpha}_K^{\mathrm{NN}}$ der letzten Schicht K bildet bei Klassifikationsaufgaben in der Regel die Klassen ab, wobei die Werte der einzelnen Komponenten bei entsprechender Normierung als Wahrscheinlichkeit der Klassenzugehörigkeit interpretiert werden können. Daraus lassen sich beispielsweise analog zum MAP-Kriterium Schätzungen durch

$$\hat{h}^{\mathrm{NN}} = \arg\max_{h \in \mathcal{H}} \left\{ \underline{\alpha}_K^{\mathrm{NN}}(h) \right\} \qquad (3.24)$$

bestimmen, wobei die Wahl eines geeigneten Entscheidungskriteriums von $\underline{f}^{\mathrm{NN}}$ bzw. vom Aufbau des gesamten Netzes abhängt.

Ein großes Problem bei Neuronalen Netzen stellt die Vielzahl an freien Parametern dar. Insbesondere sind dies die Initialisierung der Gewichte, der verwendete Trainingsalgorithmus sowie das verwendete Abbruchkriterium, die

Netzstruktur sowie die Anzahl der Neuronen und Schichten als auch die Form der Aktivierungsfunktion(en).

Für Netze mit zwei Schichten, bei denen die erste Schicht eine Sigmoid-Funktion und die zweite eine lineare Funktion als Aktivierungsfunktion hat, ist bekannt, dass sich damit beliebige Funktionen mit einer endlichen Anzahl an Diskontinuitäten gut approximieren lassen [57, 86]. Daher beschränkt sich die Untersuchung von Neuronalen Netzen in dieser Arbeit bezüglich der Eignung für die betrachtete Klassifikationsaufgabe auf solchen Netze. Als Trainingsalgorithmus wird der *Scaled Conjugate Gradient* Algorithmus [90] verwendet, welcher sich in zahlreichen Anwendungen bereits bewährt hat. Die optimale Anzahl an Neuronen in der Zwischenschicht des Netzes wurde experimentell bestimmt (siehe Abschnitt 3.2.2). Als Basis für die Implementierung wurde die Neural Network Toolbox aus MATLAB [86] verwendet.

- *Support-Vektor-Maschine* (SVM): Dieser Klassifikator gehört zur Klasse der Hyperebenenklassifikatoren. In seiner ursprünglichen Form ist er für zwei Klassen formuliert, wobei eine Entscheidungsfunktion

$$f^{\mathrm{SVM}}(\underline{v}) = \mathrm{sgn}((\underline{w}^{\mathrm{SVM}*})^{\mathsf{T}} \cdot \underline{v} + \beta^{\mathrm{SVM}*}) \tag{3.25}$$

gesucht wird mit

$$\left\{\underline{w}^{\mathrm{SVM}*}, \beta^{\mathrm{SVM}*}\right\} = \arg \min_{\underline{w}^{\mathrm{SVM}}, \beta^{\mathrm{SVM}}} \left\{\left\|\underline{w}^{\mathrm{SVM}}\right\|^2\right\} \tag{3.26}$$

$$\mathrm{mit}\ h_i \cdot ((\underline{w}^{\mathrm{SVM}})^{\mathsf{T}} \cdot \underline{v}_i + \beta^{\mathrm{SVM}}) \geq 1. \tag{3.27}$$

Dabei ist zu beachten, dass die Klassenlabels h_i hier nur die Werte -1 und 1 annehmen können und h_i das zum Trainingsvektor $\underline{v}_i$ gehörende Label ist mit $i = 1,...,N_{\mathrm{t}}$. Dieses Optimierungsproblem ist äquivalent zur Maximierung des minimalen Abstands der Trainingsdaten zur Trennhyperebene. Der Normalenvektor der Trennhyperebene $\underline{w}^{\mathrm{SVM}*}$ lässt sich auch durch

$$\underline{w}^{\mathrm{SVM}*} = \sum_{i=1}^{N_{\mathrm{t}}} \alpha_i^{\mathrm{SVM}} h_i \underline{v}_i \tag{3.28}$$

als Linearkombination von Trainingsvektoren darstellen. Insbesondere sind hierbei die Trainingsvektoren, welche in der Nähe der Trennhyperebene liegen, relevant. Trainingsvektoren mit nicht verschwindenden Koeffizienten α_i^{SVM} sind die sogenannten Support-Vektoren. Damit ergibt sich die duale Darstellung der Entscheidungsfunktion als

$$f^{\text{SVM}}(\underline{v}) = \text{sgn}(\sum_{i=1}^{N_t} \alpha_i^{\text{SVM}} h_i < \underline{v}_i, \underline{v} > + \beta^{\text{SVM}*}) \ . \tag{3.29}$$

Durch diese Entscheidungsfunktion lassen sich nur lineare Entscheidungsgrenzen erzeugen. Die Realisierung von nicht-linearen Entscheidungsgrenzen wird durch den sogenannten Kern-Trick ermöglicht. Hierbei werden die Daten zunächst mit der Funktion $\phi(\underline{v})$ in einen höher dimensionalen Merkmalsraum transformiert, welche allerdings nicht explizit berechnet wird. Stattdessen wird eine *Kernfunktion* $\kappa(\underline{v}_i, \underline{v}_j) = < \phi(\underline{v}_i), \phi(\underline{v}_j) >$ bestimmt, welche das Skalarprodukt im transformierten Merkmalsraum realisiert. Diese wird in (3.29) anstatt des Skalarprodukts verwendet. Damit werden durch $f^{\text{SVM}}(\underline{v})$ lineare Entscheidungsgrenzen im Merkmalsraum beschrieben, die im ursprünglichen Raum $\mathcal{V}$ nicht-lineare Entscheidungsgrenzen repräsentieren können.

In dieser Arbeit wird eine sogenannte *soft-margin* SVM (SSVM) verwendet. Dabei wird dem ursprünglichen Optimierungsproblem in (3.26) ein zusätzlicher Strafterm hinzugefügt:

$$\{\underline{w}^{\text{SSVM}*}, \beta^{\text{SSVM}*}\} = \arg\min_{\underline{w}^{\text{SSVM}}, \beta^{\text{SSVM}}, \underline{\xi}} \left\{ \left\| \underline{w}^{\text{SSVM}} \right\|^2 + c^{\text{SSVM}} \sum_{i=1}^{N_t} \xi_i \right\}$$
$$\text{mit} \quad h_i \cdot ((\underline{w}^{\text{SSVM}})^{\mathsf{T}} \cdot \underline{v}_i + \beta^{\text{SSVM}}) \geq 1 - \xi_i,$$
$$\xi_i \geq 0 \tag{3.30}$$

Dabei ist c^{SSVM} ein freier Parameter, welcher geeignet zu wählen ist und bestimmt, wie stark nicht-negative Ausprägungen der Schlupfvariablen ξ

bestraft werden. Ein weiterer Parameter des Klassifikators γ^{SSVM} ergibt sich durch die Wahl der Kernfunktion als Radiale Basisfunktion der Form

$$\kappa(\underline{v}_i, \underline{v}_j) = \exp(-\gamma^{\text{SSVM}} \left\| \underline{v}_i - \underline{v}_j \right\|^2) \ , \ \gamma^{\text{SSVM}} > 0 \ . \tag{3.31}$$

Dieser Kern hat gegenüber alternativen Standard-Kernen die Vorteile, dass nichtlineare Abhängigkeiten zwischen Klassen und Merkmalen berücksichtigt werden, nur ein Parameter eingestellt werden muss und weniger numerische Probleme als bei polynomiellen Kernen auftreten [58]. Die Erweiterung für mehrere Klassen wird durch *one-against-one* mit *Max-Wins*-Strategie realisiert, womit sich die Schätzung $\hat{h}^{\text{SSVM}}$ bestimmen lässt. Die Entscheidung für *one-against-one* wurde dabei auf Basis der in [59] beschriebenen Ergebnisse zum Vergleich mit anderen Strategien und Erweiterungsmöglichkeiten für mehrere Klassen getroffen.

Als Basis wurde die Implementierung in LIBSVM [25] verwendet.

Stereofusion

Die Information aus den beiden Bildern der Stereokamera wird erst nach der Klassifikation der Handposen in den einzelnen Bildern fusioniert. Die Zuordnung einzelner Hände in den unterschiedlichen Bildern wird auf Basis der Überlappung der umschreibenden Rechtecke durchgeführt. Aus der Position der detektierten Fingerspitzen in den einzelnen Bildern wird auf Basis einer a-priori durchgeführten Kalibrierung der intrinsischen und extrinsischen Kameraparameter die Position der Fingerspitzen in 3D berechnet.

3.2.2 Evaluierung

Die Ergebnisse der Evaluierung werden in diesem Abschnitt vorgestellt und beschränken sich auf die Auswertung der Klassifikationsergebnisse von Einzelbildern, welche aber von beiden Kameras des Stereosystems stammen. Entsprechend den Anforderungen an ein echtzeitfähiges Handgestenerkennungssystem für die Mensch-Maschine-Interaktion wird insbesondere ein Augenmerk auf folgende Aspekte gelegt:

- Benutzerunabhängigkeit der Klassifikation von Handposen.

- Invarianz der Verfahren gegenüber Translation, Rotation, Skalierung sowie leichten Änderungen des Blickwinkels.

- Bestimmung von Hand- und Fingerposition einschließlich des Abstandes zur Anzeigefläche. Der Abstand zur Anzeigefläche bzw. die Detektion deren Berührung ist notwendig, um die Reaktion des Systems mit geeigneten Rückmeldungen für den Benutzer koppeln zu können. Die Genauigkeit der Positionsbestimmung richtet sich hierbei nach der damit durchzuführenden Interaktionsaufgabe. Da die Größe von direkt über Handgestik zu selektierenden bzw. manipulierenden Elementen einer graphischen Benutzungsoberfläche aus ergonomischen Gründen nicht kleiner als die Breite eines Fingers betragen sollte [4], ist auch eine Genauigkeit der Positionsbestimmung auf der Anzeigefläche in dieser Größenordnung ausreichend.

- Die Verarbeitungsgeschwindigkeit des Systems sollte eine Systemreaktion (inklusive Rückmeldungen) von unter 50ms ermöglichen [139].

Als Datenbasis für die Evaluierung wurden Aufnahmen von 13 Handposen (siehe Abbildung 3.7a) von vier unterschiedlichen Personen gesammelt. Die Auswahl der Handposen wurde dabei auf Basis einer Bewertung der Ausführbarkeit durch die Benutzer getroffen. Für jede Person und jede Handpose wurden 300 unsegmentierte

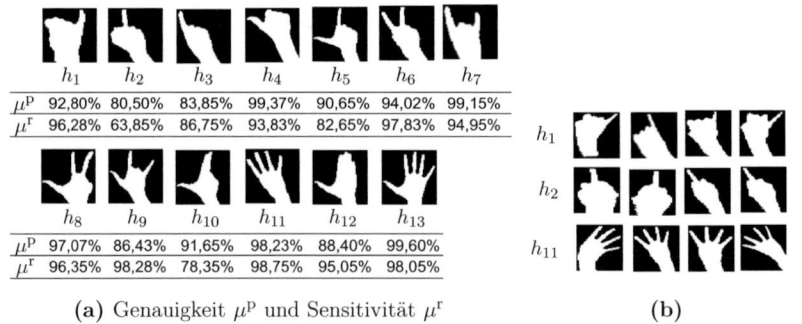

	h_1	h_2	h_3	h_4	h_5	h_6	h_7
μ^{p}	92,80%	80,50%	83,85%	99,37%	90,65%	94,02%	99,15%
μ^{r}	96,28%	63,85%	86,75%	93,83%	82,65%	97,83%	94,95%

	h_8	h_9	h_{10}	h_{11}	h_{12}	h_{13}
μ^{p}	97,07%	86,43%	91,65%	98,23%	88,40%	99,60%
μ^{r}	96,35%	98,28%	78,35%	98,75%	95,05%	98,05%

(a) Genauigkeit μ^{p} und Sensitivität μ^{r} (b)

Abb. 3.7: Datensatz zur Evaluierung der Klassifikation: (a) Menge an untersuchten Handposen und Klassifikationsergebnisse für den besten Klassifikator und die beste Merkmalskombination (siehe Anhang D für die Definition von μ^{p} und μ^{r}), (b) Varianten von ausgewählten Handposen.

Aufnahmen mit konstanter Skalierung sowie variierender Rotation und Translation aufgenommen. Die Daten wurden in der späteren Anwendungsumgebung, dem weiter oben beschriebenen Experimentalaufbau, mit auf der Tischfläche liegender Hand aufgenommen. Bei der Aufnahme der Handposen wurde darauf geachtet, dass die Ausführung durch die potentiellen Benutzer des Systems so natürlich wie möglich durchgeführt wurde. Dadurch wurden auch zum Teil sehr unterschiedliche und benutzerabhängige Ausführungsvarianten der Handposen im Datensatz aufgenommen (siehe Abbildung 3.7b). Zudem wurde die Hand während der Aufnahme über den Tisch bewegt, so dass auch leicht unterschiedliche bzw. insbesondere die für das hier betrachtete Anwendungsszenario relevanten Blickwinkel im Datensatz abgebildet sind. Grobe Segmentierungsfehler wurden aus dem Datensatz herausgefiltert, da diese nicht Gegenstand dieser Evaluierung sind und gegebenenfalls durch ein komplexeres Segmentierungsverfahren vermieden werden können.

Zusätzlich wurde ein Datensatz mit 200 Aufnahmen pro Handpose von einer Person mit unterschiedlicher Skalierung, d.h. variierender Entfernung der Hand zur Kamera, aufgenommen. Damit sollte die Skalierungsinvarianz der Fingerspitzendetektion überprüft werden.

Aus den Daten wurden durch die oben beschriebenen Verfahren die Hand extrahiert und die beschriebenen Merkmale zur Detektion von Fingerspitzen sowie zur Klassifikation von Handposen berechnet.

Für beide Datensätze wird die korrekte Anzahl an Fingern mit hoher Wahrscheinlichkeit gefunden. Für den ersten Datensatz mit Handposen von vier unterschiedlichen Personen werden in 96,10% der Bilder die korrekte Anzahl an Fingerspitzen der Hand detektiert. Für den zweiten Datensatz mit variierender Skalierung sind es 95,11%. Die verbleibenden Fehler entstehen meist durch eine extreme Haltung der Hand, bei der einzelne Finger aufgrund von Selbstverdeckung im Bild miteinander „verschmelzen" oder durch unsaubere Ausführung durch den Benutzer, mit selbem Resultat.

Bei der Klassifikation von Handposen werden unterschiedliche Aspekte untersucht. Einerseits werden unterschiedliche Klassifikatoren mit unterschiedlicher Parametrisierung getestet. Zum anderen werden unterschiedliche Merkmale, Repräsentationsformen und Normierungsvarianten gegenüber gestellt. Die beiden Varianten zur

Normierung der Länge der Kontur bzw. der Signaturen werden im Folgenden mit *SignLen* und *FingerLen* bezeichnet.

Zunächst werden die Ergebnisse für die unterschiedlichen Merkmale auf Basis des besten Klassifikators (Support-Vektor-Maschine) vorgestellt und diskutiert. Im Anschluss daran finden sich die Ergebnisse zum Vergleich unterschiedlicher Klassifikatoren und deren Diskussion.

Zur Evaluierung der Verfahren und Klassifikatoren wird eine 4-fache Kreuzvalidierung eingesetzt. Dabei dienen pro Durchgang Daten von drei Benutzern als Trainingsdaten und die des verbleibenden vierten Benutzers als Testdaten. In vier Durchgängen wird die Zuordnung der Benutzer zur Test- bzw. Trainingsdatenmenge jeweils geändert, sodass am Ende Ergebnisse von jedem der Benutzer als Lieferant für Testdaten zur Verfügung stehen.

In Tabelle 3.1 sind die Klassifikationsergebnisse als Mittelwert μ^{acc} und Standardabweichung σ^{acc} der Korrektklassifikationsrate (engl.: *accuracy*) über alle Durchläufe dargestellt. Für eine exakte Definition und eine Gegenüberstellung dieses Gütemaßes mit anderen Optionen sei auf Anhang D verwiesen.

Tab. 3.1: Klassifikationsergebnisse für unterschiedliche Merkmale und Normierungsvarianten mit bestem Klassifikator.

Konfig.	Merkmal	Normierung	Repräsentation	V_{len}	μ^{acc}	σ^{acc}
M1	f_h [1]	SignLen	Samples	20	87,39	5,06
M2	f_h	FingerLen	Samples	20	88,23	4,10
M3	f_h, f_w	SignLen	Samples	40	90,60	2,88
M4	f_h, f_w	SignLen	DCT	40	80,28	17,51
M5	f_h, f_w	FingerLen	Samples	40	91,41	3,07
M6	f_h, f_w	FingerLen	DCT	40	82,10	19,19
M7	HuMom [2]	-	-	7	40,25	6,61
M8	DCT2D [3]	-	-	225	84,97	6,34

1   Merkmal wird in [49] mit anderem Klassifikator verwendet
2   Merkmal wird unter anderem Verwendet in [3, 115, 154]
3   Merkmal wird häufig bei automatischer Schrifterkennung eingesetzt (z.B. [5, 83])

Für die Repräsentationsform „Samples" werden, unter Berücksichtigung des Abtasttheorems, $N_s = 20$ Abtastpunkte für jede Signatur gewählt. Für die Repräsentation mittels „DCT" werden die ersten 20 Koeffizienten genutzt. Die sich daraus ergebende Länge V_{len} des Merkmalsvektors ist in der entsprechenden Spalte aufgeführt. Die unterschiedlichen Konfigurationen sind in Tabelle 3.1 von M1 bis M8 durchnummeriert. Zum Vergleich wurden auch unterschiedliche Verfahren, welche bereits in ähnlicher Weise in der Literatur beschrieben sind, evaluiert (Konfiguration M1, M7 und M8). Die Parameter c^{SSVM} und γ^{SSVM} der Support-Vektor-Maschine sind für jede untersuchte Merkmalskombination durch eine Suche im Parameterraum optimiert.

Die Kombination von f_h und f_w, repräsentiert durch äquidistante Samples, zeigt das beste Resultat. Die Normierung der Konturlänge über die Fingerlänge führt zu einer leichten Erhöhung der Erkennungsleistung im Vergleich zur einfachen Normierung der Signaturlänge (vergleiche beispielsweise Konfiguration M1 und M2 sowie Konfiguration M3 und M5). Die guten Ergebnisse, welche auf Basis von Hu-Momenten in [115, 154, 3] berichtet werden, können auf dem in dieser Arbeit genutzten Datensatz nicht bestätigt werden (siehe M7). Der mit DCT2D bezeichnete Ansatz, bei dem der Merkmalsvektor direkt aus dem Bild berechnet wird, schneidet meist schlechter als die konturbasierten Ansätze ab.

Die in Tabelle 3.1 dargestellten Ergebnisse zeigen gute Erkennungsleistungen, insbesondere unter Verwendung der Konfiguration M5. Durch die 4-fache Kreuzvalidierung konnte die Benutzerunabhängigkeit des Verfahrens nachgewiesen werden. Insbesondere zeigt sich diese in der geringen Standardabweichung σ^{acc} über die vier Durchläufe. Die Erkennungsleistung für einzelne Handposen ist zudem meist deutlich höher als der Durchschnitt, da einzelne Handposen mit schlechter Erkennungsleistung diesen deutlich senken. Aus Abbildung 3.7a ist dieser Sachverhalt ersichtlich. Während für die meisten Handposen weit über 90% der Testdaten korrekt klassifiziert werden, schneiden einzelne Handposen, insbesondere aber Handpose h_2, weniger gut ab. Dies ist mit der großen Ähnlichkeit der Ansicht der Handposen mit einer anderen Handpose unter Berücksichtigung leicht unterschiedlicher Blickwinkel zu begründen. Beispielsweise unterscheidet sich die Ansicht von h_2 bei leichter Drehung, wie in Abbildung 3.7b dargestellt, nicht mehr von Ansichten von h_3. Um die Erkennungsleistung in solchen Fällen weiter zu verbessern, müssten weitere Merkmale zur Klassifikation, welche beispielsweise direkt Information aus dem Grauwertbild mit einbeziehen, hinzugezogen werden.

In Tabelle 3.2 sind die Ergebnisse der Evaluierung unterschiedlicher Klassifikatoren mit jeweils unterschiedlicher Parametrisierung dargestellt. Als Basis für den Vergleich werden Merkmale nach Konfiguration M5 aus Tabelle 3.1 eingesetzt. Es zeigt sich, dass die Wahl des Klassifikators einen erheblichen Einfluss auf die Klassifikationsleistung hat. Bayes-Klassifikatoren mit linearen oder quadratischen Entscheidungsgrenzen liefern dabei bereits gute Klassifikationsergebnisse. Allerdings schwankt die Erkennungsleistung für unterschiedliche Benutzer zum Teil stark, was in der relativ großen Standardabweichung über die vier Durchläufe der Kreuzvalidierung zum Ausdruck kommt. Künstliche Neuronale Netze zeigen bei leicht geringerer Korrektklassifikationsrate im Vergleich zum Bayes-Klassifikator mit quadratischen Entscheidungsgrenzen ein stabileres Ergebnis über die Kreuzvalidierung, wobei die Qualität der Klassifikation mit zunehmender Anzahl an Neuronen zunimmt. Die angegebenen Werte für künstliche Neuronale Netze wurden über mehrere Evaluie-

Tab. 3.2: Klassifikationsergebnisse für unterschiedliche Klassifikatoren auf Basis der Merkmalskonfiguration M5 aus Tabelle 3.1.

Konfig.	Klassifikator	Typ		μ^{acc}	σ^{acc}
B1	BK	linear		80,15	5,58
B2	BK	quad		87,20	8,82

Konfig.	Klassifikator	Anzahl Neuronen[1]		μ^{acc}	σ^{acc}
NN3	NN	50		84,85	5,86
NN4	NN	40		84,72	5,83
NN5	NN	30		83,98	7,05
NN6	NN	20		82,31	7,42

Konfig.	Klassifikator	c	γ	μ^{acc}	σ^{acc}
SVM7	SVM	2	0,5	91,41	3,07

---

1   Hiermit ist die Anzahl der Neuronen in der versteckten Schicht des neuronalen Netzes gemeint.

rungsläufe bestimmt, um Einflüsse der Initialisierung des Netzes vor dem Training zu reduzieren. Die besten Ergebnisse bezüglich der mittleren Korrektklassifikationsrate und Standardabweichung über die Kreuzvalidierung liefert, wie bereits erwähnt, eine Support-Vektor-Maschine. Die dargestellten Parameter des Klassifikators wurden hierbei durch eine Suche über den Parameterraum bestimmt.

Ein wesentlicher Vorteil des im Rahmen dieser Arbeit entwickelten Klassifikationsverfahrens auf Basis von eindimensionalen Signaturen ist, dass Standardklassifikatoren eingesetzt werden können. Im Vergleich zu templatebasierten Verfahren in Kombination mit nichtlinearen Distanzmaßen, wie in [49] vorgeschlagen, kann die Berechnungskomplexität zur Laufzeit deutlich reduziert werden und damit Echtzeitanforderungen für den Anwendungskontext Mensch-Maschine-Interaktion erfüllt werden. Der gesamte Verarbeitungsprozess von der Bildsegmentierung bis zur Klassifikation benötigt auf einem Bild der Größe 384×288 Pixel, wobei genau eine Hand im Bild zu sehen ist, ungefähr 12 Millisekunden auf einer 1,6 GHz CPU. Die Bildsegmentierung und Konturextraktion sind dabei in C++ implementiert, alle anderen Routinen in MATLAB. Damit ist das gesetzte Ziel, einer Latenz der Systemreaktion von höchstens 50 ms auf gängiger Rechnerhardware, erreicht.

Die Position einzelner Fingerspitzen in 3D kann in der beschriebenen Experimentalumgebung (Abstand Kamera zu Tischfläche ca. 150 cm) auf Basis des gewählten Stereoansatzes mit einer Genauigkeit von ca. 1-2 cm in Z-Richtung und < 1 cm in der X-Y-Ebene bestimmt werden. Das Ergebnis ist natürlich stark abhängig von der Qualität der Kalibrierung und dem Sichtwinkel der Kameras.

3.2.3 Fazit

Der oben vorgestellte Ansatz zur ansichtsbasierten Erkennung von Handgesten erfüllt die grundlegenden Voraussetzungen für den Einsatz im Bereich der Interaktion in Multi-Display-Umgebungen. Die Position von Hand und Fingerspitzen wird displayunabhängig in 3D erfasst und unterschiedliche Handposen werden vom System erkannt. Es konnte gezeigt werden, dass die im Rahmen der Arbeit entwickelten Verfahren weitgehend benutzerunabhängig arbeiten und invariant sind gegenüber Translation und Rotation. In den für die betrachtete Anwendung relevanten Bereichen kann sogar Invarianz gegenüber Skalierung und Blickwinkeländerungen erzielt werden. Zudem kann die Position von Hand und Fingerspitzen mit einer ausreichenden Genauigkeit bestimmt werden. Die Verarbeitungsgeschwindigkeit erlaubt zudem eine schnelle Systemreaktion.

Das vorgestellte Verfahren zur Bildsegmentierung ist stark auf die aktuelle Versuchsumgebung angepasst. Durch den Einsatz von komplexeren Verfahren zur Bildsegmentierung lassen sich die auf dem Segmentierungsergebnis aufbauenden Verfahrensschritte allerdings auch auf Umgebungen mit komplexer Hintergrundstruktur übertragen. Großes Potential zur robusten Bildsegmentierung in komplexen Umgebungen bietet insbesondere neue, kostengünstige Sensorik zur direkten Erfassung von Tiefenbildern (z.B. [71]).

4 Gestenbasierte Interaktion in einer Multi-Display-Umgebung

Um den Gestaltungsfreiraum zu explorieren, welcher durch ein berührungsloses System zur Erfassung von Handgesten aufgespannt wird, werden im Rahmen dieser Arbeit unterschiedliche Interaktionstechniken auf Basis des in Kapitel 3 beschriebenen Systems umgesetzt und evaluiert. Die Auswahl der betrachteten Interaktionsaufgaben wird hierbei auf Basis häufig auftretender Problemstellungen in einer Multi-Display-Umgebung getroffen, wie sie in Kapitel 1 motiviert wurden. Die dafür entwickelten Gestaltungsansätze für gestenbasierte Interaktionstechniken sowie Evaluierungsergebnisse werden im Folgenden dargestellt.

Zunächst werden in Abschnitt 4.1 Möglichkeiten zur Erweiterung des Eingaberaums von Multi-Touchscreens durch die vom System erkannten Handposen beschrieben. In Abschnitt 4.2 wird eine im Rahmen dieser Arbeit entwickelte neuartige Interaktionstechnik zum Verschieben von Objekten zwischen Displays im Greifraum des Benutzers beschrieben und Evaluierungsergebnisse vorgestellt. In Abschnitt 4.3 wird eine neue Interaktionstechnik zur Interaktion mit entfernten Anzeigen in einer Multi-Display-Umgebung beschrieben und unterschiedliche Gestaltungsoptionen anhand empirischer Daten bewertet.

4.1 Multi-Touch++ Interaktion

In einem ersten Schritt wird untersucht, inwieweit sich das entwickelte System zur Erkennung von Handposen und Lokalisierung von Hand und Fingerspitzen dazu eignet, einen Multi-Touchscreen zu erweitern. Insbesondere wird untersucht, ob die Genauigkeit der Positionsmessung des Systems ausreichend ist und ob die zusätzlich vom System zur Verfügung gestellte Information in Form der erkannten Handposen sich sinnvoll für die Interaktion an einer großflächigen Anzeige nutzen lassen. Da der Schwerpunkt dieser Arbeit auf der Interaktion in Multi-Display-Umgebungen liegt, werden diese Interaktionstechniken nicht formal in einer Benutzerstudie evaluiert. Evaluierungsergebnisse werden in diesem Abschnitt in Form von Erfahrungsberichten von Messen, Ausstellungen oder sonstigen Vorführungen, bei denen das System einer größeren Menge an Personen vorgestellt wurde, dargelegt.

Zunächst wird untersucht, inwieweit sich die Erkennung unterschiedlicher Handposen nutzen lässt, um zwischen beabsichtigten und unbeabsichtigten Eingaben zu unterscheiden. Insbesondere bei der Arbeit an einer tischartigen Anzeige stützen sich Personen häufig auf der Tischfläche auf oder zeigen auf Objekte durch Berührung der Tischfläche. Um eine Systemreaktion auf unbeabsichtigte Eingaben zu verhindern, wird das System so konfiguriert, dass nur bei bestimmten Handposen Aktionen ausgelöst werden. Auf Basis dieser Überlegungen werden vier grundlegende Interaktionstechniken für tischartige Anzeigen umgesetzt. Als Beispielszenario wird hierbei die Arbeit mit einem Geoinformationssystem (GIS) betrachtet. Die unterschiedlichen Interaktionstechniken sind in Abbildung 4.1 dargestellt und im Folgenden textuell beschrieben.

- *Verschieben*: Durch Berührung der Anzeigefläche mit fünf ausgestreckten Fingern einer Hand kann das darunter liegende Objekt durch Bewegung der Hand verschoben werden. Diese Interaktionstechnik dient insbesondere der Manipulation der Position einer großflächig angezeigten Kartendarstellung.

- *Selektieren*: Objekte lassen sich mit dem ausgestreckten Zeigefinger durch Berührung auswählen. Dabei muss der Finger für 200 ms auf dem Objekt verweilen.

- *Zoomen*: Mit einer zweihändigen Zoomgeste mit jeweils ausgestrecktem Zeige- und Mittelfinger kann die Skalierung der Kartendarstellung verändert werden.

- *Rotieren*: Über das längere Halten der Hand mit fünf ausgestreckten Fingern an einer Position auf dem Tisch kann ein Rotationswerkzeug aufgerufen werden. Mit der zweiten Hand kann die Karte durch Greifen und Ziehen des äußeren Randes des Kreises rotiert werden. Durch Ausstrecken von Zeige- und Mittelfinger kann die Rotation in den Ausgangszustand zurückgesetzt werden.

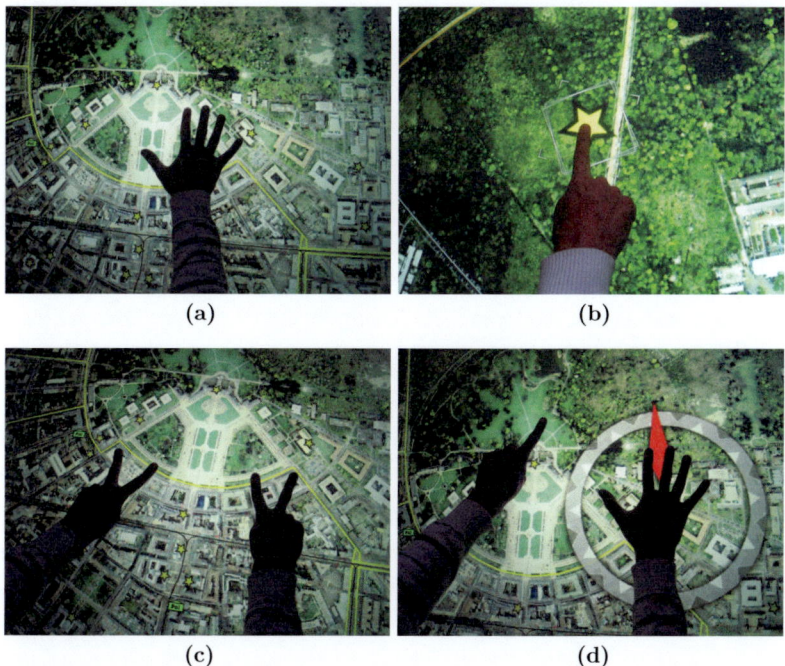

Abb. 4.1: Interaktionstechniken zur Erweiterung typischer Multi-Touch-Interaktion an einer einzelnen Anzeige durch Ausnutzung von Eigenschaften des entwickelten Gestenerkennungssystems. (a) Handpose zum Verschieben der Karte , (b) zur Selektion von Objekten und (c) zweihändige Interaktionstechniken zum Zoomen und (d) zum Rotieren der Karte.

Ähnliche Interaktionstechniken wurden bereits auf zahlreichen Multi-Touchscreens umgesetzt, allerdings ohne die Nutzung der Information unterschiedlicher, durch den Benutzer ausgeführter, Handposen zur Filterung unbeabsichtigter Eingaben. Es zeigt sich, insbesondere auf Messen, dass sich diese Vorprägung der Benutzer stark beim ersten Kontakt mit dem System auswirkt. Zunächst hatten die meisten Benutzer durch einfache Berührung versucht, mit dem System zu interagieren, wobei nicht auf die Stellung der nicht an der Interaktion beteiligten Finger geachtet wurde. Dies führte dazu, dass das System nicht auf die Eingaben reagierte. Nach einer kurzen Eingewöhnungsphase und mit entsprechenden Hinweisen konnten die meisten Benutzer problemlos mit dem System umgehen. Diese Reaktion der Benutzer legt nahe, die Filterung der Eingaben durch Handposen nicht für alle Aufgaben bzw. in jedem Anwendungskontext zu nutzen. Einfache und unkritische Eingaben sollten direkt über die Interaktion mit Fingerspitzen ermöglicht werden. Da sich zeigte, dass die Benutzung unterschiedlicher Handposen gemäß der Erfahrungen auf Messen offenbar einfach erlernbar ist, können diese für kritische Systemfunktionen oder Shortcuts für bestimmte Eingabesequenzen genutzt werden, wie auch am PC mit Tastaturkombinationen umgesetzt.

Ein solcher Shortcut wird beispielsweise bei der Interaktionstechnik zur Rotation der Karte genutzt. Durch das Zeigen der Handpose mit zwei ausgestreckten Fingern wird die Karte, wie oben beschrieben, direkt in ihren Ausgangszustand versetzt. Dies wäre ohne eine solche Technik nur mit sehr viel Feinarbeit exakt möglich. Diese Interaktionstechnik wurde ebenfalls auf Messen und bei zahlreichen Vorführungen einer größeren Menge an potentiellen Benutzern gezeigt und wurde sehr gut angenommen sowie als nützlich empfunden. Insbesondere für Experten mit ausreichen Übung im Umgang mit dem System, wird der Ansatz als sehr vielversprechend bewertet.

Insgesamt lässt sich auf Basis der oben beschriebenen Beobachtungen sagen, dass für einfache Interaktionsaufgaben, insbesondere in einem Umfeld in dem keine Einarbeitung in das System möglich ist (z.B. an öffentlichen Kiosksystemen), die Filterung der Eingaben durch Auswertung der Handpose auf den ersten Blick von Benutzern eher als störend empfunden wird. Für Benutzer, die sich länger mit einem solchen System beschäftigen können, z.B. durch die tägliche Arbeit damit, bietet sich dadurch eine Vielzahl neuer Interaktionsmöglichkeiten, welche sich mit einfachen Multi-Touchscreens heute noch nicht umsetzen lassen.

4.2 Lift-and-Drop

Ein häufiges Problem in Multi-Display-Umgebungen stellt das Verschieben von Objekten zwischen unterschiedlichen Geräten bzw. Displays dar. Durch vielseitige Vernetzungsmöglichkeiten unterschiedlicher Geräte ist der Datentransfer heute keine Herausforderung mehr. Die Begrenzung der Erfassung von Eingaben auf die Oberflächen einzelner Displays schränkt allerdings die möglichen Interaktionstechniken stark ein. Beispielsweise ist das Verschieben eines Objekts von einem

Abb. 4.2: *Lift-and-Drop*: Eine neuartige im Rahmen dieser Arbeit entwickelte Interaktionstechnik für displayübergreifendes Verschieben von Objekten im Greifraum des Benutzers.

mobilen Gerät (z.B. Tablett-PC oder Smartphone) auf eine großflächige öffentliche Anzeige (z.B. tischartige Anzeige) nur erschwert möglich. In diesem Abschnitt wird dieses Problem betrachtet und eine neue, im Rahmen dieser Arbeit entwickelte Interaktionstechnik namens *Lift-and-Drop*, vorgestellt, welche auf Basis des entwickelten Gestenerkennungssystems umgesetzt wurde. Damit können Objekte direkt auf einem der beteiligten Geräte per Handgeste ausgewählt und displayübergreifend auf ein anderes Gerät gezogen werden (siehe Abbildung 4.2). Die Technik wird mit folgenden Stellvertretern einzelner Klassen von Lösungsansätzen aus der Literatur im Rahmen einer Benutzerstudie verglichen:

- *Slingshot* ist eine indirekte Technik, welche in [91] vorgestellt und evaluiert wurde (siehe Abbildung 4.3c). Ähnlich der in [52] vorgestellten Drag-and-Throw-Technik nutzt sie die Metapher eines Katapults. Das zu manipulierende Objekt wird mit dem Finger berührt und ohne Kontaktverlust zur Displayoberfläche zunächst vom Zielpunkt weg gezogen. Analog zur Funktionsweise eines gespannten Katapults wird das Objekt, sobald es durch anheben des Fingers losgelassen wird, in die entgegengesetzte Richtung bewegt. Dem Benutzer wird allerdings schon während der Rückwärtsbewegung kontinuierlich die Bewegungsrichtung sowie der Zielpunkt, an dem das Objekt landen wird, dargestellt.

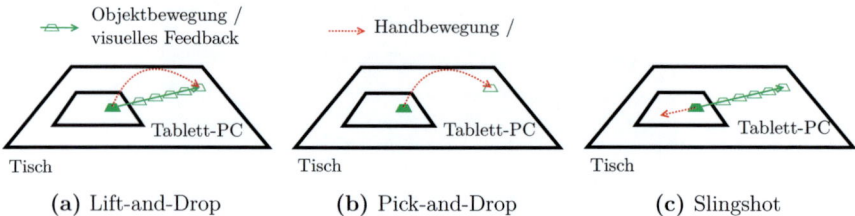

Abb. 4.3: Im Rahmen der Benutzerstudie untersuchte displayübergreifende Interaktionstechniken.

- *Pick-and-Drop* wurde in [111, 112] vorgestellt und ebenfalls in [91] evaluiert. Im Original können Objekte mit Hilfe eines Stiftes von einem Display aufgenommen und durch Berühren eines anderen Displays mit demselben Stift dort abgelegt werden. Unter Verwendung des entwickelten Gestenerkennungssystems können die Objekte durch Berührung mit dem Finger aufgenommen und abgelegt werden. Wie im Original wird nur dann visuelles Feedback angezeigt, wenn der Finger sich nahe genug an einem der beiden Displays befindet (siehe Abbildung 4.3b).

- *Lift-and-Drop* ist eine direkte Technik ähnlich zu Pick-and-Drop. Allerdings wird dem Benutzer während der gesamten Bewegung ein Feedback angezeigt (siehe Abbildung 4.3a). Diese Technik kann nur mit einem displayunabhängigen Eingabegerät wie dem entwickelten Gestenerkennungssystem umgesetzt werden, da andere direkte Eingabegeräte wie Stift- oder Touchscreen-Eingaben nur in unmittelbarer Nähe zur Displayoberfläche erfasst werden können.

4.2.1 Benutzerstudie

Beim Vergleich der drei oben beschriebenen Techniken in einer Benutzerstudie sollten die Ergebnisse von [91] für Slingshot und Pick-and-Drop auch unter Verwendung des Gestenerkennungssystems anstatt von Stiften reproduzierten werden. Außerdem sollte der Einfluss von kontinuierlichem (Lift-and-Drop) und nicht-kontinuierlichem Feedback (Pick-and-Drop) auf die Leistung des Benutzers analysiert werden.

Aufgaben, Versuchsumgebung und Durchführung

In der im Folgenden vorgestellten Benutzerstudie besteht die Aufgabe darin, quadratische Objekte von einem Tablett-PC (Größe: 24,5 × 18,5 cm, Auflösung: 1024 × 768 Pixel) in einen rechteckigen Zielbereich auf einem Tisch-Display (Größe: 120 × 90 cm, Auflösung: 1400 × 1050 Pixel) zu verschieben. Die Position des Tablett-PCs auf dem Tisch ist für alle Versuchspersonen durchgehend gleich. Jeder Teilnehmer führt 40 Aufgaben mit jeder der drei oben eingeführten Interaktionstechniken durch. Die Probanden wurden vom Versuchsleiter angewiesen, die Aufgaben möglichst schnell und präzise (Positionierung innerhalb des Zielfelds) durchzuführen. Sowohl die Anfangslage des Objekts auf dem Tablett-PC als auch die Position des Zielbereichs ist bei jeder Aufgabe unterschiedlich. Die Verteilung der Startposition des Objekts sowie die der Position des Zielbereichs ist in Abbildung 4.4 dargestellt. Zusätzlich variieren die Größen des Zielbereichs (100 × 100, 125 × 125 und 175 × 175 Pixel). Damit soll sowohl der Einfluss der Größe des Zielbereiches als auch dessen Abstand von der initialen Objektposition auf die Leistung untersucht werden.

Das Experiment ist in zwei Phasen mit je 20 Aufgaben gegliedert. In der ersten Phase sind die Objekte grau und müssen in genau einen Zielbereich verschoben werden. In der zweiten Phase sind die zu verschiebenden Quadrate farbig (rot, blau und grün). Auf dem Tisch werden in dieser Phase drei Zielfelder in den entsprechenden Farben angezeigt. Die Objekte müssen in das Zielfeld mit korrespondierender Farbe

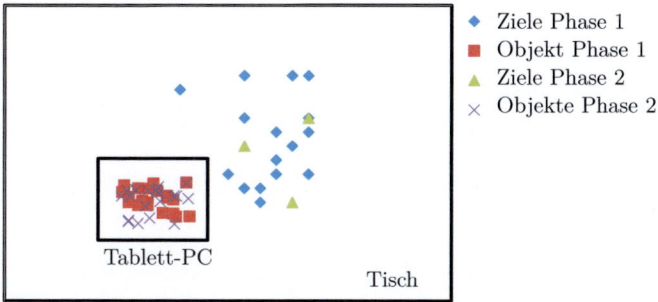

Abb. 4.4: Verteilung von Startpositionen und Zielbereichen für die beiden Phasen des Experiments.

verschoben werden. Im Gegensatz zur ersten Phase bleibt dabei Lage und Größe (100×100 Pixel) der drei Zielfelder während der kompletten Phase gleich. Damit soll untersucht werden, ob die kontinuierliche Darstellung der farbigen Objekte bei Lift-and-Drop und die damit verbundene Entlastung des Arbeitsgedächtnisses zu besseren Ergebnissen im Vergleich zu Pick-and-Drop führt, bei der sich die Benutzer die Farbe der Objekte merken müssen.

In einer separaten Übungsaufgabe konnte vor dem Versuch der Umgang mit dem System geübt werden. Um die Bildung von Vorwissen über einzelne Interaktionstechniken zu verhindern, werden dabei lediglich Objekte auf den unterschiedlichen Displays angezeigt und müssen durch Berührung mit dem Finger ausgewählt werden.

Anschließend wurden die Aufgaben von den Teilnehmern ausgeführt. Nach jeder Interaktionstechnik wurde von jedem Teilnehmer ein NASA-Task-Load-Index-Bogen (NASA-TLX) [51] ausgefüllt, um die subjektive Beanspruchung zu erfassen. Am Ende des Versuches wurden die Teilnehmer nach ihrer bevorzugten Interaktionstechnik und nach sonstigen Bemerkungen zu den Techniken gefragt.

Versuchsteilnehmer

Der Versuch wird mit 24 Probanden (5 weiblich, 19 männlich) im Alter zwischen 20 und 63 durchgeführt. Das mittlere Alter der Probanden beträgt 28 Jahre. Die Probanden sind in sechs Gruppen eingeteilt, welche jeweils aus vier Personen bestehen. Jede Gruppe führt 40 Aufgaben mit jeder der drei Interaktionstechniken durch. Jede Gruppe verwendet die Techniken in einer anderen Reihenfolge, um unerwünschte Trainingseffekte weitestgehend eliminieren zu können. Keiner der Teilnehmer hat zuvor mit dem Gestenerkennungssystem gearbeitet. Ebenso ist den Teilnehmern nicht vorab bekannt, welche der Interaktionstechniken im Rahmen dieser Arbeit entwickelt und welche aus der Literatur entnommen sind.

4.2.2 Ergebnisse

Objektive Daten

Um die drei Techniken zu vergleichen, wird die Bearbeitungsdauer B und die Genauigkeit G für jede Aufgabe gemessen. G beschreibt, ob ein Objekt komplett innerhalb, teilweise innerhalb oder komplett außerhalb des korrekten Zielfelds abgelegt ist. Eine Aufgabe gilt im Folgenden nur dann als erfolgreich ausgeführt, wenn das Objekt komplett innerhalb des korrekten Zielfelds abgelegt ist. Für eine Menge von Aufgaben ist das Leistungsmaß Ω definiert als

$$\Omega = \frac{A_{korr}}{B_{kum}} \ , \tag{4.1}$$

wobei A_{korr} die Anzahl erfolgreich ausgeführter Aufgaben und B_{kum} die Summe der Bearbeitungsdauer aller durchgeführten Aufgaben in Sekunden beschreibt. Zur Untersuchung statistischer Signifikanz der Ergebnisse werden zweiseitige Student's t-Tests mit einem Signifikanzniveau von 5% durchgeführt (siehe [72]) für Grundlagen zu statistischen Signifikanztests). Die dem t-Test zugrunde liegende Normalverteilungsannahme bezüglich der Stichprobe wird durch den Shapiro-Wilk-Test [125] überprüft. Die Varianzhomogenität wird durch einen F-Test überprüft und bei Heterogenität der Welch's t-Test verwendet (siehe [72]).

In Abbildung 4.5 ist die mittlere Leistung und Standardabweichung über alle Versuchsteilnehmer für alle drei Interaktionstechniken dargestellt. In Phase 2 ist die Leistung für Lift-and-Drop und Pick-and-Drop signifikant besser als für Slingshot

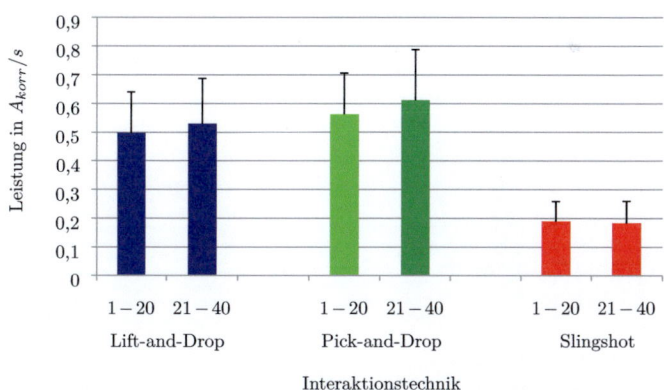

Abb. 4.5: Mittlere Leistung für unterschiedliche Aufgabenblöcke $(1-20, 21-40)$ und Interaktionstechniken.

$(t(33) = 9{,}71;\ p < 0{,}0001$ bzw. $t(31) = 10{,}94;\ p < 0{,}0001)$. Die Ergebnisse für Pick-and-Drop und Slingshot decken sich mit denen aus [91]. Die mittlere Leistung bei Pick-and-Drop ist zwar geringfügig besser als die bei Lift-and-Drop, unterscheidet sich jedoch nicht signifikant $(t(46) = -1{,}70,\ p = 0{,}095)$.

In Abbildung 4.6 ist die Genauigkeit dargestellt mit der das Objekt im Zielbereich abgelegt wird. Es ist zu erkennen, dass unter Verwendung von Lift-and-Drop und Pick-and-Drop nur wenige Objekte nicht exakt im Zielfeld abgelegt werden, wohingegen bei Slingshot nur 55% der Objekte komplett innerhalb des Zielfelds liegen. Die Genauigkeit bei Slingshot hängt sehr stark von der Größe des Zielfelds ab. Während bei Zielen von 175×175 Pixel 70% der Objekte komplett innerhalb des Zielfelds platziert werden, ist dies bei Zielen von 100×100 Pixel lediglich in 41% der Aufgaben der Fall. Bei den anderen beiden Techniken hat die Größe des Zielbereichs keinen signifikanten Einfluss. Die mittlere Bearbeitungsdauer für eine Aufgabe bei Pick-and-Drop ist mit 1,7 Sekunden etwas geringer als bei Lift-and-Drop (2,0 Sekunden). Slingshot schneidet mit 2,9 Sekunden am schlechtesten ab.

Ergänzend werden zur Bewertung der einzelnen Techniken Faktoren herangezogen, welche indirekten Einfluss auf die Leistung haben. Dies sind zum einen Lerneffekte und zum anderen die räumliche Distanz zwischen Startpunkt und Zielbereich. Abbildung 4.7(a), (c) und (e) zeigen die Entwicklung der Leistung jener Teilnehmer, welche die entsprechende Technik als erste verwendeten. Zu beachten ist, dass die

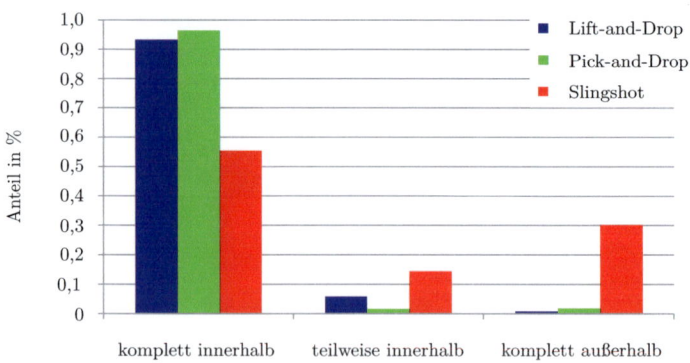

Abb. 4.6: Genauigkeit für unterschiedliche Interaktionstechniken.

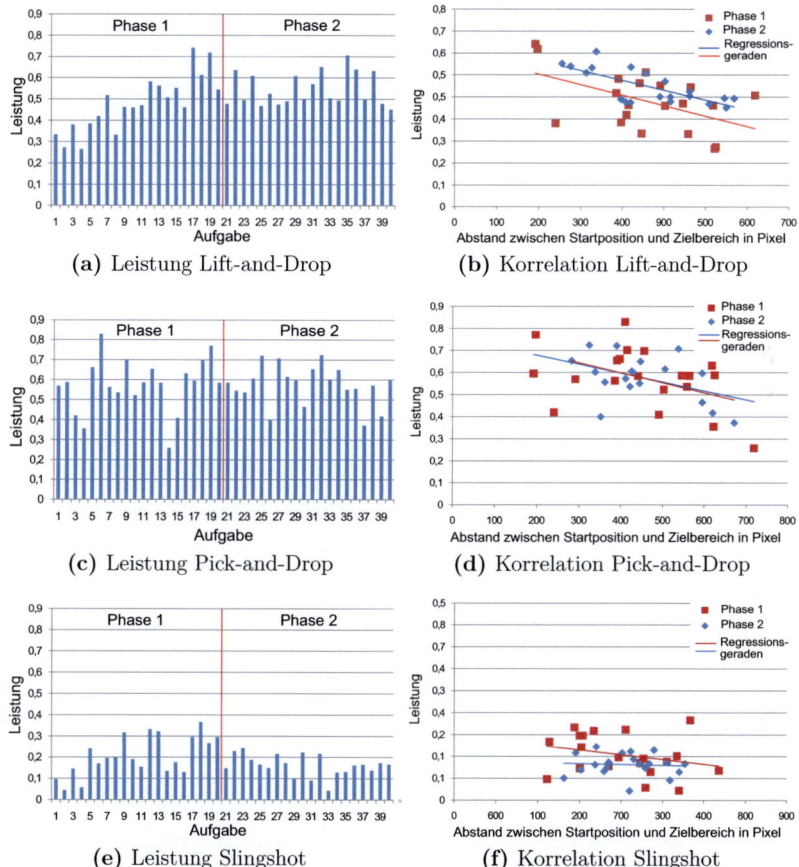

Abb. 4.7: (a), (c), (e): Zeitliche Entwicklung der Leistung für unterschiedliche Interaktionstechniken über die Zeit, wobei jeweils nur Daten von Probanden dargestellt sind, welche die entsprechende Technik als erste durchgeführt haben. (b), (d), (f): Korrelation der Leistung mit der Entfernung zwischen Startposition des Objekts und der Position des Zielbereichs.

Anzahl korrekter Aufgaben A_{korr} und die Bearbeitungsdauer B_{kum} hier für jede Technik und Aufgabe über die acht Teilnehmer berechnet werden, welche die jeweilige Technik als erste durchgeführt haben und nicht für einen Versuchsteilnehmer über das Experiment bzw. einzelne Phasen. Die Leistung bei der Verwendung von Lift-and-Drop verbessert sich in der ersten Versuchsphase kontinuierlich bis zu einem gewissen Leistungsniveau, welches im Verlauf der zweiten Versuchsphase gehalten wird. Bei Pick-and-Drop und Slingshot zeigt die Leistung hingegen keinen Lerneffekt.

Während sich die leichten Schwankungen der Leistung bei Lift-and-Drop während der zweiten Phase überwiegend durch eine starke Korrelation (Korrelationsfaktor $-0{,}73$) mit den variierenden Abständen zwischen Starposition und Zielbereich erklären lassen, ist dies für die Schwankungen bei Pick-and-Drop nur in geringerem Maße der Fall (Korrelationsfaktor $-0{,}48$). Dieser Sachverhalt ist auch in Abbildung 4.7(b), (d) und (f) nochmals graphisch in Form von Datenpunkten und dazugehörigen Regressionsgeraden dargestellt. Berechnet man die mittlere absolute Abweichung der Daten von den jeweiligen Regressionsgeraden, so erhält man für Lift-and-Drop 0,36 und für Pick-and-Drop 0,71. Die Signifikanz der Unterschiedlichen Streuung der Daten um die Regressionsgerade wird durch einen F-Test [72] der Varianzunterschied der Abweichung der Leistungsdaten von der Regressionsgeraden für Phase 2 zwischen der Stichprobe für Lift-and-Drop und Pick-and-Drop bewertet. Dabei ergibt sich eine schwache statistische Signifikanz ($F(19{,}19) = 0{,}367$; $p = 0{,}034$).

Subjektive Bewertungen

Die subjektive Beanspruchung der Probanden wird mittels NASA-TLX-Bogen erfasst (siehe Abschnitt 4.2). Dadurch wird die subjektive geistige, körperliche und zeitliche Anforderung sowie die subjektive Beurteilung der eigenen Leistung, Anstrengung und des Frustrationsniveaus der Probanden bei der Bearbeitung der Aufgaben erfasst. Die Ergebnisse sind in Abbildung 4.8 dargestellt.

Die subjektiven Ergebnisse stimmen größtenteils mit den objektiven Messungen überein. Lift-and-Drop und Pick-and-Drop wird vor allem bei der Leistung der Anstrengung und dem Frustrationsniveau besser als Slingshot bewertet. Obwohl Pick-and-Drop etwas besser als Lift-and-Drop bewertet wird, kann kein signifikanter Unterschied festgestellt werden. Am Ende des Versuchs geben 14 Probanden Lift-and-

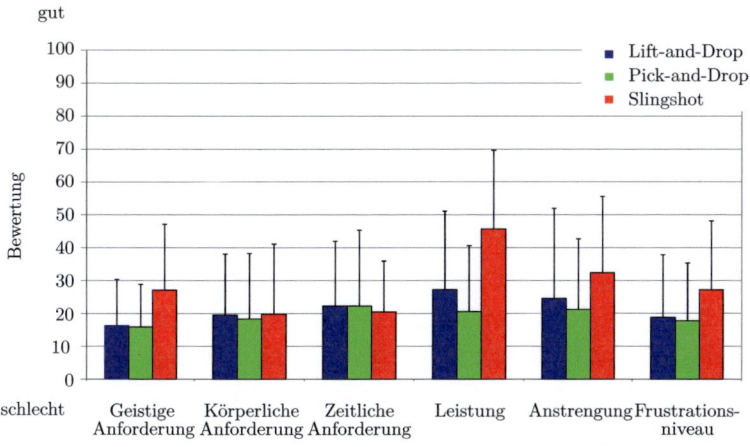

Abb. 4.8: Ergebnisse aus dem NASA-TLX Fragebogen.

Drop, 9 Pick-and-Drop und nur ein Proband Slingshot als die beste Technik. Dieses relativ eindeutige Urteil zu Gunsten von Lift-and-Drop überrascht zunächst, da diese Bewertung weder mit den objektiv gemessenen Werten noch mit den subjektiven Bewertungen einher geht. Dieser Sachverhalt wird im nächsten Abschnitt genauer diskutiert.

Die am Ende des Versuchs gemachten Bemerkungen der Teilnehmer sind teilweise widersprüchlich. Einige empfinden Lift-and-Drop wegen des direkten und kontinuierlichen Feedbacks als besser, andere kritisierten genau diesen Sachverhalt, da durch dieses Feedback die Interaktion „ausgebremst" wird. Die meisten der Teilnehmer kritisierten an Slingshot die geringe Genauigkeit.

Diskussion

Bei der Arbeit mit den direkten Interaktionstechniken Lift-and-Drop und Pick-and-Drop können signifikant bessere Ergebnisse erzielt werden, als bei der Verwendung der indirekten Technik Slingshot. Zwischen Lift-and-Drop und Pick-and-Drop kann weder bei der objektiven Messung der mittleren Leistung pro Person noch bei der subjektiven Bewertung über den NASA-TLX-Fragebogen ein signifikanter

Unterschied festgestellt werden. Lediglich bei der Benennung der favorisierten Interaktionstechnik war zu erkennen, dass die Versuchsteilnehmer Lift-and-Drop gegenüber Pick-and-Drop vorziehen. Dies widerspricht auf den ersten Blick den gemessenen Werten und den Ergebnissen aus den NASA-TLX-Bögen. Die Oszillation der Leistung ist vor allem in der zweiten Versuchsphase bei Pick-and-Drop signifikant höher, als bei Lift-and-Drop und kann nicht primär durch einen Zusammenhang zwischen der Leistung und dem Abstand von Objektposition zu Zielfeld erklärt werden. Sie ist vielmehr auf lange Bearbeitungszeiten und variierende Fehlerraten einiger Teilnehmer bei einigen Aufgaben zurückzuführen. Beide Tatsachen könnten eine Erklärung für die Wahl von Lift-and-Drop als bevorzugte Interaktionstechnik liefern. Anscheinend bevorzugen die Benutzer bei ihrer endgültigen Auswahl eine stabile und dafür etwas langsamere Technik, welche durch Lift-and-Drop gegeben ist. Diese Schlussfolgerung wird auch durch die Kommentare, welche die Teilnehmer am Ende des Experiments abgeben konnten, unterstützt. Einige bevorzugten Lift-and-Drop, obwohl sie den Eindruck hatten, die Interaktion wäre durch das kontinuierliche Feedback langsamer.

Abschließend lässt sich sagen, dass das kontinuierliche Feedback während displayübergreifender Interaktion, insbesondere in der Lernphase zu leicht niedrigerer Leistung führt, insgesamt aber eine stabilere und störungsresistentere Leistung der Versuchsteilnehmer ermöglicht. Letzterer Aspekt könnte auch zu der deutlich besseren abschließenden Bewertung von Lift-and-Drop gegenüber Pick-and-Drop beigetragen haben. Auch wenn die Ausführung in diesem Experiment, ebenso wie bei [91], bei direkten Techniken wesentlich besser als bei indirekten war, sind Lift-and-Drop und Pick-and-Drop nur dann zur Manipulation von Objekten geeignet, wenn diese innerhalb des Greifbereichs liegen. Für weiter entfernte Objekte sind entweder indirekte Techniken wie Slingshot oder ganz andere Techniken, welche z.B. auf Zeigegesten basieren, nötig.

4.3 PointMenues

Als zweites Problem, welches häufig bei der Interaktion mit Multi-Display-Umgebungen auftritt, wurde die Interaktion mit entfernten Anzeigen betrachtet. Die Schwierigkeiten hierbei sind insbesondere das fehlende haptische Feedback beim Auslösen

Abb. 4.9: *PointMenues*: Eine neuartige, im Rahmen der Arbeit entwickelte Technik für die Interaktion mit entfernten Anzeigen in einer Multi-Display-Umgebung.

von Aktionen sowie die begrenzte Genauigkeit von Zeigegesten und die mit deren Ausführung verbundene körperliche Ermüdung. Bisherige Ansätze zur Bedienung entfernter Anzeigen beschränken sich meist auf die Bedienung durch Zeigegesten (z.B. [16],[27]) oder indirekt über zusätzliche Displays im Sinne einer klassischen Fernbedienung.

In dieser Arbeit wird ein kombinierter Ansatz verfolgt, welcher die Bedienung von entfernten Anzeigen in einer Multi-Display-Umgebung ermöglicht. Die im Rahmen dieser Arbeit entwickelte, neuartige Interaktionstechnik *PointMenues* erlaubt es, durch Auswahl von Objekten auf entfernten Anzeigen per Zeigegeste, Bedienelemente auf ein zweites Display im Greifraum des Benutzers zu holen. Über diese Bedienelemente können sie bequem und ohne körperliche Ermüdung bedient werden (siehe Abbildung 4.9). Im Gegensatz zur direkten Interaktion mittels Zeigegesten sind über die Menüs auch komplexere Eingaben möglich und die Ausführung von körperlich anstrengenden Zeigegesten wird auf ein Minimum begrenzt. Da in der Literatur keine direkt vergleichbaren alternativen Interaktionstechniken nachgewiesen sind, werden, anstatt des Vergleichs mit Alternativen, unterschiedliche Optionen für die Gestaltung der Auswahl von Objekten auf der entfernten Anzeige untersucht.

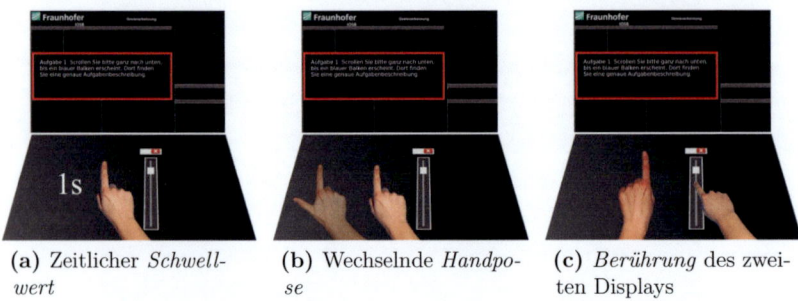

(a) Zeitlicher *Schwellwert*

(b) Wechselnde *Handpose*

(c) *Berührung* des zweiten Displays

Abb. 4.10: *PointMenues*: Interaktion mit entfernten Anzeigen in einer Multi-Display-Umgebung. Unterschiedliche Gestaltungsoptionen für die Auslösung der Interaktion mit einem entfernten Objekt. Bei Option (a) muss auf das Objekt gezeigt werden, bis ein zeitlicher Schwellwert (hier eine Sekunde) erreicht ist. Bei Option (b) wird die Interaktion durch einen Wechsel der Handpose ausgelöst, bei Option (c) durch das Berühren der tischartigen Anzeige mit der zweiten Hand.[1]

4.3.1 Benutzerstudie zu Gestaltungsoptionen

Die im Rahmen dieser Arbeit und der in diesem Abschnitt vorgestellten Benutzerstudie untersuchten Gestaltungsoptionen für PointMenues sind in Abbildung 4.10 dargestellt. Als Aufgabe wird dabei das Scrollen eines Textfeldes auf der entfernten Anzeige betrachtet. Es werden drei unterschiedliche Interaktionsmöglichkeiten zur Auslösung der Anzeige eines Scrollbalkens auf der horizontalen Anzeige direkt vor dem Benutzer betrachtet (siehe Abbildung 4.10).

Die erste Gestaltungsoption ist die Nutzung eines zeitlichen Schwellwertes, welcher angibt, wie lange auf das entfernte Objekt gezeigt werden muss, bevor das Ereignis ausgelöst wird. Diese Option wird im Folgenden mit *Schwellwert* bezeichnet und ist in Abbildung 4.10a dargestellt. Die zweite betrachtete Option wird mit *Handpose* bezeichnet und nutzt den Wechsel zwischen zwei definierten Handposen zur Auslösung der Darstellung des Bedienelements. Diese ist in Abbildung 4.10b dargestellt. Des Weiteren wird eine zweihändige Technik betrachtet, bei der mit einer Hand das zu bedienende entfernte Objekt per Zeigegeste referenziert und die Darstellung durch Berührung der tischartigen Anzeige mit der anderen Hand

---

1   Skizzen mit freundlicher Genehmigung von Ana Skrenkovic leicht modifiziert aus [178] entnommen.

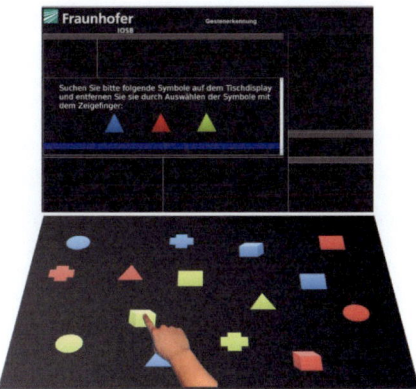

Abb. 4.11: Auf dem Tisch dargestellte Symbole müssen gemäß Aufgabenbeschreibung auf dem Sekundärmonitor per Berührung mit dem Zeigefinger selektiert werden. Nach der Selektion eines passenden Symbols wird dieses ausgeblendet.[1]

ausgelöst wird. Dabei wird das Bedienelement an der Stelle angezeigt, an der die Berührung der Anzeigefläche mit der zweiten Hand stattfindet. Letztere Technik ist in Abbildung 4.10c dargestellt und wird mit *Berührung* bezeichnet, da diese das auslösende Ereignis darstellt.

Aufgaben und Durchführung

Die drei Techniken werden anhand der oben skizzierten Scrollaufgabe in einer Benutzerstudie verglichen. In einem Fenster auf der entfernten Anzeige muss dabei ein Text nach unten gescrollt werden, um die dort platzierten Anweisungen zu lesen. Diese beinhalten insbesondere die Abbildung von unterschiedlichen Symbolen, welche auf dem Tisch durch Berührung mit dem Zeigefinger ausgewählt werden müssen (siehe Abbildung 4.11). Sobald ein passendes Symbol ausgewählt wird, wird es auf dem Tisch ausgeblendet. Nachdem alle Symbole gemäß Aufgabenstellung auf dem Tisch ausgewählt sind, wird den Probanden eine neue Aufgabe mit anderen Symbole dargestellt.

---

1 Skizzen mit freundlicher Genehmigung von Ana Skrenkovic leicht modifiziert aus [178] entnommen.

Die Probanden hatten vor dem Versuch ausreichend Gelegenheit sich mit dem System vertraut zu machen. Sie konnten so lange mit dem System die Durchführung der oben skizzierten Aufgabe üben, bis sie von sich aus angaben, mit dem System vertraut zu sein. Danach wurden neun Scrollaufgaben durchgeführt, bis alle auf dem Tisch angezeigten Symbolen selektiert sind. Diese Aufgabensequenz wurde von jeder Versuchsperson für jede Interaktionstechnik in randomisierter Reihenfolge durchgeführt.

Als Versuchsumgebung dient bei diesem Experiment die in Abschnitt 2.1.1 beschriebene Multi-Display-Umgebung, wobei die mobilen Anzeigen nicht genutzt werden.

Versuchsteilnehmer

Für die Benutzerstudie wurden 21 Probanden ausgewählt. Das Alter der Probanden ist dabei zwischen 22 und 57 Jahren bei einem Mittelwert von 26,8 Jahren. Die Probanden hatten einen unterschiedlichen Hintergrund bezüglich Erfahrung im Umgang mit Computern bzw. multitouchfähigen Geräten. Die Ergebnisse der Erfassung dieser Daten durch einen Fragebogen sind in Abbildung 4.12 und Abbildung 4.13 dargestellt. Der Fragebogen ist im Anhang E.2 zu finden.

Bei der Einschätzung der Erfahrung im Umgang mit Computern ist auffällig, dass weibliche Probanden sich im Schnitt deutlich schlechter einschätzen als männliche. Dies liegt bei der betrachteten Stichprobe zum Teil daran, dass die meisten weiblichen Probanden aus einem nicht technischen Umfeld stammen. In den erfassten objektiven Daten während der Versuchsdurchführung zeigen sich allerdings keine geschlechterspezifischen Unterschiede.

4.3.2 Ergebnisse zu Gestaltungsoptionen

Die im Rahmen der Benutzerstudie erfassten Daten lassen sich in zwei Kategorien unterteilen, nämlich objektive Daten und subjektive Bewertungen. Die jeweils daraus abgeleiteten Ergebnisse werden im Folgenden dargestellt. Bei der Darstellung der Ergebnisse mittels t-Test wird ein Signifikanzniveau von 5% verwendet.

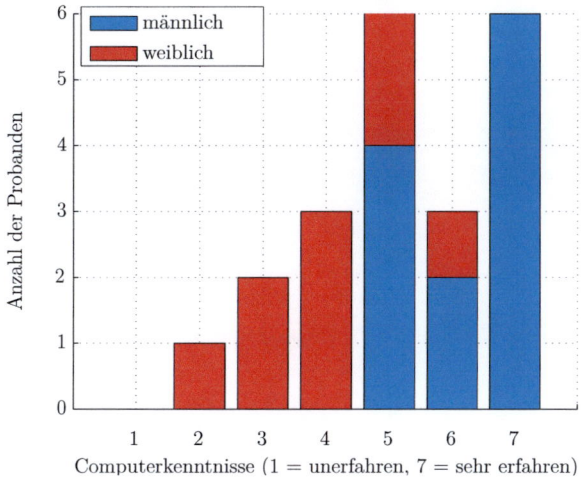

Abb. 4.12: Selbsteinschätzung der Computerkenntnisse durch Probanden auf einer 7-Punkte-Skala.

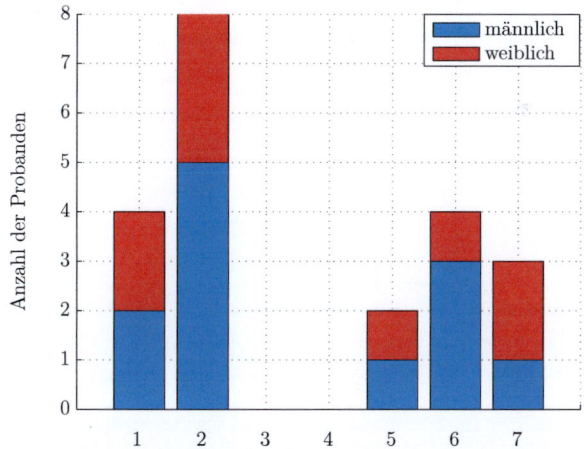

Abb. 4.13: Selbsteinschätzung der Häufigkeit der Verwendung von multitouchfähigen Geräten durch Probanden auf einer 7-Punkte-Skala.

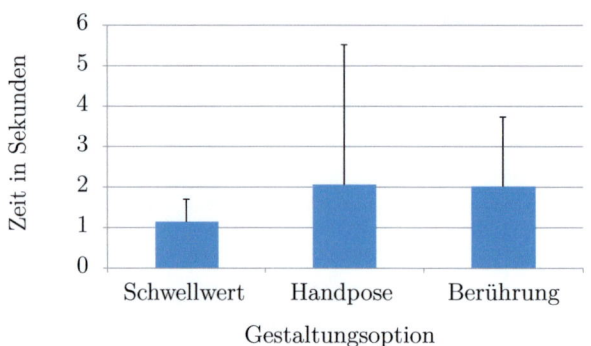

Abb. 4.14: Benötigte Zeit zum Öffnen des Menüs für unterschiedliche Gestaltungsoptionen.

Objektive Daten

Für die Bewertung der in dieser Arbeit betrachteten Gestaltungsoptionen wird für jede Aufgabe die Zeit ausgewertet, die vom ersten Zeigen auf den Vertikalmonitor bis zum Öffnen des Bedienelements auf dem Tisch vergeht. Die Mittelwerte und Standardabweichungen für diese Größen sind für die einzelnen Gestaltungsoptionen in Abbildung 4.14 dargestellt. Es ist deutlich ersichtlich, dass die mit *Schwellwert* bezeichnete Technik sowohl den geringsten Mittelwert liefert als auch die geringste Streuung der Bearbeitungszeiten aufweist. Bei der Gestaltungsoption *Handpose* ist eine sehr große Standardabweichung zu sehen. Die verursachende starke Schwankung der benötigten Zeit zum Öffnen des Bedienelements hat hauptsächlich zwei Gründe. Einerseits konnte von manchen Probanden die für die Technik *Handpose* notwendigen Handposen aufgrund von anatomischen Unterschieden nicht gemäß Spezifikation ausgeführt werden. Dies führt dazu, dass die auslösende Handpose vom System nicht erkannt wird und zum Teil mehrere Versuche notwendig sind, um das Menü zu öffnen. Ein weiterer Grund ist die schlechtere Erkennungsleistung bei einzelnen Probanden, mit gleichem Resultat. In Abbildung 4.15 ist die mittlere Zeit, welche zum Öffnen des Bedienelements benötigt wurde, gemeinsam mit der zugehörigen Standardabweichung für alle Probanden dargestellt. Daraus

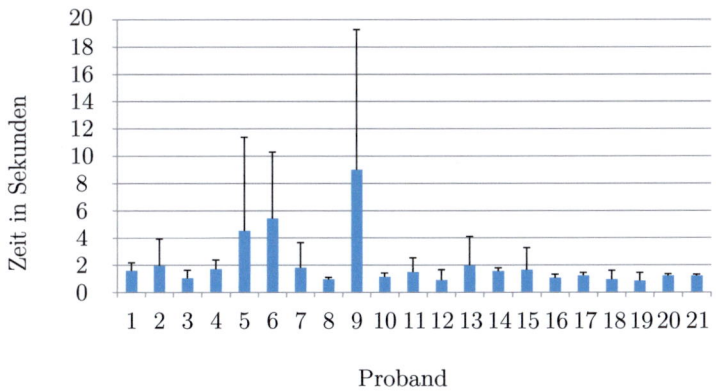

Abb. 4.15: Von einzelnen Probanden benötigte Zeit für Gestaltungsoption *Handpose*.
Probanden 5, 6 und 9 benötigen im Mittel deutlich länger und zeigen deutlich größere
Schwankungen.

ist ersichtlich, dass insbesondere bei drei Probanden (5, 6 und 9) Probleme mit
der Gestaltungsoption auftreten. Dies ist damit zu begründen, dass bei diesen
Probanden die Klassifikation von Handposen aus zwei unterschiedlichen Gründen
nicht robust funktioniert. Bei Versuchsperson 5 kann die Handpose aufgrund einer
sehr breiten Handform, welche im Trainingsdatensatz nicht repräsentiert ist, nicht
robust klassifiziert werden. Dies könnte durch Erweiterung des Trainingsdatensatzes
behoben werden. Probanden 6 und 9 können Mittelfinger, Ringfinger und kleinen
Finger aufgrund von anatomischen Einschränkungen nicht weit genug einklappen.
Daher werden auch für diese Probanden die Handposen zum Teil erst nach mehreren
Versuchen vom System erkannt. Auch dieses Problem lässt sich durch Erweiterung
des Trainingsdatensatzes oder aber durch Wahl anderer Handposen lösen.

Werden die Daten um diese drei Ausreißer bereinigt, so ergeben sich die in Abbildung 4.16 dargestellten Werte für die drei unterschiedlichen Gestaltungsoptionen.
Der Unterschied der Mittelwerte der Techniken *Schwellwert* und *Handpose* beträgt

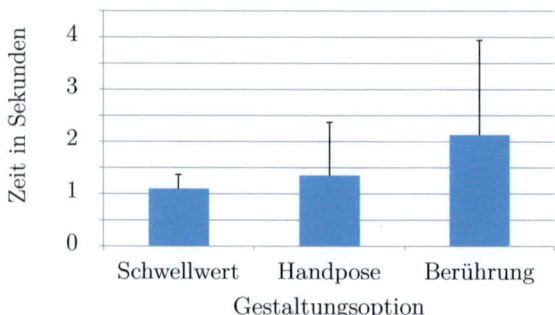

Abb. 4.16: Benötigte Zeit zum Öffnen des Menüs für unterschiedliche Gestaltungsoptionen. Im Vergleich zu Abbildung 4.14 wurden die Daten von Versuchsperson 5, 6 und 9 für alle drei Optionen nicht berücksichtigt.

für die verbleibenden 18 Probanden mit jeweils neun Aufgaben 0,37 Sekunden und ist statistisch signifikant ($t(64) = -2,578$; $p = 0,012$).

Die zweihändige Gestaltungsoption *Berührung* schneidet deutlich schlechter ab als die anderen beiden Optionen. Dies liegt zum Einen daran, dass für die Durchführung der Interaktionstechnik im Prinzip zwei Aktionen vom Benutzer ausgeführt werden müssen. Zuerst muss das Textfeld auf dem Sekundärmonitor ausgewählt werden und dann die Stelle auf dem Tisch an der das Bedienelement dargestellt werden soll. Zum Anderen wird zum Teil von den Versuchspersonen nicht darauf geachtet, die korrekte Handpose bei der Berührung des Tisches mit der zweiten Hand auszuführen, was zu Verzögerungen führt.

Die minimale Zeit für Gestaltungsoption *Schwellwert* ist durch die Wahl des Schwellwerts vorgegeben und beträgt im Experiment eine Sekunde. Für die Gestaltungsoption *Handpose* wird für 27,5 % aller Aufgaben das Bedienelement schneller geöffnet als dieser Schwellwert. Für die zweihändige Technik *Berührung* sind dies lediglich 6,4%. Damit ergibt sich insbesondere für die Gestaltungsoption *Handpose* ein potentieller Geschwindigkeitsvorteil bei der Bedienung, welcher allerdings offensichtlich nicht immer von den Probanden genutzt werden kann.

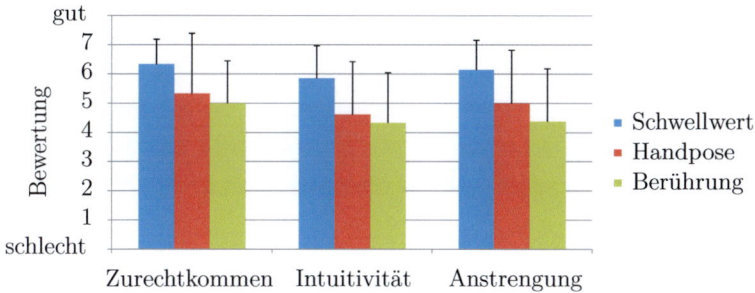

Abb. 4.17: Subjektive Bewertung der Gestaltungsoptionen durch die Probanden anhand von drei Kriterien.

Subjektive Bewertungen

Nach der Durchführung aller Aufgaben mit allen drei Interaktionstechniken wurden die Probanden gebeten, in einem Fragebogen ihre subjektiven Eindrücke festzuhalten. Darin werden drei Kriterien durch folgende Fragen auf einer 7-Punkte-Skala erfasst:

- Wie *kamen* Sie mit dem Öffnen des Scrollmenüs *zurecht*?

- Wie *intuitiv* fanden Sie das jeweilige Verfahren zum Öffnen des Menüs?

- Wie *anstrengend* fanden Sie das jeweilige Verfahren zum Öffnen des Menüs?

Der Fragebogen ist im Anhang E.2 zu finden. Die Ergebnisse sind in Abbildung 4.17 dargestellt. Die sich aus den subjektiven Bewertungen ergebende Rangfolge der drei unterschiedlichen Interaktionstechniken deckt sich mit der aus den objektiven Daten. Bei allen drei abgefragten Kriterien schneidet die Gestaltungsoption *Schwellwert* am besten ab, gefolgt von *Handpose* und *Berührung*. Die Mittelwertunterschiede zwischen *Schwellwert* und *Handpose* (Zurechtkommen: $t(27) = 2,056$; $p = 0,050$; Intuitivität: $t(33) = 2,682$; $p = 0,011$; Anstrengung: $t(31) = 2,517$; $p = 0,017$) sind statistisch signifikant. Die Unterschiede zwischen *Handpose* und *Berührung* (Zurechtkommen: $t(40) = 0,607$; $p = 0,547$; Intuitivität: $t(40) = 0,527$; $p = 0,601$; Anstrengung: $t(40) = 1,109$; $p = 0,274$) hingegen nicht.

Am Ende des Fragebogens wurden die Probanden gefragt, welche Technik ihnen am besten gefallen hat. Dabei können auch Stimmen für mehrere Interaktionstechniken abgegeben werden, falls sich der Proband nicht entscheiden konnte. Als Ergebnis fallen 48% der Stimmen auf die Technik *Handpose*, 43% auf die Technik *Schwellwert* und 9% auf die mit *Berührung* bezeichnete Technik. Auffällig ist dabei, dass hier die Rangfolge der Gestaltungsoptionen unterschiedlich ausfällt, als bei der oben beschriebenen Befragung nach konkreten Merkmalen. Die Gestaltungsoption *Handpose* wird hier knapp als die beste Technik bewertet.

Diskussion

Auf Basis der objektiven Daten bzw. der gemessenen Zeit, welche zum Öffnen des Bedienelements benötigt wurde, erscheint zunächst die Gestaltungsoption *Schwellwert* am günstigsten. Sie schneidet ebenfalls bei allen drei subjektiv bewerteten Kriterien *Zurechtkommen*, *Intuitivität* und *Anstrengung* am besten ab. Die davon abweichende Bewertung, bei der Frage nach der besten Interaktionstechnik zugunsten der Gestaltungsoption *Handpose*, könnte damit zusammen hängen, dass die Probanden diese zwar prinzipiell mehrheitlich für die beste Technik halten, die Umsetzung im für die Benutzerstudie verwendeten System aber noch nicht zufriedenstellend ist. Insbesondere wird von drei Probanden explizit darauf hingewiesen, dass das Beugen der Finger zum Handballen anstrengend und für sie nur schwer ausführbar ist. Eine unsaubere Ausführung dieser Handpose führt bei diesen Personen auch zu häufiger Fehlerkennung der Handpose. Dies könnte zukünftig durch eine tolerantere Erkennung bestimmter Handposen und durch eine Auswahl von geeigneten Handposen für die Interaktion verbessert werden.

Gründe für eine prinzipiell bessere Bewertung der Gestaltungsoption *Handpose* könnten auch die potentiell kürzere Aktivierungszeit sowie die explizite Eingabe als auslösendes Ereignis zum Aufruf des Bedienelements sein. Von einigen Probanden wird explizit erwähnt, dass sie die Gestaltungsoption *Handpose* bevorzugen, weil sie die Wartezeit bei der Technik *Schwellwert* nach einer Eingewöhnungsphase als störend lange empfanden.

Die zweihändige Gestaltungsoption *Berührung* schneidet in der Benutzerstudie sowohl bei Betrachtung der objektiven als auch der subjektiven Daten am schlechtesten ab. Dies ist zu einem großen Teil durch die höhere Komplexität der Interaktionstechnik zu begründen. Dennoch konnte die Technik von allen Versuchspersonen ohne größere Probleme genutzt werden. Diese Option ist insbesondere dann eine Alternative zu den anderen beiden Techniken, wenn explizit angegeben werden soll, wo das entsprechende Bedienelement erscheint. Beispielsweise kann dies erforderlich sein, wenn mehrere unterschiedliche Geräte bzw. Displays im Greifraum des Benutzers liegen.

4.4 Zusammenfassung und Fazit

In diesem Kapitel wurde der Gestaltungsspielraum für Interaktionstechniken in Multi-Display-Umgebungen auf Basis des im Rahmen dieser Arbeit entwickelten Systems zur videobasierten Handgestenerkennung exploriert. Dabei wurden mehrere unterschiedliche charakteristische Aspekte von Multi-Display-Umgebungen betrachtet. Insbesondere sind dies die Erweiterung der Interaktion mit großflächigen Anzeigen durch die Nutzung von Handposen als zusätzliche Eingabe, das Verschieben von Objekten zwischen unterschiedlichen Displays im Greifraum des Benutzers sowie die Interaktion mit entfernten Anzeigen.

Für die betrachteten Interaktionsaufgaben wurden neue Interaktionstechniken vorgeschlagen und sowohl durch formale Benutzerstudien im Labor als auch durch Beobachtungen auf Messen evaluiert. Die ausgewählte Menge an Probanden für die Benutzerstudien im Labor stellt zwar keine repräsentative Stichprobe für die Gesamtbevölkerung als Grundgesamtheit dar, entspricht aber der im internationalen Forschungsumfeld gängigen Stichprobengröße. Trotz der dadurch eingeschränkten Generalisierbarkeit der Ergebnisse lassen sich Tendenzen ableiten, welche sich bei der Vorführung der am vielversprechendsten Gestaltungsoptionen bei Veranstaltungen mit deutlich größeren Stichproben bestätigten (z.B. Interschutz 2010: $600 - 700$ Besucher, Cebit 2011: $1200 - 1300$ Besucher am Exponat). Vor- und Nachteile gestenbasierter Interaktion werden im Folgenden für die im Rahmen der Arbeit betrachteten Aufgaben zusammengefasst.

Als ein Nachteil gestenbasierter Interaktion konnte im Rahmen der Arbeit die körperliche Ermüdung festgestellt werden. Insbesondere bei Interaktionstechniken, die keine Entlastung des Arms, beispielsweise durch Aufstützen der Hand, zulassen (z.B. Zeigen auf entfernte Anzeigen). Des Weiteren müssen Objekte auf entfernten Anzeigen, welche mittels Zeigegesten selektiert werden, relativ groß gestaltet werden, da die Ausführung der Zeigegesten durch den Benutzer relativ ungenau ist. In einer weiteren Studie [167], welche im Rahmen dieser Arbeit durchgeführt wurde, konnte gezeigt werden, dass bei der Interaktion mittels Gesten, welche weiträumige Bewegungen des Arms erfordern, deutliche Leistungseinbußen im Vergleich zur Interaktion mit herkömmlichen Eingabegeräten wie der Maus auftreten.

Demgegenüber stehen zahlreiche Vorteile gestenbasierter Interaktion in Multi-Display-Umgebungen. Bezüglich der Nutzung von speziellen Handposen zur Auslösung von Aktionen zeigte sich sowohl in den Laborstudien als auch auf Messen, dass deren robuste Nutzung zwar erst nach einer Übungsphase möglich war. Allerdings ermöglichen sie für Experten eine deutliche Vereinfachung von komplexen Interaktionsaufgaben im Vergleich zu Multi-Touch-Interaktion, beispielsweise durch die Definition von Shorcuts für bestimmte Handposen.

Für die im Rahmen dieser Arbeit vorgeschlagene neue Interaktionstechnik *Lift-and-Drop* zum Verschieben von Objekten zwischen einzelnen Displays konnte nachgewiesen werden, dass diese aufgrund des kontinuierlichen Feedbacks Vorteile gegenüber Interaktionstechniken aus der Literatur bietet und von Benutzern bevorzugt wurde.

Mit *PointMenues* wurde ein neues Konzept zur Interaktion mit entfernten Anzeigen in Multi-Display-Umgebungen vorgeschlagen und Gestaltungsoptionen im Rahmen einer Benutzerstudie untersucht. Hier konnte gezeigt werden, dass die Interaktionstechnik als intuitiv empfunden wird und die Selektion von Objekten auf entfernten Anzeigen per *Schwellwert* und *Handpose* besser abschneiden als die zweihändige Technik *Berührung*.

Um die Nachteile gestenbasierter Interaktion auszugleichen, wurde im Rahmen dieser Arbeit der menschliche Blick als zusätzliche Eingabemodalität untersucht. Die Arbeiten und Ergebnisse zur Integration der beiden Modalitäten sind im nächsten Kapitel beschrieben.

5 Multimodale Interaktion in einer Multi-Display-Umgebung

Neben gestenbasierten Ansätzen wird in dieser Arbeit der Blick als eine vielversprechende zusätzliche Modalität für die Interaktion in Multi-Display-Umgebungen untersucht. Der Blick wird im Gegensatz zu den gängigen Ansätzen aus der Literatur gemäß seiner natürlichen Funktion primär als Wahrnehmungskanal während der Mensch-Maschine-Interaktion betrachtet, welcher es dem Benutzer beispielsweise erlaubt, den Zustand von manipulierten Objekten (z.B. Symbole auf einer graphischen Benutzungsoberfläche) wahrzunehmen oder als Unterstützung zur visuell-motorischen Regelung von Manipulatoren dient (z.B. der Hände oder einer Maus). Während Manipulationsaufgaben wird das Blickverhalten zu einem großen Teil unterbewusst durch kognitive Prozesse gesteuert. Dieser Sachverhalt wird in Abschnitt 5.1 und Abschnitt 5.2 durch die Diskussion der Ergebnisse von im Rahmen dieser Arbeit durchgeführten empirischen Untersuchungen näher beleuchtet. In Abschnitt 5.3 wird ein, auf den daraus gewonnenen Erkenntnissen basierendes, Framework zu Interpretation von natürlichem Blickverhalten in interaktiven Umgebungen vorgestellt. In Abschnitt 5.4 und Abschnitt 5.5 wird anhand von zwei Anwendungsbeispielen die Nutzung des Frameworks zur Schätzung der Intention und des mentalen Modells aus natürlichem Blickverhalten dargestellt und evaluiert.

5.1 Natürliches Blickverhalten während gestenbasierter Interaktion

Um einen ersten Eindruck von natürlichem Blickverhalten während gestenbasierter Interaktion zu gewinnen, wurde im Rahmen der Arbeit eine explorative Benutzerstudie an einer tischartigen Anzeige durchgeführt. Deren Aufbau sowie daraus gewonnene Erkenntnisse werden in diesem Abschnitt näher beschrieben. Ziel dabei ist, Zusammenhänge von natürlichem Blickverhalten mit unterschiedlichen Einflussfaktoren während gestenbasierter Interaktion zu identifizieren.

5.1.1 Benutzerstudie

Versuchsumgebung und Durchführung

Während der Versuchsdurchführung befinden sich die Probanden in zentraler Position vor der horizontalen Anzeige des Versuchsaufbaus (siehe Abbildung 5.1). Der Interaktionsbereich ist an den Greifraum des Probanden angepasst und auf ein 824×500 Pixel großes Rechteck eingeschränkt, welches zentral auf der horizontalen Anzeigefläche positioniert ist.

Als Eingabegerät wird das im Rahmen der Arbeit entwickelte videobasierte Handgestenerkennungssystem (siehe Abschnitt 3.2) eingesetzt. Für die Versuche in dieser Studie wird nur eine Handpose eingesetzt, nämlich jene mit ausgestrecktem Zeigefinger (siehe Abbildung 5.1). Eine Berührung der Anzeigefläche wird durch

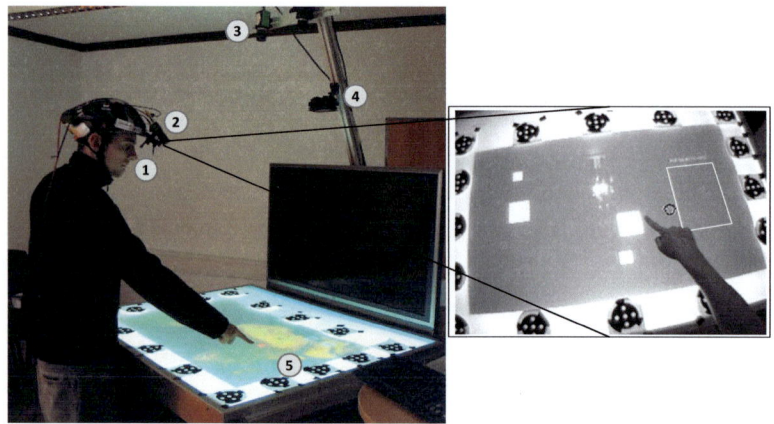

Abb. 5.1: *links*: Versuchsteilnehmer am Digitalen Lagetisch. (1: Eye Tracker, 2: Szenenkamera, 3: Kameras für Handgestenerkennung, 4: Infrarot-Beleuchtung, 5: Kodierte Marken) *rechts*: Ausschnitt aus einem Szenenvideo. Der Kreis kennzeichnet die Blickposition im Szenenbild. Auf der horizontalen Anzeige ist eine Versuchsaufgabe dargestellt.

das System detektiert, falls der Abstand zwischen der Spitze des Zeigefingers und der Anzeigefläche einen festen Schwellwert unterschreitet.

Die Blickbewegungen der Versuchsteilnehmer werden mit Hilfe des mobilen *iViewX HED* Blickbewegungsmessgeräts von SensoMotoric Instruments (SMI) erfasst [129]. Das System liefert die Blickposition zunächst in Relation zum Bild der Szenenkamera in Pixel (siehe Abbildung 5.1). Um diese ins Koordinatensystem der horizontalen Anzeigefläche zu transformieren, wird die Oberfläche des Tisches mit kodierten Marken versehen (siehe Abbildung 5.1). Diese werden durch eine Trackingsoftware [110] im Szenenvideo detektiert, um so die Lage der horizontalen Anzeigefläche im Szenenvideo zu bestimmen. Dies ermöglicht die Transformation der vom Blickbewegungsmessgerät gelieferten Blickposition ins Koordinatensystem der Anzeigefläche. Der Fehler der Positionsbestimmung des Blicks auf der Anzeigefläche liegt zwischen 43,9 und 44,0 mm in x- und 51,2 und 73,2 mm in y-Richtung. Die größeren Abweichungen in y-Richtung sind durch die stärkere perspektivische Verzerrung der Anzeigefläche im Szenenvideo entlang dieser Achse zu begründen.

Während der Versuche werden erfasste Handgesten, Position und Zustand von auf der horizontalen Anzeige dargestellten Interaktionselementen sowie die Blickpositionen aufgezeichnet und mit synchronen Zeitstempeln versehen. In den aufgezeichneten Blickbewegungsdaten werden durch „Velocity-Threshold Identification" [119] Fixationen detektiert. Die Ergebnisse der automatischen Fixationsdetektion wurden mit manuell ausgewerteten Blickbewegungsdaten erfolgreich verifiziert.

Versuchsaufgaben

Als Versuchsaufgabe dient eine einfache „Drag-and-Drop"-Aufgabe. Hierbei müssen im linken Teil der Anzeigefläche dargestellte, unterschiedlich große Quadrate in einen Zielbereich im rechten Teil verschoben werden (siehe Abbildung 5.1, rechts). Die Entfernung der einzelnen Quadrate zum Zielbereich ist hierbei unterschiedlich gewählt, um den Einfluss dieser Größe auf das Blickverhalten zu untersuchen.

Die Position der Quadrate kann durch einen aus drei Phasen bestehenden Interaktionszyklus manipuliert werden. Durch das Berühren eines Quadrats mit dem ausgestreckten Zeigefinger wird dieses selektiert. In diesem Zustand kann es durch Bewegung der Hand an eine beliebige Position auf der Anzeigefläche verschoben

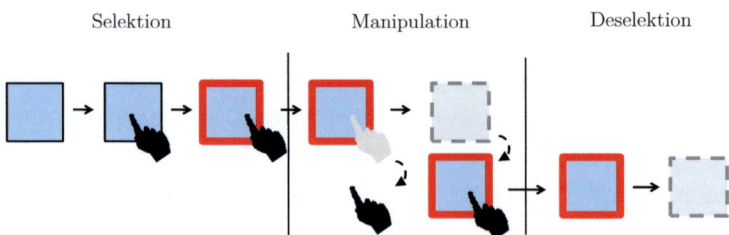

Abb. 5.2: Schematische Darstellung eines handgestenbasierten Interaktionszyklus. Die erfolgreiche Selektion eines Objekts durch Berührung mit dem Zeigefinger wird dem Benutzer über eine rote Umrandung dargestellt. Daraufhin folgt das Objekt der Handbewegung bis die Hand vom Tisch abgehoben wird.

werden (Manipulation). Durch Anheben des Fingers wird das Quadrat „deselektiert". Wenn sich ein Quadrat im Zustand „selektiert" befindet, wird dies dem Benutzer durch einen roten Rahmen um das Objekt angezeigt (siehe Abbildung 5.2).

Versuchsteilnehmer

Elf Personen (2 weiblich, 9 männlich) nahmen an der Studie teil. Alle sind Rechtshänder. Keine Versuchspersonen benötigt eine Sehhilfe. Alle Probanden sind erfahrene Computerbenutzer. Keiner der Teilnehmer hatte Erfahrung mit handgestenbasierter Interaktion an einer großflächigen Anzeige.

5.1.2 Ergebnisse

Anzahl der Fixationen

Die Anzahl der Fixationen während eines Interaktionszyklus im Rahmen der Versuche der Studie bewegen sich zwischen zwei und acht, wobei sich eine Abhängigkeit der Anzahl an Fixationen vom Abstand zwischen Zielbereich und Startposition zeigt (siehe Abbildung 5.3).

Als Basis für die Beschreibung von komplexerem Blickverhalten werden einzelne Fixationen zunächst bezüglich ihrer Lage zur aktuellen Objektposition unter Berücksichtigung der Bewegungsrichtung des Objekts kategorisiert:

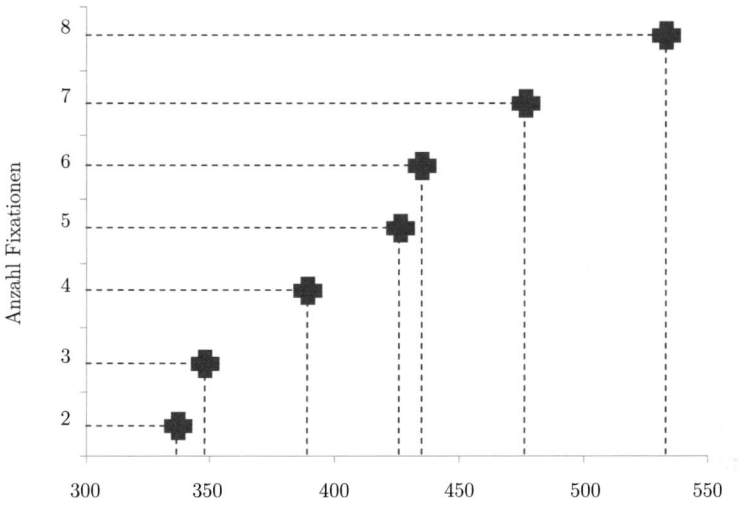

Durchschnittliche Objekt/Ziel Entfernung (in Pixel)

Abb. 5.3: Zusammenhang zwischen der Anzahl von Fixationen während eines Interaktionszyklus und dem Abstand zwischen initialen Objektpositionen und den Endpositionen der Objekte im Zielbereich. Nach der Deselektion wird das Objekt ausgeblendet.

- *Proaktive Fixation* (P-Fixation):

  Eine Fixation wird als proaktiv kategorisiert, wenn sich die Blickposition zu Beginn der Fixation vor der Objektposition in Bewegungsrichtung befindet und sich der Abstand zwischen Objekt- und Blickposition am Ende der Fixation deutlich reduziert hat. Dies entspricht in Abbildung 5.4 dargestellten Mustern C_2, C_4 und C_6.

- *Reaktive Fixation* (R-Fixation):

  Eine reaktive Fixation folgt der Objektbewegung. Zu Beginn der Fixation stimmen Objekt- und Fixationsposition überein oder liegen nahe beieinander. Am Ende der Fixation befindet sich das Objekt vor der Fixationsposition in Bewegungsrichtung des Objekts. Dies entspricht den Mustern C_3, C_5 und C_7 in Abbildung 5.4.

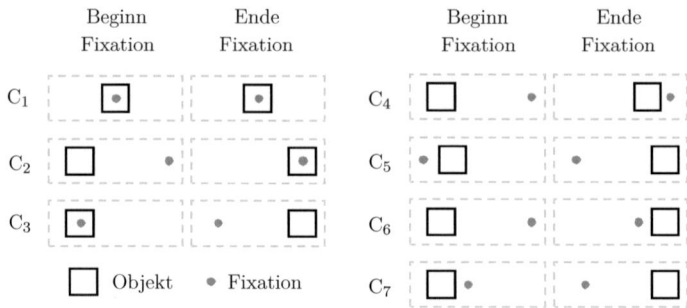

Abb. 5.4: Mögliche Relationen zwischen Objekt- und Fixationspositionen.

- *Objektzentrierte Fixation* (O-Fixation):
  Eine objektzentrierte Fixation liegt vor, wenn Objekt- und Blickposition über-
  einstimmen. Die Objektposition ändert sich während einer objektzentrierten
  Fixation nicht. Dies entspricht Muster C_1 in Abbildung 5.4.

In den erfassten Daten starten alle Interaktionszyklen entweder mit einer O- oder
mit einer R-Fixation. Folglich wurde zu Beginn jedes Interaktionszyklus ein Objekt
vor der Selektion fixiert. Die darauf folgenden Blickbewegungsmuster lassen sich
grob in drei unterschiedliche Verhaltenskategorien einteilen: proaktive, reaktive und
gemischte Verhaltensmuster.

Proaktives und reaktives Blickverhalten

Proaktives Verhalten liegt dann vor, wenn der initialen O-Fixation ausschließlich
proaktive Fixationen folgen. Analog liegt *reaktives Verhalten* vor, wenn der initialen
O-Fixation ausschließlich reaktive Fixationen folgen. Die symbolische Repräsentation beider Muster kann in Form von regulären Ausdrücken[1] dargestellt werden:
[OR]R* für reaktives (z.B. ORR) und [OP]P* für proaktives Verhalten (z.B. OPP),
wobei P, R und O die jeweilige Kategorie einer Fixation bezeichnen.

---

1   [·]: Gruppierung mehrerer Ausdrücke; +: Der voranstehende Ausdruck kann mehrfach vor-
    kommen, muss aber mindestens einmal vorkommen; *: Der voranstehende Ausdruck kann
    mehrfach vorkommen, muss aber nicht vorkommen.

Reaktives Blickverhalten ([OR]R∗) und das proaktive Verhalten OP mit einer initialen Fixation, die direkt von einer proaktiven Fixation im Zielbereich gefolgt wird, wurden bereits in anderen Studien beobachtet (z.B. [80, 130]). Im Folgenden werden die Begriffe „direkt zum Ziel" synonym für das Verhaltensmuster OP und „Objektverfolgung" für das Muster [OR]R∗ verwendet. In der hier vorgestellten Studie konnte das Auftreten weiterer Muster festgestellt werden, die mehrere proaktive Fixationen innerhalb eines Interaktionszyklus beinhalten. Dieses Verhaltensmuster wird in keinem der in Abschnitt 2.3.4 referenzierten Publikationen bisher beschrieben. Es werden zwei Gründe für das Auftreten dieses sogenannten „schrittweise proaktiven" Verhaltens vermutet. Im Vergleich zu Studien, wie [80] oder [130], in denen die Größe der Anzeige sehr eingeschränkt ist (Desktop-PC), sind im vorliegenden Fall die Ausgangspositionen von Objekten und ihre Endzustände im Zielbereich über eine größere räumliche Distanz verteilt. Die in Abbildung 5.3 dargestellten Ergebnisse unterstreichen den Einfluss der Objekt-Ziel Distanz auf die Anzahl der während einer Manipulation durchgeführt Fixationen. Ein weiterer möglicher Grund für das Auftreten des „schrittweise proaktiv" Musters ist die leicht verzögerte Systemreaktion durch die von der Handgestenerkennung verursachten Latenzen. Dies kann dazu führen, dass ein Benutzer öfter verifizieren muss, ob das System korrekt auf seine Eingaben reagiert (siehe auch Diskussion weiter unten).

Gemischte Verhaltensmuster

Die zuvor beschriebenen Blickverhaltensmuster „Objektverfolgung", „direkt zum Ziel" und „schrittweise proaktiv", treten nicht durchgehend während aller Versuche auf. Es konnten Interaktionszyklen beobachtet werden, die nicht ausschließlich P- oder R-Fixationen enthielten. Das am häufigsten aufgetretenen Muster ist dabei [OR]R + P+ und [OR]P + R+. Ersteres wird im Folgenden kurz mit „R → P" bezeichnet und beschreibt einen Wechsel des Blickverhaltens von reaktiv zu proaktiv. Zweiteres beschreibt den Wechsel in die umgekehrte Richtung und wird mit „P → R" bezeichnet.

Abbildung 5.5 vermittelt einen Eindruck, wie oft die unterschiedlichen Muster auftreten. Das häufigste Muster ist „schrittweise proaktiv", gefolgt von „Objektverfolgung", „R → P" und „direkt zum Ziel".

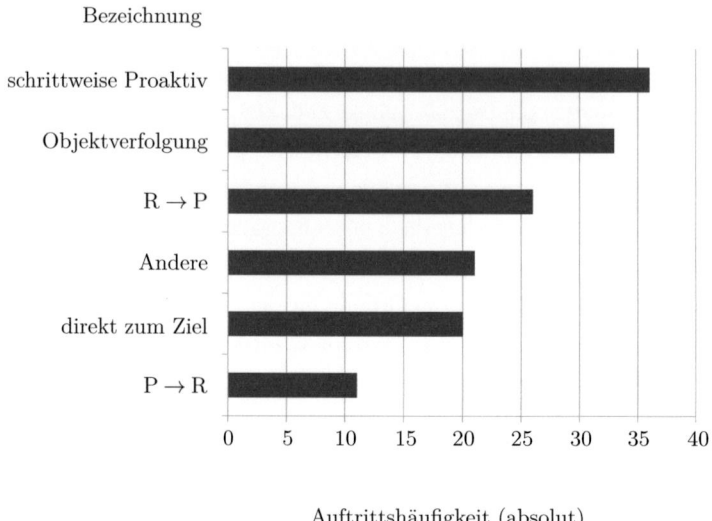

Abb. 5.5: Häufigkeit des Auftretens von Blickbewegungsmustern innerhalb der durchgeführten Studie.

Diskussion

In Abbildung 5.6 ist ein einfaches Modell dargestellt, welches die in den vorherigen Abschnitten erläuterten Ergebnisse zusammenfasst. Des Weiteren zeigt es eine mögliche Interpretation der Ergebnisse auf und bildet die Basis für eine weitergehende Diskussion und detailliertere Betrachtung in den folgenden Abschnitten.

Während der zielorientierten Interaktion hat der Benutzer eines Systems in der Regel einen bestimmten Zielzustand im Kopf, in den das System überführt werden soll. In der hier vorgestellten Studie ist dies die Positionierung von Objekten in einem bestimmten Bereich, wie in Abschnitt 5.1.1 beschrieben. Um ein bestimmtes Ziel oder Teilziel (z.B. Selektion eines zu manipulierenden Objekts) zu erreichen, müssen vom Benutzer bestimmte Aktionen ausgeführt werden. Wenn eine bestimmte Aktion durchgeführt wurde, kann entweder die Konformität der Reaktion des Systems auf die Eingabe mit dem vom Benutzer erlernten mentalen Modell des Systems oder aber das Erreichen eines Ziels bzw. Teilziels (z.B. Objekt ist an gewünschter Position)

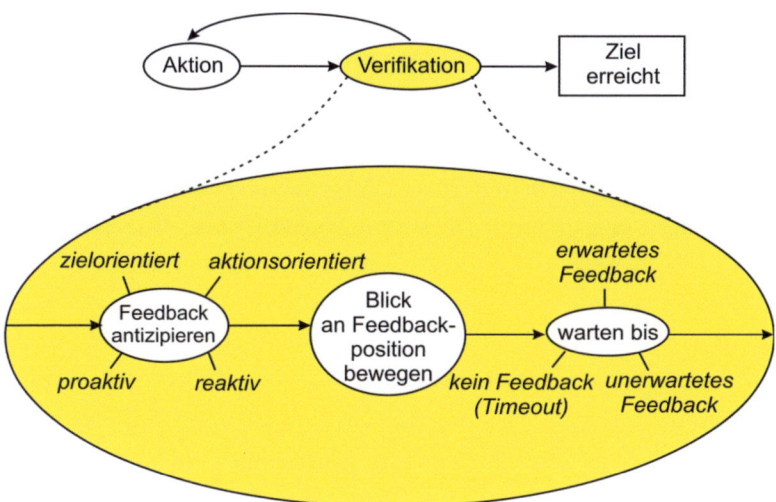

Abb. 5.6: Einfaches Modell zur Charakterisierung von Blickverhalten während der Interaktion an einer großflächigen Anzeige.

verifiziert werden. Im Folgenden sind diese unterschiedlichen Verifikationsverhalten mit *aktions-* und *zielorientierter Verifikation* bezeichnet.

Das Feedback, welches vom System bezüglich Reaktionen auf Benutzereingaben oder möglichen Zielzuständen gegeben wird, ist in der durchgeführten Studie hauptsächlich im visuellen Kanal kodiert. Durch die Messung und Auswertung von Blickbewegungen können daher Rückschlüsse gezogen werden, wo und wann welches Feedback vom Benutzer wahrgenommen wird bzw. wo und wann Feedback vom Benutzer erwartet wird.

Bei reaktivem Blickverhalten kann vom Benutzer lediglich verifiziert werden, ob sich ein bestimmtes Objekt von einer Stelle weg bewegt hat, möglicherweise auch in welche Richtung (im peripheren Sichtfeld). Bei proaktivem Blickverhalten wird, unter Verwendung eines erlernten Systemmodells, eine bestimmte Systemreaktion bzw. ein Objektzustand (z.B. Position) vom Benutzer antizipiert und mit der tatsächlichen Systemreaktion bzw. dem tatsächlichen Objektzustand verglichen. Das erlaubt z.B. während einer Bewegungsphase die gleichzeitige Verifikation, ob ein Objekt sich überhaupt (wie auch mit reaktivem Verhalten möglich) und an die gewünschte Position bewegt hat. Der Informationsgewinn für den Benutzer ist daher größer mit proaktiver als mit reaktiver Verifikation. Andererseits ist für proaktive Verifikation mehr Wissen über das System notwendig, da dessen Zustand auf Basis der durchgeführten oder geplanten Eingaben prädiziert werden muss. Im Folgenden wird diskutiert, wie die im vorherigen Abschnitt dargestellten Ergebnisse dieses Modell und die damit verknüpfte Interpretation stützen.

Während der Bewegungsphase der durchzuführenden Manipulationsaufgabe wird sowohl aktions- als auch zielorientiertes Verifikationsverhalten beobachtet. Während das Blickbewegungsmuster „direkt zum Ziel" proaktivem zielorientiertem Verifikationsverhalten entspricht, enthalten „schrittweise" pro- und reaktive Blickbewegungsmuster sowohl aktions- als auch zielorientierte Verifikationsschritte (Fixationen). In Übereinstimmung mit [80] wird das Blickbewegungsmuster „direkt zum Ziel" häufiger mit zunehmender Erfahrung der Benutzer beobachtet. Dies unterstützt obige Vermutung, dass mehr Wissen für diese Art von Verifikationsverhalten nötig ist. Dasselbe gilt für Wechsel von proaktivem zu reaktivem Verifikationsverhalten während eines Interaktionszykluses. Während die Dauer von P-Fixationen über alle Experimente und Versuchspersonen ungefähr 320 ms beträgt, ist die letzte P-Fixation vor einem Wechsel zu reaktivem Verhalten um ungefähr 200 ms länger (durchschnittlich 520 ms). Dies deutet darauf hin, dass verzögertes, d.h. unerwartetes Feedback mittelbar zum Wechsel von proaktivem zu reaktivem Verifikationsverhalten führt. Da unerwartetes Feedback gleichzusetzen ist mit zu dem vom Menschen erlernten Systemmodell nicht konformer Systemreaktion, führt eine solche unerwartete Reaktion des Systems zwangsläufig zu einem Vertrauensverlust in dieses Modell. Der damit einhergehende Verlust an menschlicher Prädiktionsfähigkeit von Systemreaktionen führt schließlich zum Wechsel zu reaktivem Verifikationsverhalten bei dem diese Fähigkeit, wie oben bereits erwähnt, nur in geringerem Ausmaß benötigt wird.

5.1.3 Zusammenfassung und Fazit

Durch die in diesem Abschnitt vorgestellte explorative Benutzerstudie konnten neue Erkenntnisse über das natürliche Blickverhalten während gestenbasierter Interaktion an einer großflächigen Anzeige gewonnen werden. Ein einfacher identifizierter Zusammenhang im Kontext der betrachteten Manipulationsaufgabe ist dabei die

Abhängigkeit der Anzahl an Fixationen während eines Interaktionszyklus von der räumlichen Distanz zwischen Start- und Zielposition des Objekts. Zudem konnte festgestellt werden, dass ein Interaktionszyklus immer mit einer Blickzuwendung zur initialen Objektposition beginnt.

Komplexere Blickbewegungsmuster werden entlang zweier Dimensionen als ziel- bzw. aktionsorientiertes und proaktives bzw. reaktives Verhalten charakterisiert. Die Analyse des Auftretens der unterschiedlichen Verhaltensmuster lässt eine starke Abhängigkeit von natürlichem Blickverhalten vom mentalen Modell des Benutzers vermuten. Diese lässt sich auf Basis der aus der oben beschriebenen Studie gewonnenen Daten allerdings nicht sicher verifizieren, da dafür entscheidende unabhängige Variablen des Experiments nicht kontrolliert wurden (z.B. Zustand des mentalen Modells).

Im nachfolgenden Abschnitt 5.2 wird neben einer Präzisierung des oben abgeleiteten deskripitven Modells eine Verifikation der Erkenntnisse im Rahmen einer kontrollierteren Versuchsumgebung durchgeführt.

Prinzipiell hat sich gezeigt, dass natürliches Blickverhalten zwar komplex ist und von vielen externen Faktoren beeinflusst wird, allerdings auch großes Potential für die Verbesserung von zukünftigen adaptiven und proaktiven Benutzungsschnittstellen bietet. Insbesondere bietet proaktives Blickverhalten die Möglichkeit der Ableitung von Intentionsschätzungen sowie die Abhängigkeit des natürlichen Blickverhaltens vom mentalen Modell des Benutzers eine Einschätzung von dessen Erfahrung bzw. Sicherheit im Umgang mit dem System. Die detailliertere Beleuchtung dieser Potentiale ist Gegenstand der nachfolgenden Abschnitte.

5.2 Einfluss des mentalen Modells auf natürliches Blickverhalten

Die im vorherigen Abschnitt 5.1 beschriebene Studie hat eher explorativen Charakter und dient dazu, grundlegende Eigenschaften und Zusammenhänge zwischen natürlichem Blickverhalten und unterschiedlichen Faktoren sowie potentielle Einsatzmöglichkeiten von Blick als zusätzliche Eingabemodalität zu *identifizieren*. Gegenstand der in diesem Abschnitt beschriebenen Arbeiten ist die Modellbildung und Verifikation der identifizierten Charakteristika und Einsatzmöglichkeiten sowie die Entwicklung eines formalen Frameworks zur Interpretation von natürlichem Blickverhalten. Hierzu wird ein zweistufiges Vorgehen gewählt. Auf Basis der aus dem im vorherigen Abschnitt 5.1 beschrieben Experiment gewonnenen Erkenntnisse wird eine weitere Benutzerstudie gestaltet, welche eine Untersuchung einzelner Einflussfaktoren unter kontrollierten Bedingungen ermöglicht. Deren Aufbau sowie die Ergebnisse werden in Abschnitt 5.2.1 dargestellt. In einem zweiten Schritt wird auf Basis der daraus gewonnenen Erkenntnisse ein formales Framework zur Interpretation von natürlichem Blickverhalten abgeleitet. Dessen Aufbau wird in Abschnitt 5.3 dargestellt. Die Validierung und Evaluierung des Frameworks erfolgt anhand von zwei Anwendungsbeispielen, welche in Abschnitt 5.4 und Abschnitt 5.5 beschrieben sind.

5.2.1 Benutzerstudie

Prinzipiell basieren menschliche Entscheidungen bezüglich durchzuführender Eingaben bei der Interaktion mit einem technischen System auf einem mentalen Abbild des realen Systems bzw. daraus abgeleiteten Erwartungen bezüglich des Systemverhaltens. Dieses sogenannte mentale Modell ist in der Regel unvollständig und unsicher, da es erst mit der Zeit auf Basis von Beobachtungen aufgebaut, verfeinert und verbessert wird sowie die Kapazität des menschlichen Gedächtnisses begrenzt ist.

In diesem Abschnitt wird eine Benutzerstudie vorgestellt, welche so gestaltet wurde, dass der Einfluss des mentalen Modells des Benutzers auf natürliches Blickverhalten kontrolliert untersucht werden kann.

Aufgabe und Versuchsumgebung

Die betrachtete Aufgabe wurde auf Basis einer einfachen Objektmanipulationsaufgabe entwickelt, wie sie in vielen graphischen Benutzungsoberflächen heute vorkommen und auch im vorherigen Abschnitt 5.1 betrachtet wird. Die visuelle Repräsentation eines Objekts muss dabei von einer Startposition an eine Zielposition verschoben werden. Um den Einfluss unterschiedlicher mentaler Modelle über das dynamische Systemverhalten kontrolliert untersuchen zu können, ist die Abbildung von

Eingaben auf Systemreaktionen ungewöhnlich gewählt. Dadurch soll sichergestellt werden, dass alle Benutzer zu Beginn kein mentales Modell über die Funktionsweise des interaktiven Systems haben und daher als Novizen betrachtet werden können. Dadurch können Veränderungen im Blickverhalten mit zunehmendem Wissen über das System gezielt beobachtet und analysiert werden.

Als Eingabegeräte dienen eine einzelne Taste einer Tastatur (siehe Abbildung 5.7a) sowie ein Stifttablett, wobei nur horizontale Bewegungen des Stifts auf dem Tablett ausgewertet werden (siehe Abbildung 5.7b). Die Aufgabe ist in Abbildung 5.7c skizziert. Ein farbiger Punkt, welcher initial in der Mitte eines Displays der Größe $33,7 \times 27$ cm mit einer Auflösung von 1280×1024 Pixel dargestellt wird, muss in das farblich korrespondierende Quadrat von insgesamt vier Quadraten $T_0,...,T_3$ verschoben werden. Hierbei ist zu beachten, dass die Bezeichner $T_0,...,T_3$ in Abbildung 5.7c dem Benutzer während des Versuchs nicht angezeigt wurden.

Der Zusammenhang zwischen Eingaben und Systemreaktionen ist in Abbildung 5.8 graphisch dargestellt. Beispielsweise führt eine horizontale Bewegung des Stifts nach rechts (I_R), wenn die Taste nicht gedrückt ist (I_U), zu einer Bewegung des Punktes nach rechts oben und wenn die Taste gedrückt ist (I_D) zu einer Bewegung nach rechts unten. Um also ein (grünes) Objekt von seiner Startposition in den korrespondierenden (grünen) Zielbereich T_0 am oberen Rand des Displays entlang des eingezeichneten Pfades zu verschieben (siehe Abbildung 5.7c), muss der Stift bei nicht gedrückter Taste zuerst nach rechts verschoben werden. Sobald der orangene Hilfspunkt erreicht ist, welcher auch dem Benutzer angezeigt wurde, muss die Taste gedrückt werden (I_D) und der Stift nach links bewegt werden. Ein alternativer Weg zur Lösung der Aufgabe wäre den Punkt zuerst nach links oben zu bewegen (Eingabe: I_L,I_D) und dann nach rechts oben (Eingabe: I_R,I_U). Der Benutzer war frei in der Wahl der verwendeten Lösungsstrategie.

Zur Erfassung von Blickbewegungen wurde das stationäre Blickbewegungsmessgerät *Tobii 1750* [135] verwendet. Dieses erfasst die Blickrichtung des Benutzers mit einer Genauigkeit von ca. 5° (abhängig von Kalibrierung) bei 50 Hz.

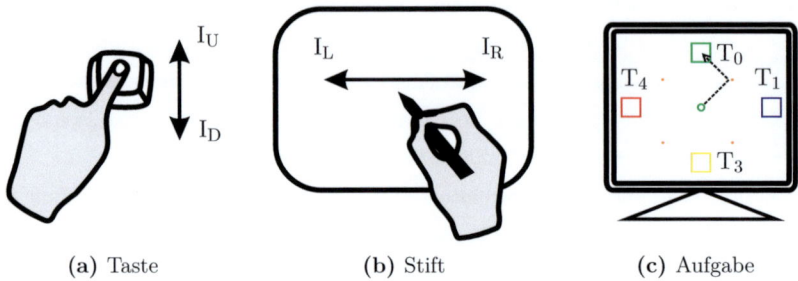

(a) Taste   (b) Stift   (c) Aufgabe

Abb. 5.7: Eingabemöglichkeiten und Aufgabe.

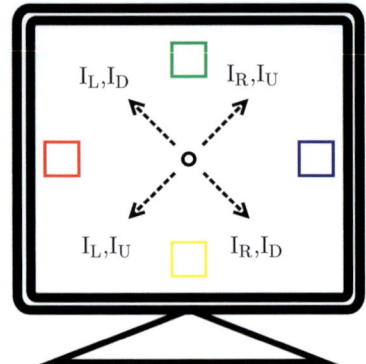

Abb. 5.8: Abbildung von Eingaben auf Systemreaktionen (hier Bewegung des Punktes).

Versuchsteilnehmer und Durchführung

Die Benutzerstudie wurde mit 10 Probanden durchgeführt. Diese sind zwischen 20 und 31 Jahre alt (Mittelwert 26) und wissen zu Beginn nichts über das Experiment, außer, dass während des Versuchs der Blick aufgezeichnet wird und der Punkt mit den zur Verfügung stehenden Eingabegeräten von seiner initialen Position in den farblich korrespondierenden Zielbereich bewegt werden muss.

Das Experiment ist in zwei Phasen A1 und A2 unterteilt mit jeweils 40 Aufgaben. Während beider Phasen ist jede Farbe der vier Zielbereiche gleich oft als Objektfarbe vertreten, wobei deren Reihenfolge zufällig aber gleich für alle Probanden gewählt ist. Außer der unterschiedlichen Reihenfolge der Aufgaben sind Phase A1 und A2 identisch.

Zu Beginn des Experiments, zwischen den beiden Phasen und am Ende wurden die Probanden gebeten, einen Fragebogen auszufüllen. Darin wird in zwei Teilen erfasst, wie gut das mentale Modell zum jeweiligen Zeitpunkt ausgebildet ist. In Anlehnung an die Methode der *Kausaldiagramme* [45] aus der Psychologie wird im ersten Teil das Wissen über kausale Zusammenhänge zwischen Eingaben (*exogene Variablen* nach [45]) und Systemreaktion (*endogene Variable* nach [45]) erfasst. Als exogene Variablen werden dabei alle möglichen Eingabekombinationen vorgegeben, welche vom Probanden einer von acht vorgegebenen Bewegungsrichtungen des Punktes zugeordnet werden müssen. Die feste Vorgabe der Variablen bei der Erfassung des mentalen Modells stellt dabei keine Einschränkung dar, da diese jedem Probanden zu Beginn der Versuche explizit in dieser Form genannt wurden. Zusätzlich zur Angabe der vermuteten kausalen Zusammenhänge wurden die Probanden gebeten, die subjektive Sicherheit über ihre Angaben auf einer 5-Punkte-Skala anzugeben. Im zweiten Teil des Fragebogens wird die Lösungsstrategie des Benutzers für eine konkrete Aufgabe abgefragt. Dabei müssen sowohl der Bewegungspfad des Punktes als auch die durchzuführende Eingabesequenz auf dem Fragebogen eingezeichnet bzw. vermerkt werden. Der Fragebogen ist in Anhang E.3 dargestellt.

5.2.2 Ergebnisse

Für die Gestaltung von multimodalen Interaktionstechniken auf Basis von Blickdaten sind insbesondere jene Blickbewegungen interessant, welche bereits vor einer Eingabe auf einem anderen Eingabekanal Rückschlüsse auf Intentionen bzw. auf den mentalen Zustand des Benutzers erlauben. Im Folgenden werden solche Daten als *Pre-Eingabe-Blickbewegungsdaten* bezeichnet.

In Abbildung 5.9 sind exemplarisch die Objekt- und Blickbewegungsdaten für die ersten 40 Aufgaben eines Benutzers dargestellt. Grüne Punkte repräsentieren dabei die Position des Objekts, kleine rote Punkte, verbunden mit grauen Linien, sind Pre-Eingabe-Fixationen bzw. Sakkaden und große graue Punkte kennzeichnen die Position der letzten Pre-Eingabe-Fixation für die einzelnen Aufgaben. Die roten Diagonalen D_1 und D_2 deuten mögliche initiale Bewegungsrichtungen des Objekts

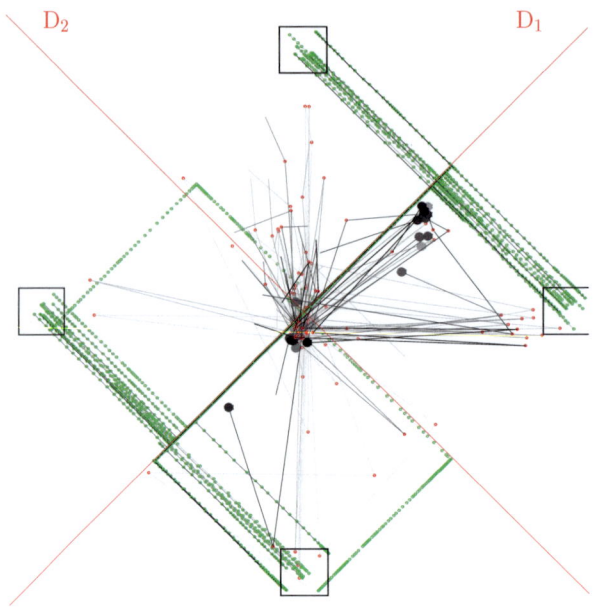

Abb. 5.9: Objekt- und Blickbewegungsdaten der ersten 40 Aufgaben eines Benutzers.

ausgehend von der Startposition in der Mitte des Bildschirms an und wurden den Probanden während des Versuchs nicht angezeigt.

Aus Abbildung 5.9 sind zwei Dinge ersichtlich. Einerseits ist die bevorzugte initiale Bewegungsrichtung des Benutzers entlang Diagonale D_1. Dies korrespondiert mit einer Eingabesequenz bei der die Taste zunächst nicht gedrückt werden muss (U). Des Weiteren treten Fixationen hauptsächlich an drei unterschiedlichen Stellen auf. Die letzte Pre-Eingabe-Fixation findet entweder an der initialen Objektposition statt oder liegt entlang der Diagonalen D_1. Fixationen nach ersterem Muster werden im Folgenden analog zur Definition im vorherigen Abschnitt als aktionsorientierte

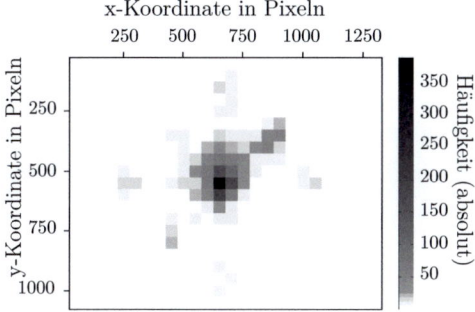

Abb. 5.10: Verteilung von Pre-Eingabe-Fixationen für alle Probanden.

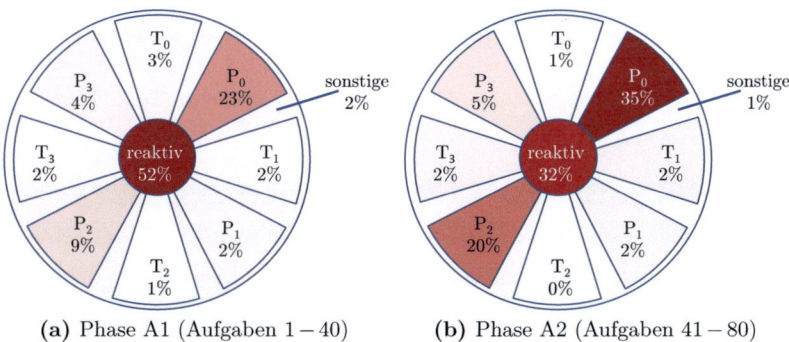

(a) Phase A1 (Aufgaben 1 − 40)   **(b)** Phase A2 (Aufgaben 41 − 80)

Abb. 5.11: Entwicklung der Verteilung der letzten Pre-Eingabe-Fixation über die beiden Phasen des Experiments.

reaktive Fixationen bezeichnet, letztere als aktionsorientierte *proaktive* Fixationen. Weitere Fixationen sind in Richtung der Zielbereiche zu finden und werden als *zielorientierte* Fixationen bezeichnet.

Beide Beobachtungen können im Mittel für alle Probanden bestätigt werden. Für 677 Aufgaben (84,63%) wurde die Interaktion mit einer initialen Bewegung entlang der Diagonalen D_1 begonnen, in 123 Fällen (15,38%) entlang D_2. Die Verteilung von Pre-Eingabe-Fixationen ist für alle Probanden in Abbildung 5.10 dargestellt. Daraus sind deutlich die oben identifizierten Schwerpunkte an der initialen Objektposition, entlang der beiden Diagonalen und in Richtung der Zielbereiche, erkennbar. Ebenfalls ersichtlich ist eine schwerpunktmäßige Verteilung der

Fixationen entlang der Diagonalen D_1, was durch die Bevorzugung dieser Achse als initiale Bewegungsrichtung zu begründen ist.

In Abbildung 5.11 ist die Entwicklung der Verteilung der Position der letzten Pre-Eingabe-Fixation zwischen Phase A1 und Phase A2 gegliedert in unterschiedliche Bereiche rund um die initiale Objektposition dargestellt. Daraus ist insbesondere folgendes ersichtlich:

- Zunehmende Anzahl an Fixationen in den Bereichen $P_0,...,P_3$ von Phase A1 zu Phase A2 bei gleichzeitiger Abnahme von Fixationen auf dem Objekt. Mit $P_0,...,P_3$ werden dabei unterschiedliche initiale Bewegungsrichtungen beschrieben.

- Deutlich mehr Fixationen im Bereich P_0 als in P_2.

- Leicht abnehmende Anzahl an Fixationen in den Bereichen $T_0,...,T_3$ von Phase A1 zu Phase A2

Der im ersten Punkt beschriebene Effekt ist in Abbildung 5.12 nochmals detaillierter dargestellt. Dort ist der in dieser Arbeit mit *Antizipationsdistanz* bezeichnete Abstand zwischen initialer Objektposition und Position der letzten Pre-Eingabe-Fixation für Blöcke von jeweils 20 aufeinander folgenden Aufgaben dargestellt. Dabei ist eine kontinuierliche Entwicklung weg von objektorientierten reaktiven Fixationen hin zu antizipatorischen proaktiven Fixationen zu beobachten. Vergleicht man den Mittelwert der Antizipationsdistanz der ersten 20 Aufgaben mit dem der letzten 20 Aufgaben so beträgt der Unterschied 126,69 Pixel und ist statistisch hoch signifikant ($t(346) = 11,783; p < 0,0001$).

Der zweite Punkt deutet auf eine Abhängigkeit der Antizipationsdistanz von der Bewegungsrichtung hin. Der Mittelwertunterschied der Antizipationsdistanz für Bewegungen nach links und nach rechts beträgt 50,99 Pixel und ist ebenfalls statistisch hoch signifikant ($t(346) = 8,868; p < 0,0001$).

Der Anteil zielorientierter Fixationen unter den letzten Pre-Eingabe-Fixationen ist relativ gering. Dies lässt den Schluss zu, dass die letzte Pre-Eingabe-Fixation hauptsächlich auf die nächste Aktion ausgerichtet ist. Werden hingegen alle Pre-Eingabe-Fixationen betrachtet, so ergibt sich eine Verteilung wie in Abbildung 5.13 dargestellt. Dabei beträgt der Anteil von zielorientierten Fixationen in Phase A1

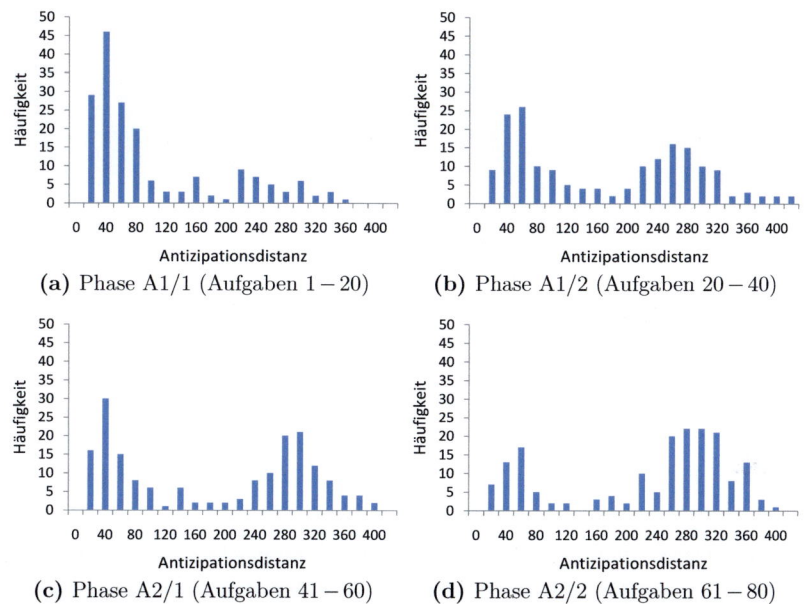

(a) Phase A1/1 (Aufgaben 1 − 20)

(b) Phase A1/2 (Aufgaben 20 − 40)

(c) Phase A2/1 (Aufgaben 41 − 60)

(d) Phase A2/2 (Aufgaben 61 − 80)

Abb. 5.12: Entwicklung der Antizipationsdistanz über unterschiedliche Phasen des Experiments.

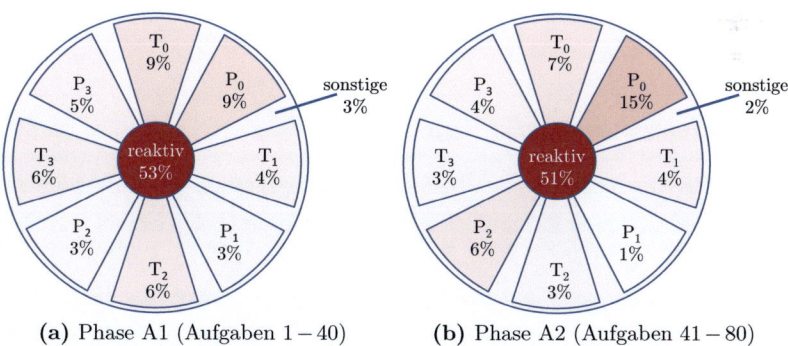

(a) Phase A1 (Aufgaben 1 − 40)

(b) Phase A2 (Aufgaben 41 − 80)

Abb. 5.13: Entwicklung der Verteilung aller Pre-Eingabe-Fixation über die beiden Phasen des Experiments

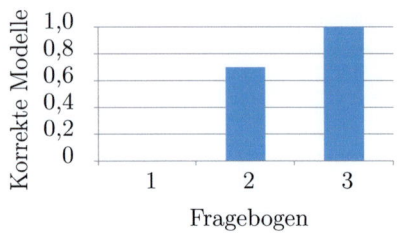

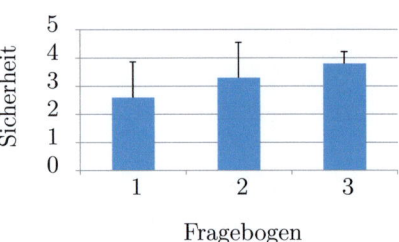

(a) Anteil der Benutzer mit korrektem mentalen Modell.

(b) Subjektiv empfundene Sicherheit bei der Angabe des mentalen Modells.

Abb. 5.14: Ergebnisse aus Fragebögen zur Erfassung des mentalen Modells der Probanden.

24,29% und in Phase A2 20,31%. Die Abnahme kann damit begründet werden, dass mit zunehmender Übung das Wissen über die Lage der einzelnen Zielbereiche bzw. deren Farbe besser wird und damit eine visuelle Überprüfung überflüssig wird.

In Abbildung 5.14 sind die Ergebnisse der Erfassung des mentalen Modells über die oben beschriebenen Fragebögen dargestellt. Daraus ist ersichtlich, dass vor der Durchführung der ersten Aufgabe alle Probanden erwartungsgemäß ein falsches mentales Modell hatten und dies auch zu Beginn des Experiments (Fragebogen 1) deutlich unsicherer einschätzen als am Ende (Fragebogen 3). Damit ist validiert, dass die durch die Gestaltung des Experiments gewünschte Entwicklung der mentalen Modellbildung tatsächlich eingetreten ist.

5.2.3 Zusammenfassung und Fazit

Durch die Benutzerstudie konnte insbesondere der Einfluss der Aufgabe und der mentalen Modellbildung auf natürliches Blickverhalten nachgewiesen und charakterisiert werden. Insbesondere wurde der Einfluss mentaler Modellbildung auf die Antizipationsdistanz und damit auf die Proaktivität von natürlichem Blickverhalten sowie auf das Auftreten zielorientierter Fixationen empirisch nachgewiesen.

Um diese Einflüsse bei der Interpretation von natürlichem Blickverhalten berücksichtigen zu können, wird im nächsten Abschnitt ein formales Framework hergeleitet, welches die explizite Modellierung dieser Einflüsse ermöglicht.

5.3 Interpretation von natürlichem Blickverhalten in interaktiven Umgebungen

Basierend auf den Erkenntnissen aus den oben beschriebenen Experimenten wurde im Rahmen dieser Arbeit ein Framework entwickelt, welches erlaubt, unsichere und unvollständige mentale Modelle zu repräsentieren und deren Einfluss auf natürliches Blickverhalten zu modellieren.

Als Basis dient dabei die Theorie der Markov'schen Entscheidungsprozesse (engl.: *Markov decision processes*, MDPs) [11] bzw. die der partiell beobachtbaren Markov'schen Entscheidungsprozesse (engl.: *Partially Observable Markov Decision Processes*, POMDPs) [13]. In der Literatur wurde bereits gezeigt, dass sich damit menschliche Entscheidungsprozesse modellieren lassen [30]. Für die Beschreibung des Zusammenhangs von mentalem Modell und natürlichem Blickverhalten wurde der Ansatz allerdings noch nicht untersucht.

Die Modellierung von mentalen Modellen in kognitiven Architekturen wie ACT-R, EPIC oder Soar konzentriert sich überwiegend auf die Repräsentation von fertigkeits- und regelbasiertem Verhalten. Daher beschränkt sich auch die Modellierung von Wissen über dynamische Vorgänge während der Mensch-Maschine-Interaktion bei diesen Ansätzen auf die Beschreibung von prozeduralem Wissen in Form von Regeln, welche die Auslösung bestimmter Aktionen (Produktionen) in Abhängigkeit bestimmter Bedingungen bezüglich Variablen im deklarativen Gedächtnis festlegen [6, 22, 70]. Auftretende Phänomene während mentaler Modellbildung bzw. deren Einfluss auf natürliches Blickverhalten können damit nicht erklärt bzw. beschrieben werden.

5.3.1 Markov'sche Entscheidungsprozesse

Ein MDP wird durch ein 4-Tupel der Form $(\mathcal{S}, \mathcal{A}, P(\underline{s}_{t+1}|\underline{a}_t, \underline{s}_t), r(\underline{a}, \underline{s}))$ definiert. Im Allgemeinen wird dadurch das Verhalten eines Agenten mit unsicherem Wissen über sich oder seine Umwelt modelliert. Dessen Zustand oder der seiner Umwelt wird hierbei durch $\underline{s} \in \mathcal{S}$ beschrieben, was im Folgenden allgemein als *Systemzustand* bezeichnet wird. Dabei ist $\mathcal{S}$ der *Zustandsraum*, welcher hier aus einer endlichen Menge an Zuständen besteht. Der Systemzustand kann durch *Aktionen* $\underline{a}$ des Agenten aus dem *Aktionsraum* $\mathcal{A}$ verändert werden, wobei auch hier im Rahmen dieser Arbeit eine endliche Menge an Aktionen betrachtet wird. Das unsichere Wissen, welches der Agent über die Auswirkungen einer zum Zeitpunkt t ausgeführten Aktion $\underline{a}_t$ im Zustand $\underline{s}_t$ auf den nachfolgenden Systemzustand $\underline{s}_{t+1}$ hat, wird durch die bedingte *Zustandsübergangswahrscheinlichkeit* $P(\underline{s}_{t+1}|\underline{a}_t = \underline{a}_t, \underline{s}_t = \underline{s}_t)$ beschrieben. Über die *Gütefunktion* $r(\underline{a}, \underline{s})$ wird in Abhängigkeit eines Systemzustands und einer Aktion sowohl die Belohnung, die ein Agent erhält als auch die Kosten, die ihm dadurch entstehen definiert.

Ziel des Agenten ist es, auf Basis des unsicheren Systemmodells eine optimale Strategie π^*_{MDP} zu entwickeln, welche ihm für jeden Systemzustand eine optimale Aktion und damit eine Abbildung der Form

$$\pi^*_{MDP}(\underline{s}) : \mathcal{S} \to \mathcal{A} \tag{5.1}$$

liefert. Ausgehend von jedem Zustand $\underline{s}_t$ soll dabei durch eine optimale Aktionenfolge $\underline{a}_t, ..., \underline{a}_{t+N_p}$ innerhalb eines gewissen *Planungshorizonts* von N_p Zeitschritten die kumulierte Belohnung, welche der Agent gemäß $r(\cdot)$ erhält, maximiert werden. Die optimale Lösung dieses Problems für $N_p \to \infty$ lässt sich nicht geschlossen lösen und wird in der Regel durch iterative Verfahren wie *Policy Iteration* oder *Value Iteration* berechnet [13]. Dabei wird eine *kumulierte Gütefunktion* (engl.: *value function*) typischerweise mit unendlichem Planungshorizont durch

$$V^\pi(\underline{s}) = r(\pi(\underline{s}), \underline{s}) + \gamma \sum_{\underline{s}' \in \mathcal{S}} P(\underline{s}_{t+1} = \underline{s}'|\underline{a}_t = \pi(\underline{s}), \underline{s}_t = \underline{s}) \cdot V^\pi(\underline{s}') \tag{5.2}$$

bestimmt, wobei $\gamma \in (0,1)$ den sogenannten *Diskontierungsfaktor* beschreibt. Die Bezeichnung MDP wird der Übersichtlichkeit halber für V^π und π weggelassen und wird auch im Folgenden erst wieder dargestellt wenn sie zum Verständnis notwendig ist. Eine Strategie π^* ist optimal, wenn $V^{\pi^*}(\underline{s}) \geq V^\pi(\underline{s})$ für alle Strategien π und

Zustände $\underline{s} \in \mathcal{S}$ gilt. Gemäß dem Optimalitätsprinzip nach Bellman [12] kann die optimale kumulierte Gütefunktion durch

$$V^*(\underline{s}) = \max_{\underline{a} \in \mathcal{A}} \{ r(\underline{a}, \underline{s}) + \gamma \sum_{\underline{s}' \in \mathcal{S}} P(\underline{s}_{t+1} = \underline{s}' | \underline{a}_t = \underline{a}, \underline{s}_t = \underline{s}) \cdot V^*(\underline{s}') \} \qquad (5.3)$$

berechnet werden. Die optimale Strategie π^* ergibt sich dann über die sogenannte Q-Funktion

$$Q(\underline{a}, \underline{s}) = r(\underline{a}, \underline{s}) + \gamma \sum_{\underline{s}' \in \mathcal{S}} P(\underline{s}_{t+1} = \underline{s}' | \underline{a}_t = \underline{a}, \underline{s}_t = \underline{s}) V^*(\underline{s}') \qquad (5.4)$$

durch

$$\pi^*(\underline{s}) = \arg \max_a Q(\underline{a}, \underline{s}). \qquad (5.5)$$

Ein POMDP stellt eine Erweiterung eines MDP dar. Es wird hierbei davon ausgegangen, dass der Agent den Systemzustand nicht direkt beobachten kann, sondern dieser lediglich über eine *Beobachtung* $\underline{o} \in \mathcal{O}$ zugänglich ist. Im Rahmen der Arbeit wird ein endlicher Beobachtungsraum betrachtet. Der Zusammenhang zwischen Beobachtung, Systemzustand und Aktion wird durch die bedingte *Beobachtungswahrscheinlichkeit* $P(\underline{o}_{t+1} | \underline{a}_t, \underline{s}_{t+1})$ beschrieben. Damit ergibt die Beschreibung eines POMDP durch das 6-Tupel $(\mathcal{S}, \mathcal{A}, \mathcal{O}, P(\underline{s}_{t+1} | \underline{a}_t, \underline{s}_t), P(\underline{o}_{t+1} | \underline{a}_t, \underline{s}_t), r(\underline{a}, \underline{s}))$. Im Allgemeinen besteht die Aufgabe des Agenten auch hier darin, eine optimale Aktionsfolge zu bestimmen. Allerdings hängt die Ausführung einzelner Aktionen von der Historie der Beobachtungen und Aktionen während der Ausführung des Plans ab. Eine optimale Strategie π^*_{POMDP} für ein POMDP kann allgemein durch

$$\pi^*_{POMDP}(h) : \mathcal{H}_o \to \mathcal{A} \qquad (5.6)$$

beschrieben werden, wobei durch h_t die Historie $[\underline{a}_0, \underline{o}_1], [\underline{a}_1, \underline{o}_2], ..., [\underline{a}_{t-1}, \underline{o}_t]$ zum Zeitpunkt t aus der Menge aller beobachtbaren Historien $\mathcal{H}_o$ beschrieben wird. Zur Bestimmung der optimalen Strategie gibt es auch für POMDPs zahlreiche exakte und approximative Lösungsverfahren. Die Komplexität der Bestimmung einer exakten Lösung des Problems ist allerdings sehr hoch (PSPACE-Vollständig [101]). Damit lassen sich nur kleinere Probleme auf heutigen Rechnern lösen.

Eine alternative Darstellung von POMDPs sind sogenannte *Belief-MDPs* (bMDP). Dabei wird das POMDP in ein äquivalentes MDP mit kontinuierlichen aber vollständig beobachtbaren Zuständen mit $(\mathcal{B},\mathcal{A},P(\underline{\boldsymbol{b}}_{t+1}|\underline{\boldsymbol{a}}_t,\underline{\boldsymbol{b}}_t),r(\underline{a},\underline{b}))$ überführt (siehe z.B. [13, 134]). Der Zustandsraum $\mathcal{B}$ besteht dabei aus Wahrscheinlichkeitsverteilungen über dem Zustandsraum des ursprünglichen POMDPs, wobei $\underline{b}_t(\underline{s}) = P(\underline{\boldsymbol{s}}_t = \underline{s})$ die Überzeugung des Agenten zum Zeitpunkt t widerspiegelt, dass sich das System im Zustand $\underline{s} \in \mathcal{S}$ befindet. Details zur Überführung der Darstellung eines POMDPs in ein Belief-MDP sind im Anhang A zu finden.

Die optimale Strategie für ein bMDP nimmt die Form

$$\pi_{bMDP}^*(\underline{b}) : \mathcal{B} \rightarrow \mathcal{A} \tag{5.7}$$

an und lässt sich durch

$$\pi_{bMDP}^*(\underline{b}) = \arg\max_{\underline{a}} Q(\underline{a},\underline{b}). \tag{5.8}$$

berechnen. Die Q-Funktion ist dabei definiert durch

$$Q(\underline{a},\underline{b}) = \sum_{\underline{s}\in\mathcal{S}} \underline{b}(\underline{s})r(\underline{a},\underline{s}) + \gamma \sum_{\underline{o}\in\mathcal{O}} P(\underline{\boldsymbol{o}}_{t+1} = \underline{o}|\underline{\boldsymbol{a}}_t = \underline{a}, \underline{\boldsymbol{b}}_t = \underline{b})V_{bMDP}^*(\underline{b}_{\underline{o}}^{\underline{a}}), \tag{5.9}$$

wobei $\underline{b}_{\underline{o}}^{\underline{a}}$ die Überzeugung des Agenten bezüglich des Folgezustandes $\underline{s}_{t+1}$ nach Ausführung der Aktion $\underline{a}$ und nach der Beobachtung $\underline{o}$ widerspiegelt. Die Formeln zur Berechnung von $\underline{b}_{\underline{o}}^{\underline{a}}$ und $P(\underline{\boldsymbol{o}}_{t+1}|\underline{\boldsymbol{a}}_t,\underline{\boldsymbol{b}}_t)$ sind in Anhang A ausführlich dargestellt.

Die Berechnung der optimalen kumulierten Gütefunktion V_{bMDP}^* ist, wie bereits erwähnt, selbst für einfache Modelle sehr komplex. In Abschnitt 5.4 werden unterschiedliche Optionen für die Approximation von V_{bMDP}^* im Kontext der Anwendung des Frameworks zur Interpretation von natürlichem Blickverhalten diskutiert.

5.3.2 Mensch-Maschine-Interaktion als POMDP

In dieser Arbeit wird der Formalismus von POMDPs als Basis für die Modellierung der Interaktion zwischen Mensch und Maschine genutzt. Hierbei wird der

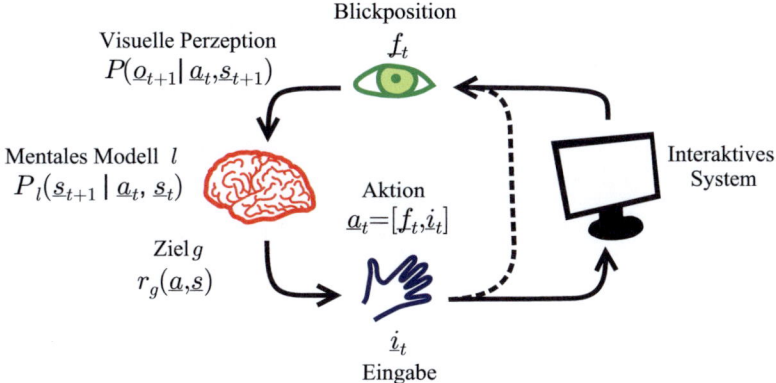

Abb. 5.15: Überblick über einzelne Komponenten des POMDP mit Bezug zum Regel-kreis während der Mensch-Maschine-Interaktion.

Benutzer als Agent mit unsicherem Wissen über das dynamische Verhalten eines interaktiven Systems betrachtet, wobei der Systemzustand nur indirekt über einen Wahrnehmungskanal beobachtet werden kann. Das unsichere Wissen repräsentiert dabei das mentale Modell des Benutzers. In Abbildung 5.15 ist ein Überblick über den im Rahmen dieser Arbeit verfolgten Ansatz zur Modellierung von Mensch-Maschine-Interaktion als POMDP dargestellt. Die einzelnen Komponenten werden im Folgenden im Detail beschrieben.

Mit $\mathcal{S}$ wird die Menge aller im mentalen Modell des Benutzers repräsentierten Systemzustände des interaktiven Systems bezeichnet. Hierbei ist zu beachten, dass die im mentalen Modell des Benutzers repräsentierten Systemzustände durchaus von jenen des realen Systems abweichen können.

Mit $\mathcal{A}$ wird die Menge aller möglichen Aktionen beschrieben, welche der Benutzer durchführen kann, um eine Veränderung des Systemzustands und dessen mentaler Repräsentation herbei zu führen. Dazu zählen sowohl Eingaben, welche den Zustand des realen Systems verändern aber auch Aktionen zur Perzeption, welche zum Abgleich der mentalen Repräsentation des Systemzustands mit dem des realen Systems notwendig sind. Insbesondere wird in dieser Arbeit auf den Blick als

Wahrnehmungsmodalität des Menschen eingegangen, wodurch sich eine Aktion durch

$$\underline{a} = \left[\underline{f}, \underline{i}\right] \tag{5.10}$$

definieren lässt, wobei $\mathcal{A} = \mathcal{F} \times \mathcal{I}$. Der Vektor $\underline{f} \in \mathcal{F}$ beschreibt den Zustand des Blicks und $\underline{i} \in \mathcal{I}$ repräsentiert eine Eingabe, welche potentiell den Systemzustand verändert. $\mathcal{F}$ und $\mathcal{I}$ beschreiben die zugrunde liegenden Räume.

Die Zustandsübergangswahrscheinlichkeit $P(\underline{s}_{t+1}|\underline{a}_t, \underline{s}_t)$ repräsentiert das mentale Modell des Benutzers über das dynamische Verhalten des Systems. Die Wahrnehmung über den visuellen Kanal wird durch $P(\underline{o}_{t+1}|\underline{a}_t, \underline{s}_{t+1})$ beschrieben.

Durch die Gütefunktion $r(\cdot)$ können sowohl kognitive und physische Belastungen repräsentiert werden, welche durch die Ausführung bestimmter Aktionen hervorgerufen werden, als auch die Relevanz bestimmter Systemzustände für das erfolgreiche Durchführen einer Aufgabe modelliert werden. So lässt sich an dieser Stelle beispielsweise der Aufwand für eine Aufmerksamkeitsverschiebung, wie er auch im SEEV-Modell (siehe Kapitel 2) vorgesehen ist, als *negative* Belohnung berücksichtigen. Ebenso lassen sich mögliche Ziele des Benutzers durch *positive* Belohnung für die entsprechenden Systemzustände definieren. Ein Ziel $g \in \mathcal{G}$ wird im Folgenden formal als eine Teilmenge des Zustandsraums durch $\mathcal{S}_g \subseteq \mathcal{S}$ modelliert, wobei

$$\mu_g(\underline{s}) = \begin{cases} 1 & \text{wenn } \underline{s} \in \mathcal{S}_g \\ 0 & \text{sonst} \end{cases} \tag{5.11}$$

die Indikatorfunktion der Menge darstellt. Solche Ziele können beispielsweise die Selektion eines Objekts auf einer graphischen Benutzungsoberfläche oder die Position eines Objekts in einem Zielbereich auf einem Display beschreiben.

Konkrete Modellierungsansätze für die einzelnen Komponenten werden am Beispiel der in Abschnitt 5.2.1 beschriebenen Aufgabe in Abschnitt 5.4 aufgezeigt.

Gründe für eine Aufmerksamkeitsverschiebung

Um die Modellierung unterschiedlicher Zusammenhänge zwischen natürlichem Blickverhalten und dem mentalen Modell des Benutzers zu illustrieren, werden im Folgenden zunächst drei Fälle betrachtet, welche für die Verschiebung des visuellen Aufmerksamkeitsfokus und damit für eine Veränderung der Blickposition ausschlaggebend sein können.

1. *Exploration des aktuellen Systemzustands*:

   Die Exploration des aktuellen Systemzustands eines interaktiven Systems geschieht in der Regel vor der ersten Eingabe und ist die Grundlage für ein möglichst gutes Planungsergebnis. Im oben skizzierten POMDP-Framework kann dies bei der Definition des initialen Zustands $\underline{b}_0$ des bMDPs sowie bei der Definition von Aktionen berücksichtigt werden. Bei absoluter Unkenntnis des initialen Systemzustands seitens des Benutzers kann beispielsweise mit $\underline{b}_0(\underline{s})$ eine Gleichverteilung über alle möglichen Systemzustände $\underline{s} \in \mathcal{S}$ beschrieben werden. Durch die Ausführung entsprechender Wahrnehmungsoperationen kann die Unsicherheit im nachfolgenden Zeitschritt reduziert werden. Die Auswirkungen einer entsprechenden Wahrnehmungsoperation $\underline{a}$ auf den Folgezustand wird dabei indirekt durch $P(\underline{o}_{t+1}|\underline{a}_t = \underline{a}, \underline{s}_{t+1})$ beschrieben.

2. *Verbesserung einer unsicheren Eingabe*:

   Neben der Überführung des Systemzustands in einen Zielzustand stellt auch die Ausführung einer bestimmten Eingabe $\underline{i}$ eine Regelungsaufgabe dar. Diese stellt einen weiteren Grund für eine Aufmerksamkeitsverschiebung dar. Wenn ein Benutzer sich für die Ausführung einer bestimmten Eingabe zur Durchführung eines Plans entschieden hat, ist es für die Erfüllung der Aufgabe entscheidend, diese Eingabe möglichst exakt und so schnell wie möglich auszuführen. Da die absolute Positionierung von Körperteilen unter ausschließlicher Verwendung von propriozeptiven Rückmeldungen nicht sehr genau ist [21, 47, 9], wird für eine akkurate absolute Positionierung, z.B. der Hand, in der Regel zusätzlich der visuelle Wahrnehmungskanal genutzt. Unsichere Eingabegrößen können in obigem Framework nicht direkt berücksichtigt werden. Allerdings lassen sie sich beispielsweise leicht durch Einführung entsprechender Hilfsvariablen im Systemmodell nach dem Muster

$$P(\underline{s}_{t+1}|\underline{a}_t,\underline{s}_t) = \sum_{\bar{\underline{a}}_t \in \mathcal{A}} P(\underline{s}_{t+1}|\bar{\underline{a}}_t = \bar{a}_t,\underline{s}_t)P(\bar{\underline{a}}_t = \bar{a}_t|\underline{a}_t,\underline{s}_t) \qquad (5.12)$$

integrieren. Durch $\bar{\underline{a}}_t$ können so beispielsweise unterschiedliche, über $\underline{a}_t$ parametrisierte Verteilungen repräsentiert werden, welche unterschiedliche diskrete Unsicherheitsstufen einer Eingabe repräsentieren. Der Einfluss der Wahrnehmung auf die Unsicherheit der Eingabe kann entweder direkt im Aktionsraum $\mathcal{A}$ durch entsprechende Kopplung von Wahrnehmungsoperationen mit Eingaben mit reduzierter Unsicherheit modelliert werden oder indirekt über $P(\underline{o}_{t+1}|\underline{a}_t,\underline{s}_{t+1})$.

3. *Verifikation von Systemreaktionen*: Wenn der Benutzer ein korrektes und sicheres mentales Modell des Systems inklusive dessen aktuellem Zustand hätte und Eingaben nicht mit Unsicherheit behaftet wären, so könnte eine Aufgabe mit geschlossenen Augen erfolgreich durchgeführt werden. Allerdings ist keine der beiden Annahmen realistisch. In den meisten Fällen ist das mentale Modell unvollständig und unsicher. Ebenso sind, wie oben bereits erwähnt, nicht-visuelle Feedbackkanäle (z.B. Propriozeption, Haptik) in vielen Fällen nicht genau genug. Um ein korrektes mentales Modell über das dynamische Systemverhalten zu entwickeln, dieses zu verbessern und zu verifizieren, muss der Benutzer daher ständig visuell überprüfen, ob bestimmte Eingaben zu den gemäß mentalem Modell antizipierten Systemreaktionen führen. Je sicherer das mentale Modell ist, desto weniger Verifikation ist nötig, was sich unter Anderem in unterschiedlichem Blickverhalten von Experten und Novizen zeigt. Die in Abschnitt 5.1 und Abschnitt 5.2.1 beschriebenen Experimente haben zudem gezeigt, dass ein sicheres mentales Modell auch zu mehr proaktiven Fixationen führt.

Die Auswirkungen einer Wahrnehmungsoperation auf das Wissen über den Folgezustand kann wie beim ersten betrachteten Fall durch $P(\underline{o}_{t+1}|\underline{a}_t,\underline{s}_{t+1})$ beschrieben werden.

Unterschiedliche mentale Modelle des Benutzers über das interaktive System werden im Folgenden mit $l \in \mathcal{L}$ parametrisiert, wobei $\mathcal{L}$ die Menge aller betrachteten mentalen Modelle bezeichnet. Die Beschreibung eines mentalen Modells umfasst dabei den Zustandsraum $\mathcal{S}^l \subseteq \mathcal{S}$, den Eingaberaum $\mathcal{I}^l \subseteq \mathcal{I}$ die Zustandsübergangswahrscheinlichkeit $P_l(\underline{s}^l_{t+1} | [\underline{f}_t, \underline{i}^l_t], \underline{s}^l_t)$ als auch den initialen Zustand des bMDPs $\underline{b}^l_0$. Die Parameter zur Beschreibung der Wahrnehmung werden hingegen als konstant angenommen, da diese durch eine lebenslange Lernphase als gefestigt angenommen werden. Die Gütefunktion wird zum Teil durch die Aufgabe bzw. das Ziel g bestimmt, was durch $r_g(\cdot)$ ausgedrückt wird. Für jedes mentale Modell l und jedes Ziel g lässt sich damit prinzipiell eine optimale kumulierte Gütefunktion $V^*_{l,g}$ bzw. eine entsprechende Q-Funktion $Q_{l,g}(\underline{a}, \underline{b})$ berechnen.

Unter der Annahme, dass ein Benutzer optimal im Sinne des POMDP handelt, lässt sich für einen gegebenen Ausgangszustand $\underline{b}^l_0$ die optimale Aktion $\underline{a}^*_{l,g}$ gemäß (5.8) berechnen. Allerdings muss diese nicht eindeutig sein, da die die Q-Funktion für unterschiedliche Aktionen identische Werte annehmen kann. Daher wird hier eine Menge an optimalen Aktionen $\mathcal{A}^*_{l,g}$ durch

$$\begin{aligned}
\mathcal{A}^*_{l,g} &= \arg \max_{\underline{a}} Q_{l,g}(\underline{a}, \underline{b}^l_0) \\
&= \left\{ \underline{a} \in \mathcal{A} \mid \forall \underline{a}' \in \mathcal{A} : Q_{l,g}(\underline{a}, \underline{b}^l_0) \geq Q_{l,g}(\underline{a}', \underline{b}^l_0) \right\}
\end{aligned} \tag{5.13}$$

berechnet. Alternativ zu dieser festen Zuordnung von optimalen Aktionen lässt sich die Wahrscheinlichkeit der Auswahl einer Aktion als optimale Aktion durch den Benutzer für eine bestimmte Ausprägung des mentalen Modells l auch variabel gestalten bzw. die Werte der Q-Funktion durch

$$P(\underline{a}^*_l = \underline{a} \mid \underline{b}^l_0, g) \propto Q_{l,g}(\underline{a}, \underline{b}^l_0). \tag{5.14}$$

beschreiben. Dabei wird wie bei dem durch (5.13) beschriebenen Ansatz für einen bekannten initialen Zustand $\underline{b}^l_0$ angenommen, dass die Wahrscheinlichkeit der Wahl einer Aktion zur Erreichung des Ziels g durch den Benutzer proportional zu deren Bewertung durch die Q-Funktion ausfällt. Allerdings werden im Gegensatz zu (5.13) suboptimale Aktionen nicht direkt verworfen.

Schätzung von Intention und mentalem Modell

Unter der Annahme, dass ein Benutzer Aktionen, und insbesondere Blickbewegungen, optimal im Sinne des POMDPs auswählt und entsprechend ausführt, kann aus einer beobachteten Aktion $\tilde{\underline{a}} = \left[\tilde{\underline{f}}, \tilde{\underline{i}}\right]$ des Benutzers eine Schätzungen des zugrundeliegenden mentalen Zustands, bestehend aus einer Schätzung des mentalen Modells $\hat{l}$ und des Ziels $\hat{g}$ abgeleitet werden.

Für die erste Option zur Beschreibung optimaler Aktionen gemäß (5.13) ergibt sich eine Menge an Schätzungen $\mathcal{M} \subseteq \mathcal{L} \times \mathcal{G}$ mit

$$\left[\hat{l}, \hat{g}\right] \in \mathcal{M} = \left\{ [l,g] \mid \left[\tilde{\underline{f}}, \tilde{\underline{i}}\right] \in \mathcal{A}_{l,g}^* \right\}. \tag{5.15}$$

Wird davon ausgegangen, dass die Positionierung des Blicks vor der Ausführung der Eingabe stattfindet und die relevante Änderung der Blickposition daher vor der Eingabe beobachtet werden kann, so lässt sich daraus die Schätzung für Intention und mentales Modell

$$\mathcal{M} = \left\{ [l,g] \mid \exists \underline{i} \in \mathcal{I} : \left[\tilde{\underline{f}}, i\right] \in \mathcal{A}_{l,g}^* \right\} \tag{5.16}$$

ableiten.

Für die zweite Option zur Beschreibung optimaler Aktionen gemäß (5.14) kann im Sinne einer Maximum-Likelihood-Schätzung für jede Ausprägung des mentalen Modells aus einer gegebenen Beobachtung einer Aktion $\tilde{\underline{a}}$ oder einer Teilaktion in Form der Blickpostion $\tilde{\underline{f}}$ eine Schätzung für mögliche Ziele $\hat{\mathcal{G}}_l$ abgeleitet werden durch

$$\hat{\mathcal{G}}_l = \bigcup_{\tilde{f} \in \mathcal{F}} \arg\max_g \max_{\underline{i}} P(\underline{\boldsymbol{a}}_l^* = \left[\tilde{f}, i\right] | \underline{b}_0^l, g) \tag{5.17}$$

$$= \arg\max_g \max_{\underline{i}} Q_{l,g}\left(\left[\tilde{f}, i\right], \underline{b}_0\right). \tag{5.18}$$

Damit ergibt sich allerdings auch für jene mentalen Modelle eine Schätzung möglicher Ziele, welche unplausibel hinsichtlich der beobachteten Aktionen sind. Dies lässt sich durch eine vorherige Schätzung von l und einer darauf basierenden Filterung der Schätzungen $\hat{\mathcal{G}}_l$ lösen. Ein direkter Vergleich der Werte der Q-Funktion für unterschiedliche l ist aufgrund der unterschiedlichen Wertebereiche hingegen nicht sinnvoll.

Allgemeine Vorgehensweise zur Anwendung des Frameworks

Um das oben beschrieben Framework für die Interpretation von natürlichem Blickverhalten im Kontext einer realen Interaktionsumgebung bzw. Aufgabe einzusetzen, müssen folgende Schritte durchgeführt werden:

1. Modellierung der mentalen Repräsentation des interaktiven Systems durch $P_l(\underline{s}_{t+1}|\underline{a}_t,\underline{s}_t)$ für unterschiedliche Ausprägungen $l \in \mathcal{L}$ des mentalen Modells. Dabei Festlegung der Menge $\mathcal{L}$ der zu betrachtenden mentalen Modelle.

2. Modellierung der menschlichen Wahrnehmung durch $P(\underline{o}_{t+1}|\underline{a}_t,\underline{s}_{t+1})$.

3. Modellierung von körperlicher und mentaler Beanspruchung sowie der Aufgabe durch $r(\underline{a},\underline{s})$.

4. Spezifikation der Abbildung von Messungen in der realen Welt in Zustände des Modells. Insbesondere Spezifikation der Transformation von gemessenen Blickpositionen ind entsprechende Zustände von $\underline{a}$ bzw. $\underline{f}$.

In Abschnitt 5.4 und Abschnitt 5.5 wird anhand von zwei Anwendungsbeispielen das Vorgehen im Detail illustriert. Unter anderem wird dabei exemplarisch gezeigt, wie die einzelnen Größen zur Beschreibung des Modells aus empirischen Beobachtungen sowie anatomischen und physiologischen Gegebenheiten abgeleitet werden können.

Einschränkungen und Grenzen

In dem beschriebenen Modellierungsansatz zur Beschreibung menschlichen Varhaltens wurden für die Betrachtungen im Rahmen dieser Arbeit einige Einschränkungen gemacht, welche im Folgenden explizit genannt und diskutiert werden.

Bei dem beschrieben Ansatz wurde zunächst auf die explizite Modellierung der zeitlichen Entwicklung des durch $\underline{l}$ beschriebenen mentalen Modells des Benutzers verzichtet. Dadurch werden insbesondere Lerneffekte und Gedächtnis nicht explizit modelliert bzw. werden bei der Berechnung einer optimalen Strategie nicht berücksichtigt. Stark exploratives Interaktionsverhalten, welches primär darauf ausgelegt ist, ein mentales Modell aufzubauen, kann damit unter Umständen nicht erklärt werden. Wie in den nachfolgenden Abschnitten gezeigt wird, spielt diese Einschränkung allerdings für die Erklärung von natürlichem Blickverhalten, welches der Fokus in dieser Arbeit ist, kaum eine Rolle. Eine Erweiterung des Modells um die entsprechenden Komponenten wäre beispielsweise auf Basis von *Bestärkendem Lernen* (engl.: *reinforcement learning*) möglich. Ansätze hierzu sowie Zusammenhänge mit Arbeiten auf dem Gebiet der Modellierung von Entscheidungs- und Lernprozessen in biologischen Systemen finden sich beispielsweise in [30].

Durch den Verzicht auf die Modellierung von Kurz- und Langzeitgedächtnis können bestimmte Effekte bei komplexeren Aufgaben nicht erklärt werden. Beispielsweise kann eine wiederholte visuelle Exploration von Systemzuständen, welche wieder aus dem Gedächtnis verdrängt wurden, nicht explizit modelliert werden. Das vorgestellte Framework könnte um diese Komponenten allerdings einfach erweitert werden, indem der das mentale Modell des Benutzers beschreibende Parameter l über die Zeit variiert wird. Allerdings ist eine solide Beschreibung des Gedächtnisses sehr komplex und wurde daher im Rahmen dieser Arbeit nicht vertieft betrachtet.

5.4 Anwendungsbeispiel 1: Schätzung von Intention und mentalem Modell

In diesem Abschnitt wird der im vorherigen Abschnitt beschriebene Modellierungsansatz auf eine konkrete Aufgabe angewendet. Dabei sollen insbesondere drei Dinge gezeigt werden:

- Die Anwendung des oben beschriebenen Frameworks auf eine reale Aufgabe bzw. das Vorgehen zur Ausprägung der einzelnen Komponenten.

- Die Validierung der Vorhersagen des Vorwärtsmodells bezüglich des natürlichen Blickverhaltens während der Interaktion für unterschiedliche mentalen Modelle.

- Die Anwendung des Modells zur blickbasierten Schätzung der Intention und des mentalen Modells des Benutzers.

Mit dem zweiten Punkt wird insbesondere die Annahme überprüft, ob sich der Benutzer im Mittel optimal im Sinne des obigen Modells verhält. Als Basis für die Betrachtungen in diesem Abschnitt dient die in Abschnitt 5.2.1 beschriebene Aufgabe sowie die aus der zugehörigen Benutzerstudie gewonnenen Daten.

Im nächsten Abschnitt 5.4.1 wird zunächst der Modellierungsansatz zur formalen Beschreibung der Mensch-Maschine-Interaktion gemäß Abschnitt 5.3.2 für die betrachtete Aufgabe beschrieben. In Abschnitt 5.4.2 werden Vorgehen und Ergebnisse zur Validierung der Vorhersagen des Modells als auch zur Evaluierung der Güte der Schätzung der Intention sowie des mentalen Modells des Benutzers dargestellt.

5.4.1 Modellierungsansatz

Im Folgenden werden die in Abschnitt 5.3.2 beschriebenen Schritte zur Anwendung des oben vorgestellten Frameworks für die in Abschnitt 5.2.1 eingeführte Aufgabe dargestellt. Dies sind insbesondere die Modellierung unterschiedlicher Ausprägungen der mentalen Repräsentation des Systemmodells durch $P_l(\underline{s}_{t+1}|\underline{a}_t,\underline{s}_t)$, die Beschreibung der visuellen Wahrnehmung durch $P(\underline{o}_{t+1}|\underline{a}_t,\underline{s}_{t+1})$, die Spezifikation der Aufgabe durch $r(\cdot)$ sowie die Definition einer Transformation von Messungen der Blickposition in den Zustandsraum des Modells.

Systemmodell

Der aktuelle Systemzustand wird durch eine objektzentrierte Zustandsbeschreibung der einzelnen Komponenten der graphischen Benutzungsoberfläche abgebildet. Der Zustand des Punktes wird dabei durch

$$\underline{s}_t^P = \left[\underline{p}_t^P, m_t^P, c_t^P\right] \tag{5.19}$$

definiert, wobei $\underline{p}_t^P \in \mathcal{P} = \{1,...,9\} \times \{1,...,9\}$ die aktuelle *Position* des Punktes, $m_t^P \in \{0,1\}$ den aktuellen *Bewegungsmodus* und $c_t^P \in \{$„grün", „blau", „gelb", „rot"$\}$ dessen *Farbe* beschreibt. Der Bewegungsmodus beschreibt dabei, entlang welcher Diagonale sich der Punkt bei einer Bewegung des Stiftes bewegt (0: Diagonale D_1, 1: Diagonale D_2)). Die Anzeige wurde sehr grob durch eine 9×9 Gitter modelliert, um einerseits die Berechenbarkeit des Modells zu gewährleisten und andererseits aber die relevanten Effekte noch darstellen zu können.

Die mentale Repräsentation des statischen Zustands der vier Zielbereiche wird durch $\underline{s}_t^{T0},...,\underline{s}_t^{T3}$ beschrieben, wobei jeweils

$$\underline{s}_t^{Ti} = \left[\underline{p}_t^{Ti}, c_t^{Ti}\right] \tag{5.20}$$

gilt und auch hier $\underline{p}_t^{Ti} \in \mathcal{P}$ die Position des Zielbereichs auf der Anzeige und c_t^{Ti} dessen Farbe beschreibt.

Damit ergibt sich insgesamt eine Zustandsbeschreibung

$$\underline{s}_t = \left[\underline{s}_t^P, \underline{s}_t^{T0},...,\underline{s}_t^{T3}\right]. \tag{5.21}$$

Eingaben werden durch einen Zustandsvektor der Form $\underline{i}_t = \left[i_t^k, i_t^{LR}, i_t^{\Delta}\right]$ beschrieben, wobei $i_t^k \in \{-1,0,1\}$ die Veränderung des Zustands der Taste beschreibt (-1: runter, 0: keine Veränderung, $+1$: hoch), $i_t^{LR} \in \{-1,1\}$ die Richtung einer Stiftbewegung (-1: links, 1: rechts) und $i_t^{\Delta} \in \{0,1,2,3\}$ die Amplitude einer Stiftbewegung.

Das mentale Modell des dynamischen Systemverhaltens des Punktes wird durch

$$\underline{p}_{t+1}^P = \underline{p}_t^P + \delta_t \cdot i_t^{\Delta} \cdot i_t^{LR} \cdot \underline{d}_t \tag{5.22}$$

modelliert. Der Richtungsvektor

$$\underline{d}_t(m_t) \in \{[0,-1],[1,-1],[1,0],[1,1]\} \tag{5.23}$$

beschreibt dabei die Bewegungsrichtung des Punktes, welche in Abhängigkeit vom aktuellen Bewegungsmodus m_t bei einer Bewegung des Stiftes eingeschlagen wird. Durch $\underline{d}_t$ werden nur die Geraden beschrieben, entlang denen sich der Punkt bei einer Bewegung des Stiftes bewegt. Der exakte Bewegungsvektor des Punktes ergibt sich aus der Kombination mit der Bewegungsrichtung und Amplitude der Bewegung des Stiftes gemäß (5.22).

Der Bewegungsmodus kann durch eine Änderung des Zustandes der Taste $(i_t^k \neq 0)$ gemäß

$$m_{t+1}^P = m_t^P + i_t^k, \quad m_0 = 1 \tag{5.24}$$

vom Benutzer geändert werden. Ein Drücken der Taste nach unten $(i_t^k = -1)$ führt demnach in den Bewegungsmodus $m_{t+1}^P = 0$, ein darauf folgendes Loslassen der Taste $(i_t^k = 1)$ zu $m_{t+1}^P = 1$. Damit spiegelt der Bewegungsmodus hier direkt den Zustand der Taste wieder.

Der Parameter $\delta_t \in \{0, 0.5, 1, 2\}$ beschreibt den Skalierungsfaktor, mit dem sich die Position des Punktes in Bezug zur Bewegung des Stiftes ändert.

Durch diesen Modellierungsansatz können die einzelnen Einflussfaktoren, welche potentiell dem Benutzer nicht bekannt oder unsicher sein können, isoliert werden. Insbesondere sind dies die Skalierung δ_t sowie der Zusammenhang zwischen dem Bewegungsmodus m_t und der Bewegungsrichtung des Punktes $\underline{d}_t$. Das Wissen des Benutzers über die Ausprägung der einzelnen Parameter wird über Wahrscheinlichkeitsverteilungen über dem jeweiligen Definitionsraum der Variablen durch $P(\boldsymbol{\delta}_t | \underline{l})$ und $P(\underline{d}_t | \boldsymbol{m}_t^P, \underline{l})$ beschrieben. Mit (5.22) und (5.23) ergibt sich $P_{\underline{l}}(\underline{\boldsymbol{p}}_{t+1} | \underline{\boldsymbol{a}}_t, \underline{\boldsymbol{p}}_t^P)$, wobei durch

$$\underline{l} = \left[l^\delta, l^d\right] \tag{5.25}$$

unterschiedliche Verteilungen von $\boldsymbol{\delta}$ und $\underline{\boldsymbol{d}}$ definiert werden können.

Bei den nachfolgenden Betrachtungen werden zwei Extremfälle des mentalen Modells betrachtet. Mit $\underline{l}^+$ wird ein nahezu korrektes und sicheres mentales Modell eines Experten, mit $\underline{l}^-$ das unsichere Modell eines Novizen beschrieben. Bei beiden Fällen ist $\mathcal{S}^l = \mathcal{S}$ und $\mathcal{I}^l = \mathcal{I}$. Damit wird spezifiziert, dass dem Benutzer sowohl der gesamte Zustandsraum als auch der gesamte Eingaberaum für beide betrachteten Modelle bekannt ist. Zunächst wird angenommen, dass der initiale Systemzustand $\underline{s}_0$ bekannt ist. Die Modellierung der Abhängigkeit der Bewegungsrichtung vom Bewegungsmodus und dem mentalen Modell durch $P(\underline{d}_t | \underline{m}_t^P, \underline{l})$ ist in Tabelle 5.1 dargestellt. Der Ausprägung der Modelle für Experten bzw. Novizen liegt die Annahme zugrunde, dass einem Experten, bis auf eine kleine Restwahrscheinlichkeit,

$\underline{d}_t$	m_t^P	
	0	1
$[0,-1]$	0,01	0,01
$[1,-1]$	0,98	0
$[1,0]$	0,01	0,01
$[1,1]$	0	0,98

(a) Experte: $P_{\underline{l}^+}(\underline{d}_t|m_t^P = m_t^P)$

$\underline{d}_t$	m_t^P	
	0	1
$[0,-1]$	0,01	0,01
$[1,-1]$	0,49	0,49
$[1,0]$	0,01	0,01
$[1,1]$	0,49	0,49

(b) Novize: $P_{\underline{l}^-}(\underline{d}_t|m_t^P = m_t^P)$

Tab. 5.1: Modellierung unterschiedlicher Ausprägungen des mentalen Modells über die Abhängigkeit der Bewegungsrichtung des Punktes $\underline{d}_t$ vom Bewegungsmodus m_t^P.

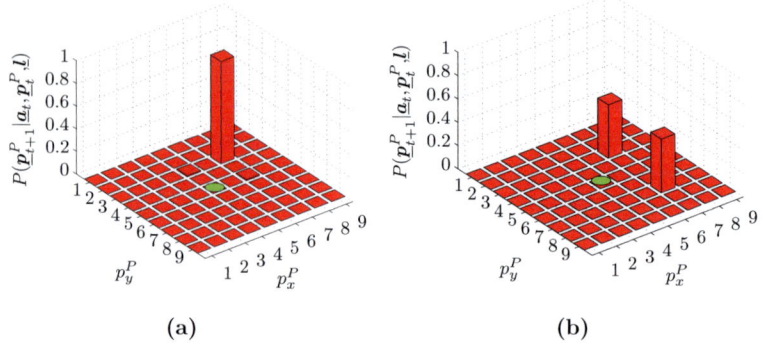

(a)   **(b)**

Abb. 5.16: Verteilungen von $\underline{p}_{t+1}^P = \left[p_x^P, p_y^P\right]$ bei einer Bewegung des Stiftes nach rechts und nicht gedrückter Taste für unterschiedliche mentale Modelle: (a) sicheres mentales Modell ($\underline{l} = \underline{l}^+$), (b) unsicheres mentales Modell ($\underline{l} = \underline{l}^-$). Der grüne Kreis stellt dabei die Ausgangsposition $\underline{p}_t^P$ des Punktes dar.

der korrekte Zusammenhang zwischen Bewegungsmodus und Bewegungsrichtung bekannt ist. Novizen hingegen ist diese unbekannt, was durch eine Gleichverteilung über die beiden diagonalen Bewegungsrichtungen modelliert ist. Die endgültige Bewegungsrichtung ergibt sich nach (5.22) durch Kombination von $\underline{d}_t$ mit der Bewegungsrichtung des Stiftes. In Abbildung 5.16 ist die Auswirkung der unterschiedlichen mentalen Modelle exemplarisch für ein Stiftbewegung nach rechts ($i_t^{LR} = 1$) bei nicht gedrückter Taste ($m_t^P = 0$) dargestellt.

Der Parameter δ_t wurde für beide Ausprägungen des mentalen Modells als sicher angenommen und auf $\delta_t = 1$ gesetzt.

Beobachtungsmodell

Die menschliche Wahrnehmung wird durch $P(\underline{o}_{t+1}|\underline{a}_t, \underline{s}_{t+1})$ beschrieben, wobei $\underline{a}_t = \left[\underline{f}_t, \underline{i}_t\right]$ und $\underline{f}_t \in \mathcal{F}$. Hier werden lediglich Blickpositionen auf der Anzeige betrachtet, womit $\mathcal{F} = \mathcal{P}$ gilt. Eine einfache Möglichkeit der Modellierung der visuellen Wahrnehmung ist in Tabelle 5.2 dargestellt. Dabei ist $\mathcal{O} = \{0,1\}$. Die beiden Zustände beschreiben, ob bei der erwarteten Position eines Objekts auf der Anzeige $\underline{p}_{t+1}$ eine Beobachtung gemacht wird ($o = 1$) oder nicht ($o = 0$). Diese Verteilung über $\underline{p}_{t+1}$ ist für eine Blickposition exemplarisch in Abbildung 5.17 dargestellt. Durch alternative Definitionen von $\mathcal{O}$ bzw. $P(\underline{o}_{t+1}|\underline{a}_t, \underline{s}_{t+1})$ lassen sich auch andere Aspekte, wie beispielsweise die Wahrnehmung von Farbe, modellieren. Weiter unten wird dies anhand eines Beispiels illustriert. Durch den Schwellwert T_F wird der Bereich des scharfen Sehens bei gegebener Fixationsposition an der Stelle $\underline{f}$ auf der Anzeige modelliert. Dessen Ausdehnung lässt sich aus dem wenige Grad umfassenden Winkelbereich, in dem der Mensch seine Umgebung mit hoher Auflösung und in Farbe wahrnehmen kann [123], und der Entfernung des Benutzers zur Anzeige berechnen. Der Bereich des scharfen Sehens auf der Anzeige wird im Folgenden mit

$$\mathcal{P}_F = \{\underline{p} \in \mathcal{P} \mid \left\|\underline{p} - \underline{f}\right\| < T_F\} \tag{5.26}$$

beschrieben. Der periphere Sichtbereich ergibt sich zu $\mathcal{P}_P = \mathcal{P} \setminus \mathcal{P}_F$.

Für das hier betrachtete Szenario, mit einem Abstand des Benutzers zum Bildschirm von ca. 0,5 m, wurde $T_F = 1$ gewählt. Dies entspricht einem fovealen Bereich von ungefähr 10 Grad (5 Grad in beide Richtungen).

Die Wahl dieses Schwellwerts ist qualitativ angelehnt an Erkenntnisse aus der Wahrnehmungsforschung (z.B. [65, 123]). Aufgrund des stark reduzierten Zustandsraums des Modells können diese allerdings hier nur grob abgebildet werden. Für die qualitative Untersuchung bzw. Modellierung der beobachteten Effekte ist diese Approximation allerdings ausreichend.

	$o_{t+1} = 0$	$o_{t+1} = 1$
$\mathcal{P}_F$	0,1	0,9
$\mathcal{P}_P$	0,9	0,1

Tab. 5.2: Wahrscheinlichkeitsverteilung für Beobachtungen $P(\boldsymbol{o}_{t+1}|\underline{\boldsymbol{f}}_t, \boldsymbol{p}_{t+1})$ für unterschiedliche Konstellationen von $\underline{f}$ und $\underline{p}$, welche durch $\mathcal{P}_F$ und $\mathcal{P}_P$ beschrieben sind.

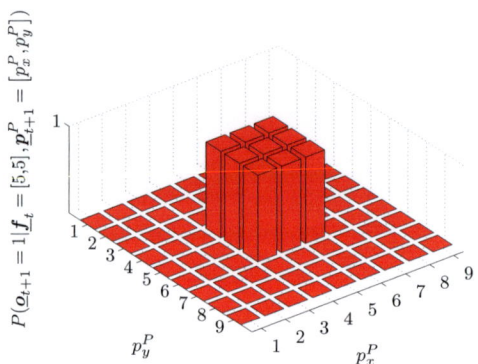

Abb. 5.17: Ausprägung des Beobachtungsmodells.

Gütefunktion

Ist die Farbe c^P des Punktes bekannt, so kann der zur Lösung der Aufgabe relevante Zielbereich als Teilzustandsraum von $\underline{s}^P$ definiert werden als

$$\mathcal{S}_{\mathrm{T}_{i_P}} = \{\underline{s}^P = [\underline{p}^P, m^P, c^P] \in \mathcal{S} \mid \underline{p}^P = \underline{p}^{\mathrm{T}_i} \wedge c^P = c^{\mathrm{T}_i}\}. \tag{5.27}$$

$\mathcal{S}_{\mathrm{T}_{i_P}}$ beinhaltet also jene Zustände des Punktes, bei denen sich dieser im Zielbereich T_i befindet und die Farbe c^{T_i} des Zielbereichs mit der Farbe c^P des Punktes übereinstimmt.

Die Gütefunktion wird für die betrachtete Aufgabe definiert durch

$$r(\underline{a}, \underline{s}) = r_1(\underline{a}) + r_2(\underline{s}) \tag{5.28}$$

mit

$$r_1(\underline{a}) = -|i^k| - i^{\Delta} \tag{5.29}$$

$$r_2(\underline{s}) = \begin{cases} 10 & \text{wenn } \underline{s} \in \mathcal{S}_{\mathrm{T}_{i_P}}, \\ 0 & \text{sonst.} \end{cases} \tag{5.30}$$

Mit der obigen Definition von $r_1(\underline{a})$ wird die körperliche Beanspruchung beschrieben, welche durch das Bewegen der Taste ($|i^k|$) oder des Stiftes (i^{Δ}) induziert wird. Bei der Wahl der Werte für die Spezifikation der Kosten bzw. der Belohnung bei der Ausführung von Aktionen bzw. dem Erreichen von bestimmten Zuständen ist zu beachten, dass diese so gewählt sind, dass das Abbruchkriterium für den verwendeten iterativen Lösungsalgorithmus zur Berechnung der optimalen kumulierten Gütefunktion nicht zu früh erreicht wird. Auf die Bedeutung der Wahl dieses Parameters für die Beschreibung von natürlichem Blickverhalten wird weiter unten noch genauer eingegangen. In Anhang C werden insbesondere die Auswirkungen der Wahl von $r_1(\underline{a})$ und $r_2(\underline{s})$ diskutiert[1].

Zudem ist zu beachten, dass das vom Benutzer anvisierte Ziel $\mathcal{S}_g$ nicht zwangsläufig $\mathcal{S}_{\mathrm{T}_{i_P}}$ entsprechen muss, sondern ggf. erst im Rahmen einer *Explorationsphase* als Ziel identifiziert werden muss. Im hier betrachteten Anwendungsbeispiel muss zunächst die Farbe des Punktes identifiziert sowie ggf. die Position des dazu passenden Zielbereichs verifiziert werden. Dieser dient schließlich als Ziel $\mathcal{S}_g$ für die darauf folgende *Interaktionsphase*, in der der Objektzustand bzw. Systemzustand durch geeignete Eingaben in $\underline{s}_g \in \mathcal{S}_g$ überführt wird.

Im Folgenden wird der Einfluss mentaler Modellbildung auf Blickbewegungen in beiden Phasen getrennt betrachtet und unterschiedliche Varianten des bisher beschriebenen Modells ausgeprägt. Insbesondere wird durch die getrennte Betrachtung die Berechenbarkeit einer Lösung des zugrunde liegenden POMDPs gewährleistet.

---

1 Mit der Wahl von $r_2(\underline{s})$ gemäß der Definition in diesem Abschnitt ergibt sich nach Anhang C ein Quotient $v_o = 0{,}088$. Der Wert von $r_2(\underline{s})$ wurde hier exemplarisch für die Beschreibung von zielorientiertem Verhalten gewählt, bei dem bei der Bewertung einer Aktion $\underline{a}$ und eines Zustands $\underline{b}$ durch die Q-Funktion sowohl die Beobachtungswahrscheinlichkeit als auch die kumulierte Gütefunktion berücksichtigt wird (siehe Anhang C für Details).

Explorationsphase

Durch die Explorationsphase wird, wie oben beschrieben, sichergestellt, dass das mental für die nachfolgende Interaktionsfolge definierte Ziel $\mathcal{S}_g$ bzw. T_g mit dem Ziel gemäß Aufgabenstellung $\mathcal{S}_{\mathrm{T}_{i_P}}$ bzw. T_{i_P} korrespondiert. Wird angenommen, dass die Farbe des Punktes c^P dem Benutzer durch eine vorhergegangene Beobachtung bekannt ist, so kann die Erfülltheit der Bedingung $c^P = c^{\mathrm{T}_g}$ durch eine Blickzuwendung zum Zielbereich T_g verifiziert werden, falls diese unsicher ist. Im Folgenden wird diese Verifikation bzw. deren Abhängigkeit vom mentalen Modell des Benutzers isoliert betrachtet. Dazu wird ein stark reduzierter und kumulierter Aktionsraum $\mathcal{A}_E = \{\text{„Blick"}, \text{„Eingabe"}\}$ betrachtet. Durch die zwei Aktionen wird beschrieben, ob der Benutzer zum Zielbereich schaut ($a_E = \text{„Blick"}$) oder eine Eingabe durchführt ($a_E = \text{„Eingabe"}$) und damit in die Interaktionsphase übergeht bzw. das Objekt in den Zielbereich T_g verschiebt. Der Zusammenhang mit dem ursprünglichen Aktionsraum $\mathcal{A}$ ergibt sich damit durch

$$(a_E = \text{„Blick"}) \quad : \quad \left\{\underline{a} = \left[\underline{f}, \underline{i}\right] \mid \underline{f} = p^{\mathrm{T}_g} \wedge \underline{i} \in \{[0,0,0], [0,1,0]\}\right\} \quad (5.31)$$

$$(a_E = \text{„Eingabe"}) \quad : \quad \left\{\underline{a} = \left[\underline{f}, \underline{i}\right] \mid i^k \neq 0 \vee i^\Delta \neq 0\right\}. \quad (5.32)$$

Als Zustandsraum $\mathcal{S}_E = \{0,1\} \times \{0,1\}$ wird hier lediglich betrachtet, ob sich das Objekt innerhalb oder außerhalb des anvisierten Zielbereichs T_g befindet und ob die Farbe des Zielbereichs T_g mit der des Objekts bzw. des korrekten Zielbereichs T_{i_P} korrespondiert. Der Zusammenhang mit dem vollständigen Zustandsraum ist dabei

$$(s_E = [1,1]) \quad : \quad \underline{s} \in \mathcal{S}_g, \ \mathcal{S}_g = \mathcal{S}_{\mathrm{T}_{i_P}}$$

$$(s_E = [1,0]) \quad : \quad \underline{s} \in \mathcal{S}_g, \ \mathcal{S}_g \neq \mathcal{S}_{\mathrm{T}_{i_P}}$$

$$(s_E = [0,1]) \quad : \quad \underline{s} \notin \mathcal{S}_g, \ \mathcal{S}_g = \mathcal{S}_{\mathrm{T}_{i_P}}$$

$$(s_E = [0,0]) \quad : \quad \underline{s} \notin \mathcal{S}_g, \ \mathcal{S}_g \neq \mathcal{S}_{\mathrm{T}_{i_P}}.$$

Das Systemmodell reduziert sich für die Betrachtung zu der in Tabelle 5.3 dargestellten Abbildung.

$\underline{a}_{E,t}$	$\underline{s}_{E,t}$	$\underline{s}_{E,t+1}$
„Blick"	$[1,-]$	$[1,1]$
„Blick"	$[0,-]$	$[0,1]$
„Eingabe"	$[-,0]$	$[1,0]$
„Eingabe"	$[-,1]$	$[1,1]$

Tab. 5.3: Reduziertes Systemmodell während der Explorationsphase. Ein „$-$" im Zustandsvektor deutet dabei an, dass für diese Komponente beliebige Werte des Zustandsraums angenommen werden können („$-$" = „don't care").

Auf Basis der Gütefunktion (5.28) ergibt sich für dieses Szenario

$$r_E(a,s) = r_{E,1}(a) + r_{E,2}(s) \tag{5.33}$$

mit

$$r_{E,1}(a) = \begin{cases} -5 & \text{wenn } a = \text{„}Eingabe\text{"}, \\ -1 & \text{wenn } a = \text{„}Blick\text{"} \end{cases} \tag{5.34}$$

$$r_{E,2}(s) = \begin{cases} 10 & \text{wenn } \underline{s}_E = [1,1], \\ 0 & \text{sonst.} \end{cases} \tag{5.35}$$

Der Wert für $r_{E,1}(a)$ mit $a = $ „$Eingabe$" wurde dabei aus den minimalen kumulierten Kosten, welche für die Bewegung des Punktes in einen Zielbereich entstehen, abgeleitet (minimale Eingabesequenz: $i^\Delta = 2$, $i^k = \{-1,1\}$, $i^\Delta = 2$).

$\underline{a}_{E,t}$	$\underline{s}_{E,t+1}$	„gleich"	„unterschiedlich"	„nichts"
„Blick"	$[-,1]$	0,99	0,01	0
„Blick"	$[-,0]$	0,01	0,99	0
„Eingabe"	$[-,-]$	0	0	1

Tab. 5.4: Reduziertes Beobachtungsmodell während der Explorationsphase. Ein „$-$" im Zustandsvektor deutet dabei an, dass für diese Komponente beliebige Werte des Zustandsraums angenommen werden können („$-$" = „don't care").

Das Wissen über die Farbe des Zielbereiches T_g ist durch den initialen Zustand des bMDP $b_0^l(s_E)$ gegeben. Ausführliche Ausprägungen dafür werden in Abschnitt 5.4.2 betrachtet. Der Beobachtungsraum wird hier durch

$$\mathcal{O} = \{ \text{„}gleich\text{“}, \text{„}unterschiedlich\text{“}, \text{„}nichts\text{“} \} \tag{5.36}$$

definiert. Das zugehörige Beobachtungsmodell $P(\boldsymbol{o}_{t+1}|\boldsymbol{a}_t, \boldsymbol{s}_{t+1})$ ist in Tabelle 5.4 dargestellt.

Mit diesen Definitionen lässt sich gemäß (5.9) und (5.15) eine Menge an optimalen Aktionen $\mathcal{A}_l^*$ für einen gegebenen Ausgangszustand des Belief-MDPs bestimmen. Die Validierung dieser Vorhersagen anhand des Vergleichs mit realem Blickverhalten wird in Abschnitt 5.4.2 behandelt.

Interaktionsphase

Für die Beschreibung von optimalem Verhalten während der Interaktionsphase, in der das Objekt von seiner initialen Position in den Zielbereich T_g verschoben wird, ist ein komplexerer Modellierungsansatz notwendig. Die Berechnung der optimalen kumulativen Gütefunktion V_{bMDP}^* ist bereits für das oben definierte einfache POMDP bzw. bMDP aufwendig. Daher werden im Folgenden unterschiedliche Ansätze zur Approximation von V_{bMDP}^* für den betrachteten Anwendungsfall diskutiert. Diese sind nicht auf die betrachtete Aufgabe beschränkt und lassen sich direkt auf andere Szenarien übertragen.

Der im Folgenden vorgestellten Approximation von V_{bMDP}^* liegt die Annahme zugrunde, dass die Planung von Systemeingaben für eine bestimmte Aufgabe mit unendlichem Planungshorizont und zunächst getrennt von der Planung von Beobachtungsaktionen geschieht. Insbesondere impliziert der Ansatz, dass bei der Planung mit unendlichem Planungshorizont keine Unsicherheiten des Systemzustands berücksichtigt bzw. weiter propagiert werden. Dadurch entfällt die Beobachtungskomponente des POMDP und es lässt sich zunächst eine Lösung des zugrundeliegenden MDPs bestimmen. Die so berechnete optimale Gütefunktion $V_{MDP}^*(\underline{s})$ lässt sich dann als Grundlage zur Lösung des POMDP nutzen. Eine Möglichkeit dazu besteht darin, V^*_{bMDP} durch

$$V^*_{bMDP}(\underline{b}^a_o) \approx \sum_{\underline{s}' \in \mathcal{S}} \underline{b}^a_o(\underline{s}') \cdot V^*_{MDP}(\underline{s}') \qquad (5.37)$$

zu approximieren. Mit obigem Modellierungsansatz für Beobachtungen (Tabelle 5.2) ergibt sich für die Q-Funktion

$$Q(\underline{a},\underline{b}) = \sum_{\underline{s} \in \mathcal{S}} \underline{b}(\underline{s})r(\underline{a},\underline{s}) + \gamma \sum_{o \in \mathcal{O}} P(\boldsymbol{o}_{t+1} = o|\underline{a},\underline{b}) \cdot \sum_{\underline{s}' \in \mathcal{S}} \underline{b}^a_o(\underline{s}') \cdot V^*_{MDP}(\underline{s}')$$

$$= ...$$

$$= \sum_{\underline{s} \in \mathcal{S}} \underline{b}(\underline{s})r(\underline{a},\underline{s}) + \gamma \sum_{\underline{s}' \in \mathcal{S}} \sum_{\underline{s} \in \mathcal{S}} P(\underline{\boldsymbol{s}}_{t+1} = \underline{s}'|\underline{s},\underline{a}) \cdot b(\underline{s}) \cdot V^*_{MDP}(\underline{s}'). \qquad (5.38)$$

Für die Zwischenrechnung sei an dieser Stelle auf Abschnitt B verwiesen. Damit ist der Wert der Q-Funktion unabhängig von Beobachtungen, die damit nicht in die Auswahl der besten Aktion im Sinne von (5.8) eingeht. Dies ist gleichbedeutend damit, dass der Blick beliebig vom Benutzer positioniert wird und in keinem Zusammenhang mit dem mentalen Modell oder Eingaben steht. Dies ist nicht plausibel und stimmt insbesondere nicht mit den Beobachtungen in den Experimenten aus Abschnitt 5.1 und Abschnitt 5.2.1 überein.

Ein weiterer Modellierungsansatz, welcher insbesondere zu einer Berücksichtigung von Beobachtungen bei der Auswahl optimaler Aktionen führt, lässt sich mit

$$Q(\underline{a},\underline{b}) = \sum_{\underline{s} \in \mathcal{S}} \underline{b}(\underline{s})r(\underline{a},\underline{s}) + \gamma P(\boldsymbol{o}_{t+1} = 1|\underline{a}_t = \underline{a}, \underline{b}_t = \underline{b}) \cdot \sum_{\underline{s}' \in \mathcal{S}} \underline{b}^a_o(\underline{s}') \cdot V^*_{MDP}(\underline{s}')$$

$$= ...$$

$$= \sum_{\underline{s} \in \mathcal{S}} \underline{b}(\underline{s})r(\underline{a},\underline{s}) +$$

$$0{,}9 \cdot \gamma \sum_{\underline{s}' \in \mathcal{S}_F} \sum_{\underline{s} \in \mathcal{S}} P(\underline{\boldsymbol{s}}_{t+1} = \underline{s}'|\underline{s}_t = \underline{s}, \underline{\boldsymbol{a}}_t = \underline{a}) \cdot b(\underline{s}) \cdot V^*_{MDP}(\underline{s}') +$$

$$0{,}1 \cdot \gamma \sum_{\underline{s}' \in \mathcal{S}_P} \sum_{\underline{s} \in \mathcal{S}} P(\underline{\boldsymbol{s}}_{t+1} = \underline{s}'|\underline{s}_t = \underline{s}, \underline{\boldsymbol{a}}_t = \underline{a}) \cdot b(\underline{s}) \cdot V^*_{MDP}(\underline{s}') \qquad (5.39)$$

formulieren. Auch hier sei auf Details zur Zwischenrechnung auf Abschnitt B verwiesen. Aus der Formel ist ersichtlich, dass bei diesem Ansatz die aufgrund des mentalen Modells und der Eingabe im nächsten Schritt erwarteten Systemzustände sowohl mit der Gütefunktion V_{MDP}^* als auch mit der Wahrscheinlichkeit ihrer Beobachtung gewichtet werden. Letztere ist oben getrennt für Zustände im Bereich der fovealen Wahrnehmung ($\underline{s}' \in \mathcal{S}_F$) und im peripheren Sichtbereich ($\underline{s} \in \mathcal{S}_P$) dargestellt. Im Anhang C wird gezeigt, wie über die Definition der Gütefunktion $r(\cdot)$ Einfluss auf die Gewichtung durch die kumulierte Gütefunktion und die Beobachtungswahrscheinlichkeit genommen wird.

Diesem Ansatz liegt die Annahme zugrunde, dass lediglich positive Beobachtungen[1] vom Benutzer bei der Planung berücksichtigt werden. Beim zuerst dargestellten Ansatz werden hingegen auch mögliche negative Beobachtungen bewertet. Die Berücksichtigung von negativen Beobachtungen hätte beispielsweise die Konsequenz, dass der Blick an bestimmte Stellen auf dem Bildschirm ausgerichtet wird, um zu verifizieren, dass dort keine visuelle Rückmeldung erscheint. Ein solches Verhalten konnte während der durchgeführten Experimente nicht beobachtet werden und wurde daher nicht weiter verfolgt.

Auch für die Interaktionsphase lässt sich aus $Q(\underline{a}, \underline{b}_0)$ für einen gegebenen initialen Belief-Zustand $\underline{b}_0$ eine Menge an optimalen Aktionen $\mathcal{A}^*$ gemäß (5.15) bestimmen. Diese Vorhersagen werden gemeinsam mit jenen für die Explorationsphase in Abschnitt 5.4.2 validiert.

Transformation von Blickbewegungsmessungen

Um gemessene Blickpositionen $\tilde{\underline{f}}_R$ in Weltkoordinaten im Kontext der modellierten Aufgabe interpretieren bzw. auf kognitive Prozesse abbilden zu können, müssen diese zunächst in den Zustandsraum des Modells überführt werden. Diese Zuordnung wird im Folgenden allgemein durch die Wahrscheinlichkeitsverteilung $P(\tilde{\underline{f}} | \tilde{\underline{f}}_R)$ ausgedrückt, wobei $\tilde{\underline{f}}$ die gemessene Blickposition im Zustandsraum des Modells repräsentiert. Eine zugehörige Aktion wird mit $\tilde{\underline{a}} = \left[\tilde{\underline{f}}, \underline{i}\right]$ bezeichnet, wobei $\underline{i}$ zunächst einen beliebigen Wert aus $\mathcal{I}$ annehmen kann. Die Beschreibung der Transformation als Wahrscheinlichkeitsverteilung lässt neben der Berücksichtigung von unsicheren

---

1 Mit positiven Beobachtungen werden hier Beobachtungen bezeichnet, welche auf die Wahrnehmung von Objekten oder deren Zustandsänderung ausgerichtet sind. Negative Beobachtungen hingegen werden mit dem Ziel durchgeführt nichts Wahrzunehmen.

Messungen bzw. deren Propagation ins Modell eine Zuordnung von Messungen zu mehreren Modellzuständen zu. Letzteres ermöglicht wiederum eine gröbere Modellierung des Blicks im Modell (siehe Abschnitt 5.5.3), was dessen Berechenbarkeit begünstigt.

Wird angenommen, dass sich der Benutzer optimal gemäß des oben beschriebenen Modells verhält, so schränkt sich die mögliche Menge an Aktionen, welche durch eine Messung des Blicks zum Teil beobachtet werden können, auf die Menge der optimalen Aktionen $\mathcal{A}^*$ ein. Daraus lässt sich eine Menge $\mathcal{F}^* \subseteq \mathcal{F}$ an Blickzuständen mit

$$\mathcal{F}^* = \left\{ \underline{f} \in \mathcal{F} \mid \exists \underline{i} \in \mathcal{I} : \left[\underline{f}, \underline{i} \right] \in \mathcal{A}^* \right\} \tag{5.40}$$

bestimmen, welche Blickbewegungen beschreiben, die aus optimalen Aktionen resultieren. Damit lässt sich die zu definierende Verteilung zur Beschreibung der Transformation zwischen dem Zustandsraum des Modells und Blickmessungen auf $P(\underline{\tilde{f}}^* | \underline{\tilde{f}}_R)$ beschränken, wobei $\underline{\tilde{f}}^*$ über $\mathcal{F}^*$ definiert ist.

Die genaue Ausprägung der Abbildung wird für die unterschiedlichen Phasen (Explorations- und Interaktionsphase) im Detail im nächsten Abschnitt 5.4.2 dargestellt.

5.4.2 Validierung und Evaluierung

In diesem Abschnitt wird der oben beschriebene Modellierungsansatz validiert sowie die Güte der darauf basierenden Schätzung von Intention und mentalem Modell des Benutzers aus realen Blickmessungen evaluiert. Dabei werden zunächst Vorhersagen des Modells für die Explorations- und Interaktionsphase bezüglich natürlichem Blickverhalten für unterschiedliche Ausprägungen des mentalen Modells qualitativ mit den Beobachtung aus der in Abschnitt 5.2 beschriebenen Benutzerstudie durch Transformation von Blickmessungen in den Zustandsraum des Modells verglichen. Anschließend wird die modellbasierte Schätzung von Intention und mentalem Modell quantitativ anhand der gesammelten Daten aus der Benutzerstudie evaluiert.

Blickverhalten während der Explorationsphase

Ausgangspunkt für die Betrachtung des natürlichen Blickverhaltens während der Explorationsphase ist der initiale Belief-Zustand $b_0^l(\underline{s}_E)$, welcher das initiale Wissen des Benutzers über die Farbe eines anvisierten Zielbereichs repräsentiert. Es wird angenommen, dass die Farbe des Objekts zu diesem Zeitpunkt bereits bekannt ist und daher eine Hypothese über die Lage des farblich korrespondierenden Zielbereichs gemacht werden kann. Unterschiedliche Ausprägungen der Sicherheit dieser Hypothese bzw. Verteilung über $\underline{s}_E$ sind über l parametrisiert. Für die quantitative Validierung der Vorhersage des Modells über das natürliche Blickverhalten in Abhängigkeit von l werden zunächst zwei Extremfälle betrachtet. Mit $l = l^-$ wird eine Gleichverteilung von b_0^l über die Zustände $\underline{s}_E = [0,0]$ und $\underline{s}_E = [0,1]$ beschrieben, was einer Wahrscheinlichkeit von 50% für die erwartete farbliche Übereinstimmung des ausgewählten Zielbereichs mit dem Objekt entspricht. Zur Beschreibung eines Benutzers mit ausgeprägtem Wissen über die Lage des zum Objekt farblich korrespondierenden Zielbereichs wird mit $l = l^+$ exemplarisch eine Verteilung von 25% zu 75% zugunsten von $\underline{s}_E = [0,1]$ bezeichnet.

Zur Berechnung der optimalen Strategie für diese beiden Ausgangszustände wird ein exakter Lösungsalgorithmus (*Incremental Pruning* [24]) verwendet. Die erste Aktion $a_{E,0}^*$ dieser optimalen Strategie ist gemeinsam mit dem zugehörigen Aus-

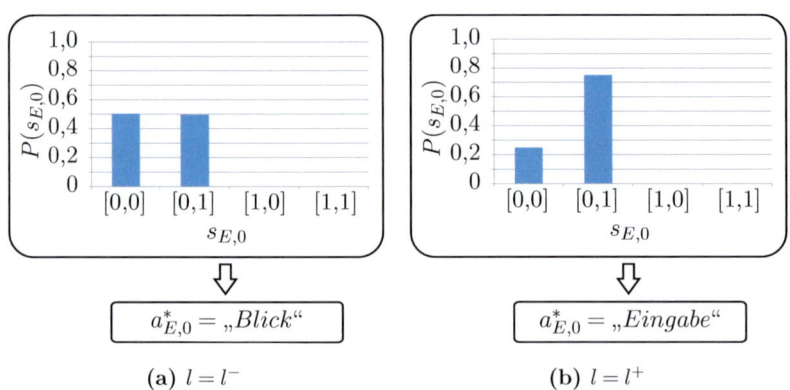

(a) $l = l^-$ **(b)** $l = l^+$

Abb. 5.18: Optimale initiale Aktion $a_{E,0}^*$ für unterschiedliche mentale Modelle.

gangszustand in Abbildung 5.18 dargestellt. Für $l = l^-$ ergibt sich als optimale initiale Aktion $a^*_{E,0} = \text{``}Blick\text{''}$, für $l = l^+$ hingegen $a^*_{E,0} = \text{``}Eingabe\text{''}$. Bei einer sichereren Hypothese bezüglich der farblichen Übereinstimmung von Objekt und Ziel wird als optimale initiale Aktion direkt die Eingabe vom Modell vorhergesagt. Bei einer unsichereren Hypothese wird hingegen die Verifikation durch Blickzuwendung zum Ziel, gefolgt von einer Eingabe (in Abhängigkeit von der Beobachtung) vorhergesagt.

Um diese Vorhersage zu verifizieren und damit die bei der Modellierung getroffenen Annahmen zu validieren, werden die letzten fünf Pre-Eingabe Fixationen analysiert. Dazu wird zunächst überprüft, ob sich darunter mindestens eine Fixation befindet, welche zu einem der Ziele ausgerichtet ist. Als zielorientiert werden dabei jene Fixationen gezählt, die sich in den in Abbildung 5.19 entsprechend gekennzeichneten Bereichen befinden. Die Bereiche sind über drei Parameter definiert, nämlich $T_{\angle,f}$, $\underline{T}_{\Delta,f}$ und $\overline{T}_{\Delta,f}$. Über $T_{\angle,f}$ wird die Grenze für den Winkel zwischen den Vektoren $\Delta\underline{\tilde{f}}_R = \underline{\tilde{f}}_R - \underline{p}^P_{R,0}$ und $\Delta\underline{f}^*_{T_i} = \underline{p}^{T_i}_R - \underline{p}^P_{R,0}$ festgelegt, wobei $\underline{\tilde{f}}$ die gemessene

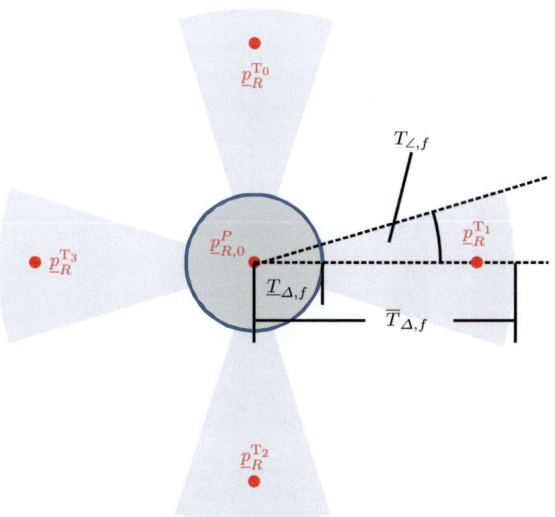

Abb. 5.19: Schematische Darstellung der Interpretation von Blickpositionen als zielorientiert bzw. objektorientiert. Über die Parameter $T_{\angle,f}$, $\underline{T}_{\Delta,f}$ und $\overline{T}_{\Delta,f}$ werden die entsprechenden Bereiche definiert.

Position des Blicks, $\underline{p}_R^{T_i}$ die Position des Zielbereichs T_i und $\underline{p}_{R,0}^P$ die des Punktes in Displaykoordinaten bezeichnet. Die Parameter $\underline{T}_{\Delta,f}$ und $\overline{T}_{\Delta,f}$ bestimmen die Unter- und Obergrenze des Abstands von der initialen Objektposition. Wird mindestens eine Fixation der letzten fünf Pre-Eingabe-Fixationen einem der Bereiche zugeordnet und damit als zielorientiert interpretiert, so wird angenommen, dass der Proband als optimale initiale Aktion $a_{E,0}^* = $ "$Blick$" gewählt hat. Wird hingegen keine zielorientierte Fixation beobachtet, so wird $a_{E,0}^* = $ "$Eingabe$" angenommen.

In Abbildung 5.20 ist die Entwicklung der Häufigkeit von Zuordnungen zu $a_{E,0}^* = $ "$Blick$" für alle Probanden der in Abschnitt 5.2.1 beschriebenen Studie für Blöcke von jeweils 10 Aufgaben dargestellt. Dabei werden die Parameter mit $T_{\angle,f} = 20°$, $\underline{T}_{\Delta,f} = 100$ Pixel und $\overline{T}_{\Delta,f} = 512$ Pixel belegt. Aus Abbildung 5.20 ist ersichtlich, dass die Entwicklung der Auftrittshäufigkeit von zielorientierten Fixationen qualitativ mit der durch das Modell prädizierten Entwicklung übereinstimmt. Es zeigt sich ein deutlicher Abwärtstrend der Häufigkeit zielorientierter Fixationen mit zunehmender Erfahrung des Benutzers.

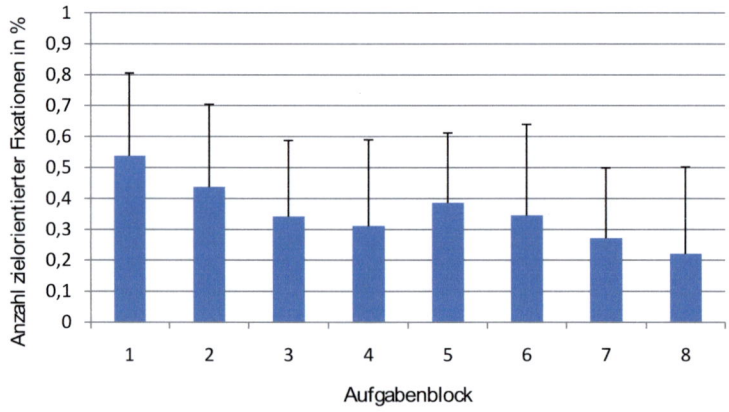

Abb. 5.20: Anzahl an gemessenen Aktionen $\tilde{a}_{E,0}^* = $ "$Blick$" für einzelne Blöcke von jeweils 10 Aufgaben. Entwicklung stimmt mit Vorhersage des Modells qualitativ überein.

Blickverhalten während der Interaktionsphase

Zu Beginn der Interaktionsphase wird davon ausgegangen, dass sich das Objekt an seiner initialen Position in der Mitte des Displays befindet, noch keine Eingabe getätigt wurde und dem Benutzer die Position des farblich korrespondierenden Zielbereichs bekannt ist (siehe Explorationsphase).

Im Folgenden wird der durch (5.39) beschriebene Modellierungsansatz für die Interaktionsphase, in der das Objekt von seiner initialen Position in den entsprechenden Zielbereich verschoben wird, durch den Vergleich mit realen Daten validiert. Hierzu wird ausgehend von einem initialen Zustand $\underline{b}_0$ auf Basis des Modells eine Vorhersage für die erste Aktion berechnet, welche sowohl die Positionierung des Blicks $\underline{f}^*$ als auch die nächste Eingabe $\underline{i}^*$ in Abhängigkeit des mentalen Modells des Benutzers umfasst. Diese lässt sich gemäß (5.13) aus der Q-Funktion berechnen.

In Abbildung 5.21 ist zunächst die kumulierte Gütefunktion V_{MDP}^* des zugrunde liegenden MDPs, welches die Basis zur Berechnung der Q-Funktion bildet, für unterschiedliche Ausgangssituationen und Modellparameter dargestellt. Bei allen dargestellten Gütefunktionen wurde ein sicherer Anfangszustand $\underline{s}_0 = \left[\underline{s}_0^P, \underline{s}_0^{T0}, ..., \underline{s}_0^{T3}\right]$ angenommen. Dies entspricht dem Zustand nach der Exploration der graphischen Oberfläche, wenn die Position und Farbe der Objekte dem Benutzer bekannt sind.

Aus Abbildung 5.21 ist ersichtlich, dass die Gütefunktion für das sichere mentale Modell l^+ bei gleicher Aufgabe größere Werte aufweist. Für die Ausprägungen mit unsicherem mentalen Modell $\underline{l}^-$ ergeben sich jeweils symmetrische Verteilungen der Werte von V_{MDP}^*. Dies liegt daran, dass bei dieser Ausprägung des Modells angenommen wird, dass dem Benutzer nicht bekannt ist, entlang welcher Diagonalen sich das Objekt bei nicht gedrückter Taste bewegen wird (siehe auch Abbildung 5.16b). Bei der Ausprägung $\underline{l}^+$ des mentalen Modells wird dies hingegen als bekannt modelliert. Daher ergibt sich in diesem Fall für beide Aufgaben eine asymmetrische Verteilung. Entlang des Bewegungspfades mit höheren Werten muss der Zustand der Taste nur einmal geändert werden, entlang des alternativen Pfades hingegen zweimal. Dadurch entstehen höhere Kosten gemäß $r(\cdot)$, was schließlich zu geringeren Werten von V_{MDP}^* führt.

Aus dieser Gütefunktion lässt sich gemäß (5.39) die Q-Funktion berechnen. Das Ergebnis ist für ausgewählte Aktionen, bestehend aus Eingaben und Blick, in

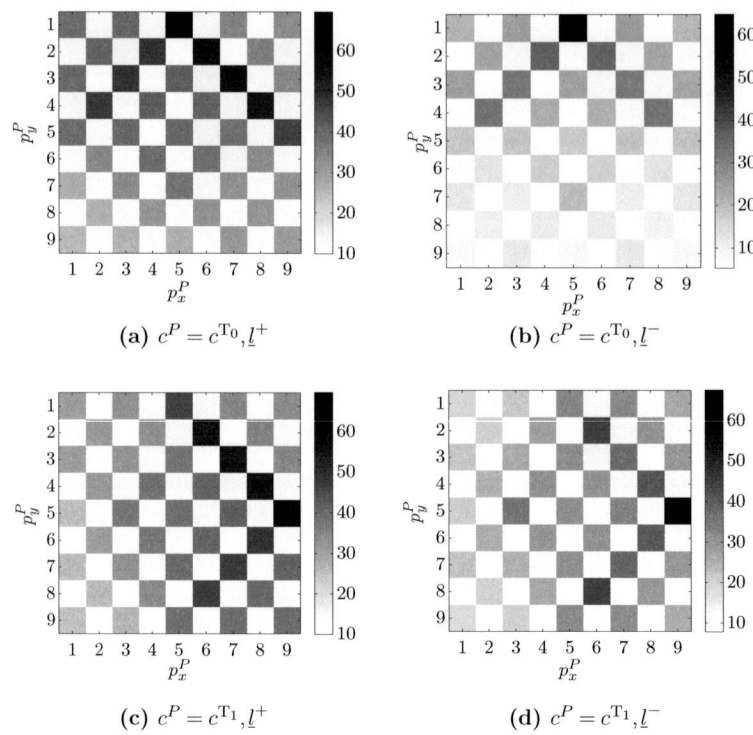

Abb. 5.21: Kumulierte Gütefunktion V^*_{MDP} für unterschiedliche Ausgangssituationen und Modellparameter. In (a) entspricht die Farbe des Punktes der des Zielbereichs T_0 und das mentale Modell ist sicher. In (b) ist das Ziel ebenfalls T_0, das mentale Modell allerdings unsicher. (c) und (d) zeigen Ausprägungen von V^*_{MDP} für das Ziel T_1.

Tabelle 5.5 dargestellt. Damit soll die Prädiktionsfähigkeit des Modells bezüglich proaktivem und reaktivem Blickverhalten bei sicherem und unsicherem mentalen Modell überprüft werden. Die betrachteten Eingaben wurden auf Stiftbewegungen nach rechts sowie keiner Änderung des Zustands der Taste beschränkt, da diese für beide der oben betrachteten Aufgaben der optimalen Strategie entsprechen. Als variabel wird hingegen die Amplitude der Stiftbewegung mit $i^{\Delta}_t \in \{1,2\}$, sowie die Blickposition mit $\underline{f}_t \in \{[5,5],[6,4],[7,3]\}$ betrachtet.

Es zeigt sich, dass bei einem sicheren mentalen Modell die Kombination $\underline{f}^* = [7,3]$ und $i^{*,\Delta} = 2$ den höchsten Wert ergibt. Die Aktion $[[6,4],1]$ liefert einen sehr

$\underline{f}_t$	i^{Δ}	
	1	2
[5,5]	24,61	1,81
[6,4]	24,55	30,00
[7,3]	24,57	**30,02**

(a) $Q_{\mathrm{T1},\underline{l}^+}(\underline{a} = [\underline{i},\underline{f}], \underline{b}_0)$

$\underline{f}$	i^{Δ}	
	1	2
[5,5]	**24,61**	1,81
[6,4]	13,34	15,93
[7,3]	13,35	15,94

(b) $Q_{\mathrm{T1},\underline{l}^-}(\underline{a} = [\underline{i},\underline{f}], \underline{b}_0)$

Tab. 5.5: Werte der Q-Funktion für unterschiedliche mentalen Modelle und Aktionen.

ähnlichen Wert. Für ein unsicheres mentales Modell ist die mit deutlichem Abstand beste Option hingegen $\underline{f}^* = [5,5]$ und $i^{*,\Delta} = 1$. Der Blick verharrt bei letzterem auf der Ausgangsposition des Objekts.

In Tabelle 5.6 sind die besten initialen Aktionen $\underline{a}_0^*$ gemäß (5.15) für unterschiedliche mentale Modelle und Ziele zusammengestellt. Der oben beschriebene Einfluss des mentalen Modells auf das optimale Blickverhalten bzw. die optimale Kombination mit einer Eingabe zeigt sich durchgehend für alle Ziele.

Für alle Ziele ergibt sich als erste Eingabe keine Veränderung des Zustands der Taste. Dies ist mit höheren Werten der optimalen kumulierten Gütefunktion V_{MDP}^* entlang dieser Achse zu begründen.

Die Zuordnung von gemessenen Blickpositionen zu einer der optimalen Aktionen $\underline{a}^* = [\underline{f}^*, i^*]$ aus $\mathcal{A}^*$ erfolgt durch eine nichtlineare Abbildung. Die Menge optimaler Blickpositionen $\mathcal{F}^*$ für unterschiedliche mentale Modelle und Ziele ist

c^P	l	
	l^+	l^-
$c^{\mathrm{T}0}$	$[[7,3],[0,1,2]]$	$[5,5,[0,1,1]]$
$c^{\mathrm{T}1}$	$[[7,3],[0,1,2]]$	$[5,5,[0,1,1]]$
$c^{\mathrm{T}2}$	$[[3,7],[0,0,2]]$	$[5,5,[0,0,1]]$
$c^{\mathrm{T}3}$	$[[3,7],[0,0,2]]$	$[5,5,[0,0,1]]$

Tab. 5.6: Optimale initiale Aktionen $\underline{a}_0^* = [\underline{f}_t, [i_t^k, i_t^{LR}, i_t^{\Delta}]]$ für unterschiedliche mentale Modelle l und Farben des Punktes c^P.

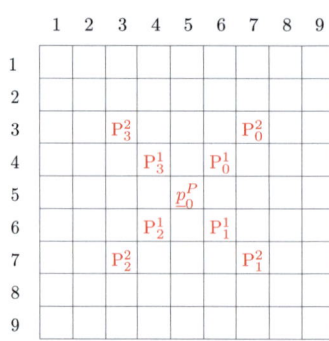

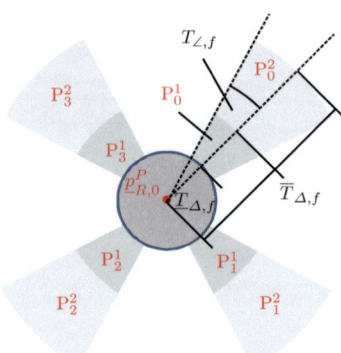

(a) Modellkoordinatensystem mit ausgewählten Zuständen von $\underline{f}^*$ und deren Bezug zu Größen im Modell.

(b) Schematische Darstellung der Abbildung in von Displaykoordinatensystem in Modellkoordinatensystem.

Abb. 5.22: Nichtlineare Abbildung zwischen ausgewählten Zuständen im Modell- und Displaykoordinatensystem für die Interaktionsphase (vgl. Tabelle 5.7).

in Abbildung 5.22a durch die Bezeichner $P_0^1,...,P_3^1,P_0^2,...,P_3^2$ sowie durch die initiale Objektposition $\underline{p}^P$ gekennzeichnet. Für die Zuordnung von Messungen $\tilde{\underline{f}}_R$ der Blickposition zu korrespondierenden Zuständen im Modell werden, analog zur Explorationsphase, über die drei Parameter $T_{\angle,f}$, $\underline{T}_{\Delta,f}$ und $\overline{T}_{\Delta,f}$ Bereiche im Displaykoordinatensystem definiert (siehe Abbildung 5.22b). Als Basis für den Vergleich der Winkel wird hier allerdings $\Delta\underline{f}_{P_i}^*$ verwendet, wodurch die vier unterschiedlichen initialen Bewegungsrichtungen gemäß (5.23) bezeichnet werden. Die Belegung der Parameter ist in Tabelle 5.7 dargestellt.

Daraus ergeben sich nichtüberlappende Zuordnungsbereiche, wie sie in Abbildung 5.22b dargestellt sind, und die Zuordnungsfunktion $P(\tilde{\underline{f}}^*|\tilde{\underline{f}}_R)$ ist deterministisch.

Zum qualitativen Vergleich der Vorhersagen des Modells bezüglich des Einflusses mentaler Modellbildung auf natürliches Blickverhalten während der Interaktionsphase kann direkt Abbildung 5.11 aus Abschnitt 5.2.2 herangezogen werden. Dort ist die Anzahl an Fixationen in den durch die obige Transformationsvorschrift beschriebenen Bereichen dargestellt.

Bezeichner	$\underline{f}^*$	$T_{\angle,f}$	$\underline{T}_{\Delta,f}$	$\overline{T}_{\Delta,f}$
p_0^P	[5,5]	∞	0	100
P_0^1	[6,4]	$20°$	100	200
P_0^2	[7,3]	$20°$	200	512
P_1^1	[6,6]	$20°$	100	200
P_1^2	[7,7]	$20°$	200	512
P_2^1	[4,6]	$20°$	100	200
P_2^2	[3,7]	$20°$	200	512
P_3^1	[4,4]	$20°$	100	200
P_3^2	[3,3]	$20°$	200	512
keine Zuordnung		sonst		

Tab. 5.7: Definition der Transformation von gemessenen Blickpositionen von Displaykoordinaten in den Zustandsraum des Modells. Über $T_{\angle,f}$, $\underline{T}_{\Delta,f}$ und $\overline{T}_{\Delta,f}$ werden Bereiche in Displaykoordinaten definiert, welche eine Zuordnung zu Zuständen $\underline{f}^* \in \mathcal{F}^*$ ermöglichen.

Sowohl die Vorhersage des Modells bezüglich der optimalen initialen Blickposition $\underline{f}^*$ als auch bezüglich der Eingabe $\underline{i}^*$ stimmen mit den Beobachtungen während der Benutzerstudie überein. Mit zunehmender Erfahrung des Benutzers treten übereinstimmend mit dem Modell zunehmend proaktive Pre-Eingabe-Fixationen in den Bereichen $P_0^1,...,P_3^1$ und $P_0^2,...,P_3^2$ auf und reaktive Pre-Eingabe-Fixationen auf dem Objekt nehmen ab. Auch die Bevorzugung der initialen Bewegungsrichtung entlang der Diagonalen D_1 lässt sich durch das Modell, wie oben dargelegt, erklären. Die bei der Modellierung getroffenen Annahmen scheinen daher die Realität ausreichend genau abzubilden, um die beobachteten Effekte erklären zu können.

Intentionsschätzung

Im Folgenden wird die durchgeführte quantitative Evaluierung der Güte der Intentionsschätzung auf Basis von gemessenen Blickdaten beschrieben. Dabei werden sowohl Intentionsschätzungen während der Explorationsphase als auch während der Interaktionsphase betrachtet. Die Schätzung der Intention des Benutzers wird dabei im Sinne einer modellbasierten Klassifikation von beobachteten Blickpositionen betrachtet und entsprechend durch gängige Gütekriterien für Klassifikatoren bewertet (siehe Anhang D). Dabei bilden die möglichen Ziele und eine zusätzliche Rückweisungsklasse die Menge an Klassen $\mathcal{G} = \{T_0,...,T_3,T_?\}$ und die gemessene Blickposition $\tilde{f}_R$ die Beobachtung bzw. den Merkmalsvektor. Die Klasse $T_?$ repräsentiert dabei jene Beispiele, für die auf Basis der beobachteten Blickdaten keine Entscheidung bezüglich der Intention des Benutzers getroffen werden kann (z.B. keine Zuordnung zu einem Zustand im Modell möglich oder reaktives Blickverhalten).

Für beide Phasen wird zunächst die gemessene Blickposition $\tilde{f}_R$ gemäß der jeweiligen Transformationsvorschrift in den Zustandsraum des Modells in $\tilde{f}$ bzw. $\tilde{a}$ oder $\tilde{a}_E$ überführt.

Für die Explorationsphase wird die Klassifikationsentscheidung direkt aus den beobachteten Aktionen abgeleitet. Wird eine Blickbewegung zu einem Zielbereich T_i beobachtet ($\tilde{a}_E = "Blick"$), so wird diese der Klasse T_i zugeordnet, womit $\hat{\mathcal{G}} = \{T_i\}$ gilt. Wird hingegen keine Blickbewegung zu einem der Zielbereiche vor der ersten Eingabe beobachtet ($\tilde{a}_E = "Eingabe"$), so wird die Klasse $T_?$ ausgewählt und damit gilt $\hat{\mathcal{G}} = \{T_?\}$.

Für die Interaktionsphase wird die Intentionsschätzung gemäß (5.16) durchgeführt. Das Ergebnis ist eine Schätzung $\mathcal{M} \subseteq \mathcal{L} \times \mathcal{G}$, welche sowohl die Intentionsschätzung als auch die des mentalen Modells enthält. Besteht ein bestimmtes $\mathcal{M}$ ausschließlich aus $\hat{m}$ der Form $\left[\hat{l} = l^-,\hat{g}\right]$, so wird diese Schätzung der Klasse $T_?$ zugeordnet, da aufgrund der zugrundeliegenden reaktiven Fixation alle möglichen Ziele in der Schätzung enthalten sind und damit keine Schätzung eines Ziels bzw. einer reduzierten Menge an Zielen möglich ist. Enthält $\mathcal{M}$ Schätzungen mit $\hat{l} = l^+$, so werden alle zugehörigen Ziele in $\hat{\mathcal{G}}$ aufgenommen.

Eine Schätzung wird im Folgenden als korrekt bzw. *richtig positiv* gewertet, falls $T_{i_P} \in \hat{\mathcal{G}}$, sie also für eine bestimmte Aufgabe den farblich mit dem Objekt korrespondierenden Zielbereich enthält. Ist dies nicht der Fall, so wird sie entweder als *falsch positiv* oder als *falsch negativ* gewertet. Ersteres ist der Fall wenn $T_{i_P} \notin \hat{\mathcal{G}}$ und $\hat{\mathcal{G}} \neq \{T_?\}$, letzteres falls $\hat{\mathcal{G}} = \{T_?\}$. Daraus lassen sich die Genauigkeit und die Sensitivität als Standardmaße zur Bewertung von Klassifikatoren berechnen (siehe Anhang D).

Diese sind in Abbildung 5.23 für die Explorationsphase und in Abbildung 5.24 für die Interaktionsphase dargestellt. Daraus ist ersichtlich, dass für die Explorationsphase die Genauigkeit von Beginn an deutlich über 80% liegt und über die Zeit auf einem hohen Niveau stagniert bzw. in den letzten 20 Aufgaben im Mittel über 90% steigt. Damit liefert der Klassifikator konstant gute Schätzungen für die Intention des Benutzers. Erwartungsgemäß nimmt die Sensitivität während der Explorationsphase allerdings mit zunehmender Erfahrung des Benutzers ab. Dies liegt nicht an der nachlassenden Leistung des Klassifikators, sondern vielmehr an schwindenden zielorientierten Fixationen mit zunehmender Erfahrung des Benutzers.

Für die Interaktionsphase zeigt sich ein ähnlich guter Verlauf der Genauigkeit über die Laufzeit des Versuchs wie bei der Explorationsphase. Im Mittel über alle Probanden und Aufgaben liegt dieser bei 93%. Die Sensitivität nimmt mit zunehmender Erfahrung der Benutzer zu und erreicht in den letzten 20 Aufgaben im Mittel über alle Probanden 74%. Die Entwicklung ist damit zu begründen, dass das Blickverhalten der Probanden mit zunehmender Erfahrung mehr proaktive Pre-Eingabe-Fixationen aufweist, damit mehr Intentionsschätzungen zur Verfügung stehen, was sich wiederum positiv auf die Sensitivität auswirkt.

Auf Basis dieser Ergebnisse lässt sich sagen, dass mit dem gewählten modellbasierten Ansatz eine zuverlässige Intentionsschätzung möglich ist, sofern die Daten eine entsprechende Schätzung ermöglichen (Proaktivität des Blickverhaltens).

Schätzung des mentalen Modells

Bei der Evaluierung der Schätzung des mentalen Modells des Benutzers durch obiges Framework besteht zunächst das Problem, dass der wahre Zustand des mentalen Modells des Benutzers nicht direkt zu bestimmen ist. Die Erfassung durch den Fragebogen ist zeitlich nicht genügend hoch aufgelöst und bietet nur einen groben Anhaltspunkt. Daher wird im Folgenden ein Leistungsmaß als Indikator für den Zustand des mentalen Modells des Benutzers herangezogen. Dieses ist definiert durch

$$\Omega_{\mathrm{L}} = \frac{\text{Pfadlänge (in Pixeln)}}{\text{Bearbeitungszeit (in Sekunden)}} \ . \tag{5.41}$$

Dadurch wird das Verhältnis zwischen der zurückgelegten Strecke und der dafür

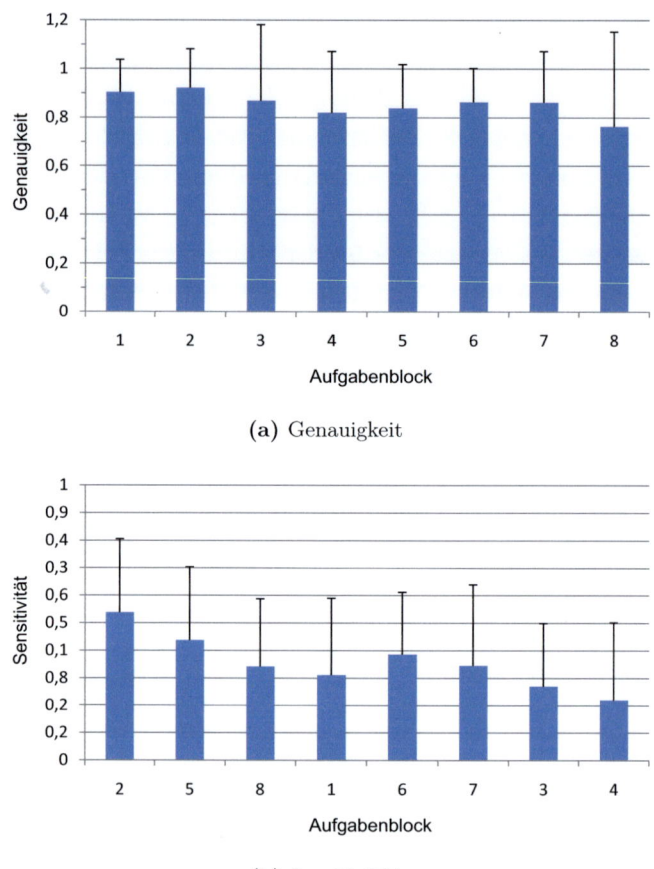

(a) Genauigkeit

(b) Sensitivität

Abb. 5.23: Ergebnisse der Intentionsschätzung während der Explorationsphase. Die Aufgabensequenz ist in Blöcke von jeweils 10 aufeinanderfolgenden Aufgaben unterteilt.

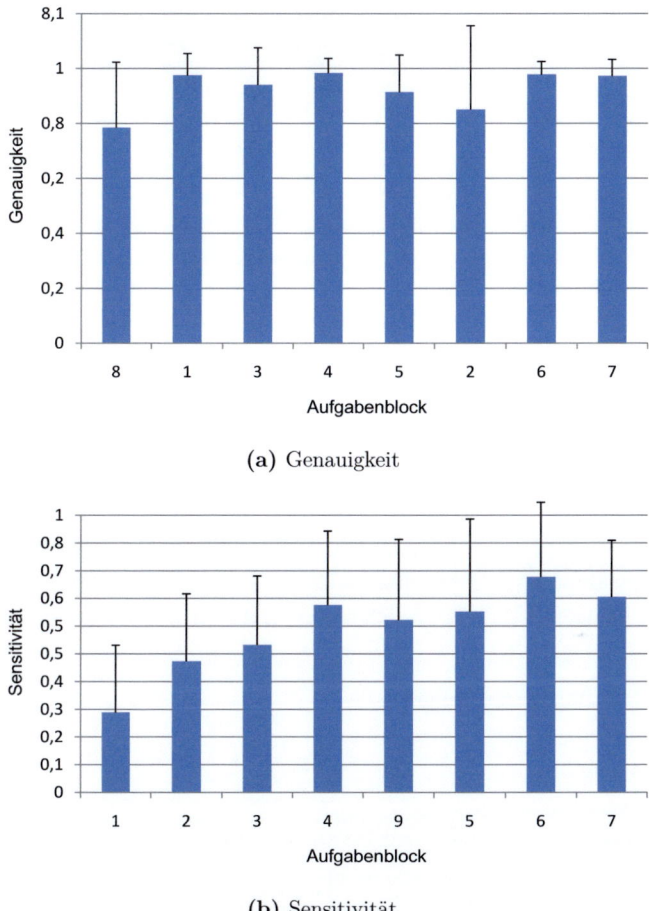

(a) Genauigkeit

(b) Sensitivität

Abb. 5.24: Ergebnisse der Intentionsschätzung während der Interaktionsphase. Die Aufgabensequenz ist in Blöcke von jeweils 10 aufeinanderfolgenden Aufgaben unterteilt.

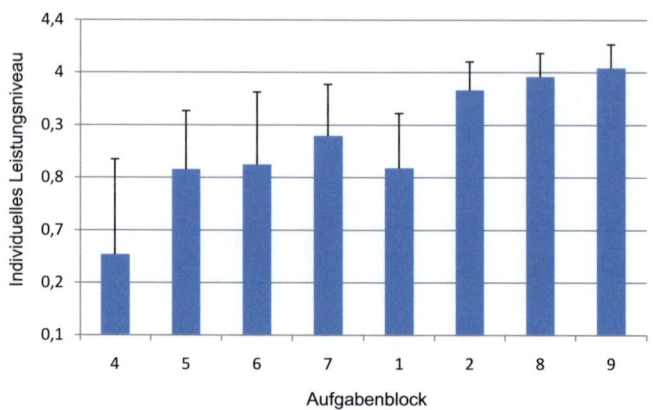

Abb. 5.25: Entwicklung des individuellen Leistungsniveaus mit zunehmender Erfahrung der Benutzer (Mittelwert und Standardabweichung über alle Benutzer).

benötigten Zeit für die Bearbeitung einer bestimmten Aufgabe beschrieben. Im Gegensatz zur getrennten Betrachtung der Pfadlänge und der Bearbeitungszeit ergibt sich für das kombinierte Leistungsmaß Ω_L eine deutliche Abhängigkeit mit der zunehmenden Erfahrung des Benutzers im Sinne einer klassischen Lernkurve. Dieser Sachverhalt ist in Abbildung 5.25 dargestellt. Dabei ist nicht direkt das Leistungsmaß nach (5.41) dargestellt, sondern das im Folgenden als *individuelles Leistungsniveau* bezeichnete, und bezüglich individuellen Leistungsunterschieden normierte Leistungsmaß der Form

$$\Omega_\% = \frac{\Omega_L}{\Omega_{max}} \ .$$
(5.42)

Dabei bezeichnet Ω_{max} die mittlere Leistung, welche von einer bestimmten Person in den letzten 20 Aufgaben erreicht wird.

Die dargestellte Entwicklung in Abbildung 5.25 zeigt, dass dieses Maß ein guter Indikator für die steigende Erfahrung des Benutzers ist. Der leichte Einbruch bei Aufgabenblock 5 ist mit der davor liegenden Pause zum Ausfüllen des Fragebogens und der darauf folgenden kurzen Eingewöhnungsphase zu begründen.

Auf Basis des individuellen Leistungsniveaus wird zunächst eine Schätzung des mentalen Modells des Benutzers abgeleitet, welches später als Vergleich für die blickbasierte Schätzung genutzt wird. Dazu wird ein Schwellwert $T^+_{\Omega_\%}$ definiert, bei dessen Überschreitung davon ausgegangen wird, dass der Benutzer ein sicheres mentales Modell entwickelt hat und daher der Zustand $l = l^+$ angenommen werden kann. Ist das individuelle Leistungsniveau unter diesem Schwellwert, so wird $l = l^-$ angenommen. Auf die Wahl des Schwellwerts wird weiter unten eingegangen.

Das entscheidende Merkmal für die Schätzung des Zustands des mentalen Modells des Benutzers ist, wie oben gezeigt, die Proaktivität des Blickverhaltens und insbesondere die Proaktivität der letzten Pre-Eingabe-Fixation. Eine robuste Schätzung des mentalen Modells kann im Gegensatz zur Intentionsschätzung allerdings nicht aus der Beobachtung einer einzelnen Fixation zu einem bestimmten Zeitpunkt abgeleitet werden, da die Proaktivität, insbesondere während der Lernphase, starken Schwankungen unterworfen ist. Daher werden im Folgenden eine Menge von letzten Pre-Eingabe-Fixationen aus aufeinanderfolgenden Aufgaben zusammengefasst. Eine Beobachtung wird damit also durch

$$\tilde{\mathcal{F}} = \left\{ \underline{\tilde{f}}_{t_1}, ..., \underline{\tilde{f}}_{t_{N_{\tilde{\mathcal{F}}}}} \right\} \tag{5.43}$$

definiert, wobei $\underline{\tilde{f}}_{t_i}$ die letzte gemessene Pre-Eingabe-Fixation für die i-te Aufgabe in einem Fenster von $N_{\tilde{\mathcal{F}}}$ aufeinanderfolgenden Aufgaben bezeichnet. Für die im Folgenden dargestellte Auswertung wird ein Fenster von $N_{\tilde{\mathcal{F}}} = 10$ verwendet.

Zunächst wird für jedes $\underline{\tilde{f}}_{t_i} \in \tilde{\mathcal{F}}$ eine Schätzung $\hat{l}_i$ gemäß (5.16) berechnet. Die Wahrscheinlichkeit für einen bestimmten mentalen Zustand wird aus der Häufigkeit der Schätzung des jeweiligen Zustandes in diesem Fenster gemäß

$$P(\boldsymbol{l} = l) = \frac{\left| \left\{ \hat{l}_i | \hat{l}_i = l \right\} \right|}{N_{\tilde{\mathcal{F}}}} \tag{5.44}$$

abgeleitet. Über die Festlegung der Entscheidungsgrenze $T^+_{\hat{l}}$ für die endgültige Bestimmung einer Schätzung des mentalen Modells $\hat{l}$ gemäß

$$\hat{l} = \begin{cases} l^+ & \text{falls } P(\boldsymbol{l} = l^+) > T^+_{\hat{l}}, \\ \\ l^- & \text{sonst} \end{cases} \tag{5.45}$$

wird implizit festgelegt, welchem Leistungsbereich die beiden Zustände entsprechen. Wird die Intentionsschätzung als binäre Klassifikation aufgefasst, so wird über den Schwellwert $T_{\hat{l}}^{+}$ das Verhältnis von Spezifität und Sensitivität des Klassifikators eingestellt (siehe auch Anhang D).

Im Folgenden werden Ergebnisse für unterschiedliche Ausprägungen der Schwellwerte $T_{\Omega_{\%}}^{+}$ und $T_{\hat{l}}^{+}$ dargestellt. Dazu werden die während des Experiments durchgeführten Aufgaben in 8 Blöcke von jeweils 10 Aufgaben unterteilt und für jeden Block gemäß (5.45) eine Schätzung $\hat{l}$ bestimmt. Die Ergebnisse der Schätzung $\hat{l}$ werden dabei mit dem über das individuelle Leistungsniveau ermittelten „wahren" Zustand l verglichen und in richtig-positiv ($\hat{l} = l = l^{+}$), richtig-negativ ($\hat{l} = l = l^{-}$), falsch-positiv ($\hat{l} = l^{+} \neq l$) und falsch-negativ ($\hat{l} = l^{-} \neq l$) Schätzungen kategorisiert. Daraus lassen sich die Leistungsmaße Sensitivität und Spezifität (siehe Anhang D) für den binären Klassifikator berechnen, und wie in Abbildung 5.26a dargestellt, in einer ROC-Kurve (engl.: *receiver operating characteristic*) auftragen. Der Übersichtlichkeit halber sind nur die Punkte eingezeichnet, welche sich aus unterschiedlichen Ausprägungen von $T_{\hat{l}}^{+}$ im Bereich von $0 - 1$ in Zehntelschritten, ergeben und die sonst üblichen Verbindungslinien der ROC-Kurve weggelassen. Für $T_{\Omega_{\%}}^{+}$ sind vier unterschiedliche Ausprägungen dargestellt.

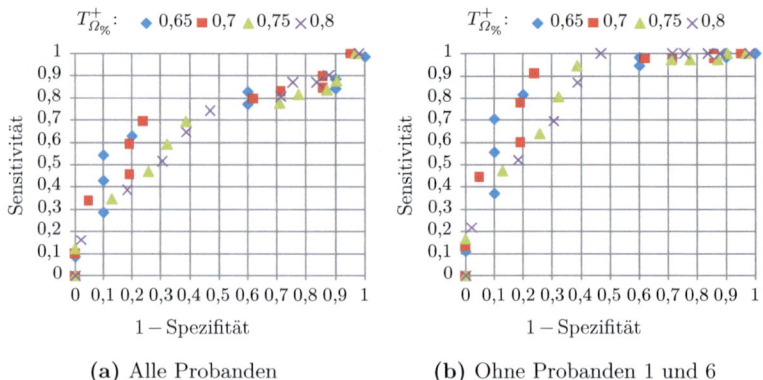

     (a) Alle Probanden   **(b)** Ohne Probanden 1 und 6

Abb. 5.26: ROC-Kurve für Klassifikatorleistung bezüglich der Schätzung des mentalen Modells für unterschiedliche Schwellwerte $T_{\Omega_{\%}}^{+}$ und $T_{\hat{l}}^{+}$. In Abbildung 5.26b ist die Klassifikatorleistung für eine reduzierte Stichprobe von 8 Probanden dargestellt.

Aus Abbildung 5.26a ist ersichtlich, dass für eine Wahl des Schwellwerts $T_{\Omega_\%}^+$ von 0,65 und 0,7 das günstigste Verhältnis von Sensitivität und Spezifität erreicht wird. Daraus lässt sich schließen, dass auf Basis der Proaktivität des Blickverhaltens, wie sie für diese Evaluierung modelliert wurde, Rückschlüsse auf das Überschreiten dieses Leistungsniveaus am besten möglich sind. Umgekehrt kann auch gesagt werden, dass das ausgeprägte Modell zur Beschreibung von natürlichem Blickverhalten für diese Wahl des Schwellwerts $T_{\Omega_\%}^+$ die daraus resultierenden Schätzungen des „wahren" Zustands des mentalen Modells des Benutzers am besten erklärt.

Bezüglich des Schwellwerts $T_{\hat{l}}^+$ liefert eine Wahl von 0,5 die besten Ergebnisse (Genauigkeit = 89%; Sensitivität: 69% für $T_{\Omega_\%}^+ = 0,7$). Aus Abbildung 5.26a ist ersichtlich, dass eine Steigerung der Sensitivität durch eine entsprechende Wahl von $T_{\hat{l}}^+$ auf über 70% bzw. 80% nicht ohne erheblichen Verlust an Spezifität des Klassifikators möglich ist. Dies liegt an zwei Probanden, welche trotz steigendem Leistungsniveau kaum proaktives Blickverhalten zeigen. In Abbildung 5.27 ist der Verlauf von $P(\mathbf{l} = l^+)$ für alle Probanden über die acht Aufgabenblöcke dargestellt. Der Verlauf der Kurve ist für die beiden betroffenen Probanden gestrichelt dargestellt. Es ist deutlich ersichtlich, dass für Proband 1 und 6 $P(\mathbf{l} = l^+)$ in allen Aufgabenblöcken unter 0,5 bleibt. Zwar ist ein leichter Anstieg zu erkennen, allerdings ist dieser stark verzögert im Vergleich zu den restlichen Probanden.

Diese Beobachtung lässt zunächst zwei mögliche Schlüsse zu. Entweder das Blickverhalten der Probanden verhält sich gemäß Modell, die Probanden haben aber

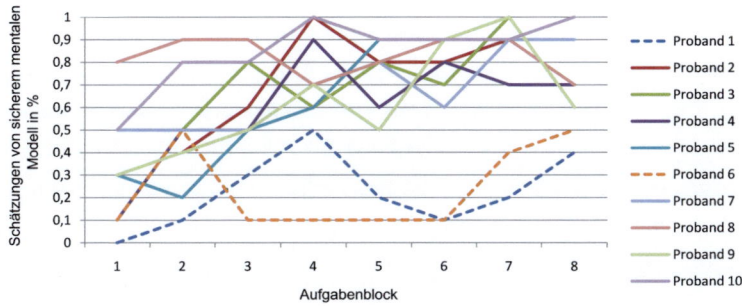

Abb. 5.27: Verlauf von $P(\mathbf{l} = l^+)$ für die einzelnen Probanden über die 8 Aufgabenblöcke. Dabei ist die Abweichung der Probanden 1 und 6 vom Verhalten der restlichen Versuchspersonen auffällig.

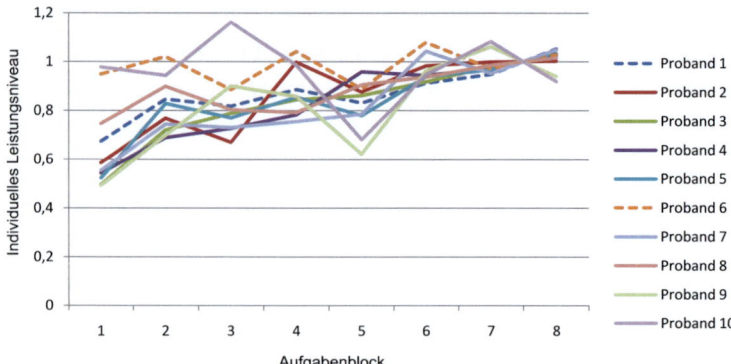

Abb. 5.28: Entwicklung des individuellen Leistungsniveaus $\Omega_\%$ für die einzelnen Probanden über die 8 Aufgabenblöcke.

kein sicheres mentales Modell entwickelt und zeigen daher ein überwiegend reaktives Blickverhalten. Alternativ besteht die Möglichkeit, dass weitere Faktoren, welche bisher nicht im Modell berücksichtigt wurden, wie beispielsweise die Persönlichkeit, signifikanten Einfluss auf die Ausprägung des Blickverhaltens haben. Bei beiden Probanden ist auffällig, dass sie relativ früh ein hohes individuelles Leistungsniveau erreichen (siehe Abbildung 5.28). Dies spricht zunächst gegen die erste Interpretation. Allerdings kann der Grund dafür auch eine andere Lösungsstrategie sein, welche weniger auf die Bildung eines soliden mentalen Modells als vielmehr auf die möglichst schnelle Bewältigung der gestellten Aufgabe nach dem Trial-and-Error-Prinzip ausgerichtet ist. Ein solches Vorgehen würde ebenfalls eine Erklärung für das überwiegend reaktive Blickverhalten liefern. Die Frage kann auf Basis der im Rahmen dieser Arbeit erhobenen Daten nicht eindeutig geklärt werden, bildet aber einen interessanten Anknüpfungspunkt für zukünftige Arbeiten bezüglich der Erweiterung des Modells, um auch solches Verhalten abdecken zu können.

In Abbildung 5.26b ist die Klassifikatorleistung ohne diese beiden Probanden dargestellt. Dabei wird für $T^+_{\Omega_\%} = 0{,}7$ und $T^+_i = 0{,}5$ bei gleicher Genauigkeit von 89% eine Sensitivität von 91% erreicht.

5.4.3 Diskussion

Mit der Betrachtung des Anwendungsbeispiels in den vorangegangenen Abschnitten sollten insbesondere drei Punkte untersucht bzw. gezeigt werden. Zum einen sollte die Anwendbarkeit des in Abschnitt 5.3.2 beschriebenen Modellierungsansatzes zur Beschreibung unterschiedlicher Einflüsse auf natürliches Blickverhalten während der Mensch-Maschine-Interaktion für eine reale Aufgabe gezeigt werden. Des Weiteren sollten die Vorhersagen des Vorwärtsmodells bezüglich des natürlichen Blickverhaltens während der Interaktion für unterschiedliche mentalen Modelle validiert werden. Zuletzt sollte die Nutzung des Frameworks für die blickbasierte Schätzung von Intention und mentalem Modell untersucht bzw. die Güte der Schätzung quantitativ evaluiert werden. Die einzelnen Punkte werden im Folgenden zusammenfassend diskutiert.

Für die betrachtete Aufgabe wurde gemäß dem in Abschnitt 5.3.2 beschriebenen Vorgehen ein die mentale Repräsentation des interaktiven Systems beschreibendes Systemmodell, ein die menschliche Wahrnehmung beschreibendes Beobachtungsmodell sowie eine die Aufgabe charakterisierende Gütefunktion entwickelt. Dabei wurde zwischen einer Explorationsphase, in der das natürliche Blickverhalten vom Vorwissen des Benutzers über den aktuellen Systemzustand geprägt ist, und einer Interaktionsphase, in der das System in den Zielzustand überführt wird, unterschieden. Prinzipiell konnte gezeigt werden, dass das gewählte Abstraktionsniveau zur Beschreibung des Modells für die unterschiedlichen Phasen ausreichend ist, um den Einfluss von im Vorfeld identifizierten relevanten Einflussfaktoren abzubilden. Dennoch wurden einige Einschränkungen gemacht, welche die Generalisierbarkeit der aus den Ergebnissen abgeleiteten Schlussfolgerungen einschränken.

Beispielsweise werden bei der Modellierung der mentalen Repräsentation des dynamischen Systemverhaltens nur gewisse Parameter als unsicher modelliert, andere wiederum als sicher angenommen. Für die Interaktionsphase wird beispielsweise angenommen, dass dem Benutzer bekannt ist, dass der Punkt sich bei einer Bewegung des Stiftes kontinuierlich über den Bildschirm bewegt und keine Sprünge macht. Prinzipiell können unter Verwendung der vorgestellten Methoden auch noch weitere Abhängigkeiten zwischen unterschiedlichen Größen des Systemverhaltens bzw. einzelne Parameter als unsicher modelliert werden. In dieser Arbeit ist der

Fokus auf jene Größen gelegt, welche am stärksten unsicherheitsbehaftet sind bzw. am schwersten durch den Benutzer erlernbar sind. Beispielsweise wird angenommen, dass eine Bewegung des Punktes in die Bewegungsrichtung des Stiftes vom Benutzer leicht erlernbar ist. Hingegen wird die Zuordnung des Zustandes der Taste und damit des Bewegungsmodus zur Bewegungsrichtung entlang einer der beiden Diagonalen als schwerer erlernbar und deshalb als unsicherer erachtet.

Die Vorhersagen des Modells bezüglich der Abhängigkeit von natürlichem Blickverhalten vom mentalen Modell des Benutzers konnten im Mittel für die betrachtete Aufgabe auf Basis einer Stichprobe von 10 Probanden nachgewiesen werden. Für zwei Probanden konnte auf Basis der gesammelten Daten nicht eindeutig geklärt werden, ob die im Vergleich zu den anderen Probanden verzögert auftretende Proaktivität des Blickverhaltens mit zunehmender Erfahrung auf das Ausbleiben der Bildung eines sicheren mentalen Modells oder auf weitere, noch nicht im Modell berücksichtigte Einflussfaktoren zurückzuführen ist. Dies bietet Anknüpfungspunkte für zukünftige Arbeiten auf diesem Gebiet. Ebenso die Erweiterung der Validierung für komplexere Aufgaben und auf Basis einer größeren Stichprobe als das im Rahmen dieser Arbeit möglich war.

Es konnte durch eine quantitative Evaluierung gezeigt werden, dass auf Basis des entwickelten Frameworks eine robuste Schätzungen der Intention des Benutzers sowie des Zustands des mentalen Modells auf Basis von Blickbewegungsmessungen möglich ist. Für die Schätzung beider Größen wurden im Rahmen der Arbeit lediglich die Blickbewegungen vor der ersten Eingabe durch den Benutzer betrachtet, um Bereits zu diesem Zeitpunkt die entsprechende Information nutzen zu können. Prinzipiell könnten, insbesondere für die Schätzung des mentalen Modells, auch Blickbewegungen nach der ersten Eingabe bzw. während der Interaktion genutzt werden. Dadurch kann die Robustheit der Schätzung weiter verbessert werden.

5.5 Anwendungsbeispiel 2: Multimodale Interaktion

In diesem Abschnitt wird anhand eines weiteren Beispiels aufgezeigt, wie sich das oben eingeführte Framework zur Interpretation von natürlichem Blickverhalten in interaktiven Umgebungen nutzen lässt. Bei der Betrachtung in diesem Abschnitt steht dabei weniger der Einfluss mentaler Modellbildung im Fokus als vielmehr der Nachweis der Anwendbarkeit für die Schätzung der Intention des Benutzers als Basis zur Umsetzung neuer multimodaler Interaktionstechniken. Ebenso soll aufgezeigt werden, wie sich die eingangs aufgeführten Eigenschaften der beiden Modalitäten Blick und Handgesten sinnvoll ergänzen.

Im Folgenden wird zunächst die betrachtete Aufgabe und der verfolgte Lösungsansatz vorgestellt. Danach wird deren Umsetzung in einer Versuchsumgebung beschrieben sowie der Modellierungsansatz zur Beschreibung des natürlichen Blickverhaltens in obigem Framework dargestellt. Zuletzt werden Ergebnisse aus einer Benutzerstudie vorgestellt und diskutiert.

5.5.1 Betrachtete Aufgabe und Gestaltungsansatz

Als Interaktionsaufgabe wird im Folgenden, wie bereits in Abschnitt 4.2, das Verschieben von Objekten zwischen unterschiedlichen Anzeigen betrachtet. In Abschnitt 4.2 waren beide Displays im Greifraum des Benutzers angeordnet. In diesem Abschnitt wird hingegen ein Szenario betrachtet, in dem Objekte von einer großflächigen Anzeige im Greifraum des Benutzers auf ein entferntes Display verschoben werden.

Dafür werden zwei Interaktionstechniken untersucht. Diese sind in Abbildung 5.29 dargestellt. Bei der mit *Zeigen* bezeichneten Technik wird das Objekt zunächst

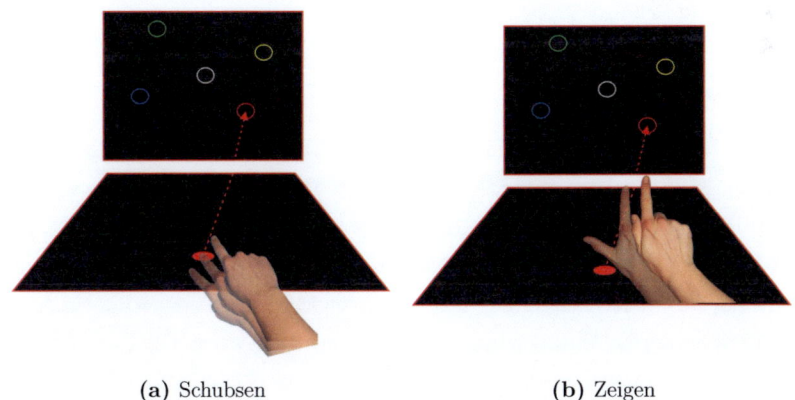

(a) Schubsen   (b) Zeigen

Abb. 5.29: Untersuchte Interaktionstechniken zum Verschieben von Objekten aus dem Greifraum des Benutzers auf entfernte Anzeigen.

durch eine Berührung auf dem Tisch selektiert. Eine erfolgreiche Selektion wird durch das Verblassen der Darstellung des Objekts angezeigt. Daraufhin kann das Objekt durch eine Zeigegeste auf die vertikale Anzeige verschoben werden. Die Bewegung des Objekts auf einer Geraden hin zum gewünschten Zielbereich wird dabei durch den Übergang zwischen zwei Handposen ausgelöst. Vor der Ausführung dieser Handgeste bewegt sich das Objekt nicht. Bei der mit *Schubsen* bezeichneten Technik erfolgt die Selektion des Objekts wie bei der ersten Technik. Die Bewegung hin zum Zielbereich wird allerdings durch eine kleinräumige Schubsbewegung auf dem Tisch ausgelöst. Durch die deutlich reduzierte körperliche Bewegung wird erwartet, dass die körperliche Beanspruchung im Vergleich zur Zeigegeste deutlich reduziert wird. Durch die ungenaue Schubsbewegung ist allerdings eine exakte Positionierung in einem der Zielbereiche auf Basis der Information, welche durch videobasierte Handgestenerkennung gewonnen werden kann, nicht möglich. Auch bei Zeigegesten ist bekannt, dass diese nicht genau die Zielposition referenzieren, auf die vom Benutzer gezeigt wird (siehe beispielsweise [95]).

Bei beiden Interaktionstechniken soll im Folgenden überprüft werden, inwieweit das natürliche Blickverhalten während der Interaktion für die Bestimmung der durch den Benutzer gewünschten Zielposition des Objekts genutzt werden kann und damit Nachteile gestenbasierter Interaktion ausgeglichen werden können. Insbesondere sind dies die körperliche Ermüdung bei weiträumiger Interaktion sowie die Ungenauigkeit von Zeige- und Schubsgesten.

5.5.2 Versuchsumgebung

Als Versuchsumgebung wird die in Abschnitt 2.1.1 beschriebene Multi-Display-Umgebung genutzt, wobei lediglich die horizontale und vertikale Anzeige verwendet werden. Der Versuchsaufbau ist in Abbildung 5.30 dargestellt. Zur Erfassung von Blickbewegungen wird das mobile Blickbewegungsmessgerät Dikablis der Firma Ergoneers [36] verwendet. Durch die Platzierung von Marken an der vertikalen Anzeige ist die Berechnung der Blickposition auf dieser Anzeige möglich. Die Genauigkeit der Messung der Blickposition auf der vertikalen Anzeige beträgt ungefähr ± 10 Pixel, wobei diese stark von der Qualität der Kalibrierung des Blickbewegungsmessgeräts abhängt. Die Bestimmung der Blickposition auf der horizontalen Anzeige ist nur

Abb. 5.30: Versuchsaufbau für Anwendungsbeispiel 2

sehr grob möglich, da das System auf eine bestimmte Ebene kalibriert werden muss. Hierfür wurde die vertikale Anzeige gewählt. Daher wird für die horizontale Anzeige im Folgenden keine detaillierte Analyse von Blickdaten durchgeführt, sondern nur unterschieden, ob sich der Blick auf der Anzeige befindet oder nicht.

Das System liefert Blickdaten mit einer Frequenz von 25 Hz. Die Latenz wurde empirisch ermittelt und liegt bei ungefähr 160 ms. Im Folgenden wird diese bei der Auswertung heraus gerechnet, sodass aufgezeichnete Blickmessungen und sonstige Systemereignisse mit synchronisierten Zeitstempeln versehen sind.

Versuchsaufgabe

Zu Beginn einer jeden Aufgabe wird ein bunter Kreis auf der horizontalen Anzeige dargestellt. Dieser muss in den farblich korrespondierenden Zielbereich auf der vertikalen Anzeige bewegt werden. In Abbildung 5.31a ist die Aufgabe exemplarisch für ein blaues Objekt schematisch dargestellt. Die Bezeichner $T_0,...,T_4$ in Abbildung 5.31b wurden den Probanden nicht angezeigt. Die Auflösung der beiden Anzeigen ist identisch auf 1024×768 Pixel eingestellt, um eine einfache Darstellung des Systemzustands in einem kombinierten Koordinatensystem zu ermöglichen (siehe Abbildung 5.31b).

Bei der Anordnung der Ziele wurde darauf geachtet, dass diese auch hintereinander entlang der Bewegungsrichtung des Objekts angeordnet sind, um den Einfluss dieser

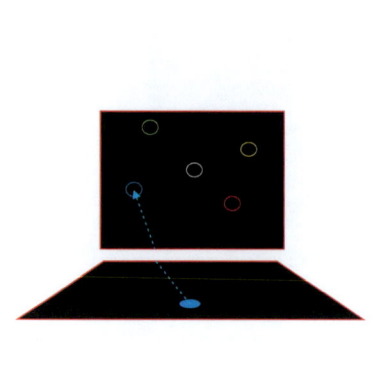

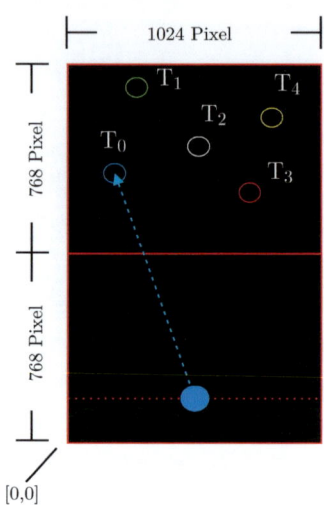

(a) Darstellung in Multi-Display-
Umgebung.

(b) Kombiniertes Koordinatensystem für
beide Anzeigen.

Abb. 5.31: Aufgabe und displayübergreifendes Koordinatensystem zur Repräsentation
des Systemzustands.

Anordnung auf das Blickverhalten untersuchen zu können (siehe z.B. Ziele T_3 und
T_4). Die initiale Objektposition wird für unterschiedliche Aufgaben entlang der in
Abbildung 5.31b dargestellten roten gestrichelten Linie variiert.

Eine detaillierte Beschreibung der Versuchsdurchführung wird in Abschnitt 5.5.4
gegeben.

5.5.3 Modellierungsansatz

Die oben beschriebenen Interaktionstechniken bzw. der Einfluss auf natürliches
Blickverhalten während der Aufgabenbearbeitung wird im Folgenden in dem in
Abschnitt 5.3 beschriebenen Framework modelliert. Im Gegensatz zu der in Ab-
schnitt 5.4 beschriebenen Modellierung wird hierbei allerdings der Einfluss mentaler
Modellbildung bzw. die Schätzung des mentalen Modells des Benutzers nicht expli-

zit berücksichtigt. Dadurch ist eine deutlich einfachere Beschreibung des Systems möglich. Um die Analogie zur Modellierung der Aufgabe in Abschnitt 5.4 aufzuzeigen sowie, um Unübersichtlichkeit durch die Einführung zusätzlicher Indizes zu vermeiden, werden in diesem Abschnitt dieselben Bezeichner für die Beschreibung der einzelnen Modellkomponenten verwendet.

Systemmodell

Die relevanten Zustände des Systems zur Beschreibung der oben eingeführten Interaktionstechniken lassen sich, ähnlich wie in Abschnitt 5.4, durch einen Zustand der Form

$$\underline{s}_t = \left[\underline{s}_t^P, \underline{s}_t^{\mathrm{T}_0}, ..., \underline{s}_t^{\mathrm{T}_4} \right] \tag{5.46}$$

beschreiben. Im Gegensatz zu Abschnitt 5.4 werden hier fünf Zielbereiche verwendet. Die Zustandsbeschreibung des zu manipulierenden Punktes ist durch

$$\underline{s}_t^P = \left[p_t^P, m_t^P, c_t^P \right] \tag{5.47}$$

gegeben, wobei hier

$$
\begin{aligned}
p_t^P \ \in \ \{ & 0 : \textit{„initial“}, \\
& 1 : \textit{„inBewegung}\mathrm{T}_0\textit{“}, ..., 5 : \textit{„inBewegung}\mathrm{T}_4\textit{“}, \\
& 6 : \textit{„inZiel}\mathrm{T}_0\textit{“}, ..., 11 : \textit{„inZiel}\mathrm{T}_4\textit{“} \}
\end{aligned}
\tag{5.48}
$$

und

$$m_t^P \in \{ 0 : \textit{„deselektiert“}, 1 : \textit{„selektiert“} \} \tag{5.49}$$

ist. Die Zustände $\textit{„inBewegung}\mathrm{T}_i\textit{“}$ von p_t^P subsummieren dabei alle Positionen des Objekts auf dem Weg von der initialen Position zum Zielbereich T_i, während $\textit{„inZiel}\mathrm{T}_i\textit{“}$ das Erreichen des Zielzustands T_i beschreibt. Die Komponente $c_t^P \in \{ \text{„grün“}, \text{„blau“}, \text{„gelb“}, \text{„rot“}, \text{„weiß“} \}$ definiert, wie in Abschnitt 5.4, die Farbe des Punktes, wobei hier der Farbraum um eine Farbe erweitert ist.

Die Zielbereiche werden durch

$$\underline{s}_t^{\mathrm{T}i} = \left[p_t^{\mathrm{T}i}, c_t^{\mathrm{T}i} \right],$$ (5.50)

beschrieben, wobei $p_t^{\mathrm{T}i} \in \{6,...,11\}$ hier direkt die Zuordnung zu den zum Zielbereich gehörendem Zustand bzw. der Position des Objekts aus (5.48) enthält. Der Zustandsraum von $c_t^{\mathrm{T}i}$ ist identisch zu dem von c_t^P. Damit ergibt sich eine an (5.27) angelehnte Beschreibung der Menge an Zielzuständen für eine gegebene Aufgabe durch Anpassung des Zustandsraums von p^P und $p^{\mathrm{T}i}$ zu

$$\mathcal{S}_{\mathrm{T}_{i_P}} = \{ \underline{s}^P = \left[p^P, m^P, c^P \right] \in \mathcal{S} \mid p^P = p^{\mathrm{T}i} \wedge c^P = c^{\mathrm{T}i} \}.$$ (5.51)

Der Aktionsraum ist mit $\mathcal{A} = \mathcal{F} \times \mathcal{I}$ zunächst gleich aufgebaut wie in Abschnitt 5.4.1 für die Interaktionsphase. Die Teilräume unterscheiden sich allerdings in ihrer Definition. Für die Zustandsbeschreibung des Blicks gilt

$$\mathcal{F} = \mathcal{F}^P \cup \{12 : \text{„}andere\text{“}\}$$ (5.52)

mit $\mathcal{F}^P = \mathcal{P}$. Im Folgenden wird, im Gegensatz zum vorherigen Anwendungsbeispiel, in Bezug auf $f \in \mathcal{F}$ nicht vom Zustand des Blicks oder der Blickposition gesprochen, sondern der Begriff *Aufmerksamkeitsfokus* verwendet:

$$\text{Aufmerksamkeitsfokus} := \text{Blickposition}$$

Dieser ist hier passender, da sich die Zustände von f direkt auf die Phasen der Interaktion beziehen und den Bezug zur Blickposition nur indirekt beschreiben. Der Zustand $f = 12$ repräsentiert alle anderen möglichen Positionierungen des Aufmerksamkeitsfokus auf dem vertikalen Display, welche keinem der modellierten Zustände des Objekts zugeordnet werden können.

Der Eingaberaum ist definiert durch

$$
\begin{aligned}
\mathcal{I} = \{ & 0 : \text{„}selektieren\text{“}, \\
& 1 : \text{„}bewegen\mathrm{T}_0\text{“},...,5 : \text{„}bewegen\mathrm{T}_4\text{“}, \\
& 6 : \text{„}keine\,Eingabe\text{“}\}.
\end{aligned}
$$ (5.53)

i_t	$\underline{s}_t^P =$ $[p_t^P, m_t^P, c_t^P]$	$\underline{s}_{t+1}^P =$ $[p_{t+1}^P, m_{t+1}^P, c_t^P]$	Beschreibung
0	$[p_t^P, m_t^P, -]$	$[p_t^P, 1, -]$	Selektion
$0 < i_t \le 6$	$[p_t^P, 0, -]$	$[p_t^P, 0, -]$	keine Reaktion
$0 < i_t \le 5$	$[0, 1, -]$	$[i_t, 1, -]$	Auslösung Bewegung
$0 < i_t \le 6$	$[p_t^P, 1, -], 0 \le p_t^P$	$[p_t^P + 5, 1, -]$	Bewegung ins Ziel
6	$[0, 1, -]$	$[0, 1, -]$	keine Reaktion
6	$[p_t^P, 1, -], 5 < p_t^P \le 11$	$[p_t^P, 1, -]$	keine Reaktion

Tab. 5.8: Deterministisches Systemmodell $P(\underline{s}_{t+1}|\underline{a}_t, \underline{s}_t)$. Komponenten des Systemzustands welche beim Zustandsübergang keine Rolle spielen sind mit „−" dargestellt. Für die Eingabe $i_t \in \mathcal{I}$ gilt die Definition gemäß (5.53)

Dabei unterscheiden sich die Ausprägungen der Eingaben bzw. die Genauigkeit deren Erkennung durch das System für die beiden betrachteten Interaktionstechniken *Zeigen* und *Schubsen*.

Das mentale Modell des Benutzers lässt sich, wie gehabt, durch $P(\underline{s}_{t+1}|\underline{a}_t, \underline{s}_t)$ beschreiben, wobei hier keine Unsicherheit des mentalen Modells berücksichtigt wird und sich damit eine deterministische Zustandsübergangsfunktion gemäß Tabelle 5.8 ergibt.

Beobachtungsmodell

Die Beobachtungswahrscheinlichkeit $P(\underline{o}_{t+1}|\underline{a}_t, \underline{s}_{t+1})$ mit $o \in \{0,1\}$, wie in Abschnitt 5.4, wird durch die in Tabelle 5.9 dargestellte Abbildungsvorschrift definiert. Eine Beobachtung wird gemacht, wenn der aktuelle visuelle Aufmerksamkeitsfokus identisch mit dem erwarteten nächsten Systemzustand ist.

f_t $\mid$ p_{t+1}^P	$o_{t+1} = 1$	$o_{t+1} = 0$
$f_t = p_{t+1}^P$	1	0
$f_t \ne p_{t+1}^P$	0	1

Tab. 5.9: Beobachtungsmodell $P(\underline{o}_{t+1}|\underline{a}_t, \underline{s}_{t+1})$.

Gütefunktion

Auf Basis dieser Beschreibung des mentalen Modells des Benutzers sowie der visuellen Wahrnehmung kann analog zu Abschnitt 5.4 über die Einbettung in ein POMDP sowohl für die Explorationsphase als auch für die Interaktionsphase der Zusammenhang zwischen möglichen Verschiebungen des visuellen Aufmerksamkeitsfokus und zugrundeliegenden kognitiven Prozessen abgebildet werden. Das Blickverhalten während der Explorationsphase kann auf dieselbe Art wie in Abschnitt 5.4 modelliert werden und wird daher in diesem Abschnitt nicht mehr detailliert betrachtet. Die Gütefunktion für die Interaktionsphase, welche sowohl die Kosten für ausgeführte Aktionen als auch die Belohnung für das Erreichen von Zielzuständen beschreibt, wird definiert durch

$$r(a,\underline{s}) = r_1(a) + r_2(\underline{s}) = r_{1,1}(f) + r_{1,2}(i) + r_2(\underline{s}) \tag{5.54}$$

mit $r_{1,1}(\underline{f}) = f^{\Delta}$, wobei f^{Δ} angibt, ob sich der Aufmerksamkeitsfokus im Vergleich zum vorherigen Zeitschritt geändert hat ($f^{\Delta} = 1$) oder nicht ($f^{\Delta} = 0$),

$$r_{1,2}(i) = \begin{cases} -1 & \text{wenn } i \leq 5, \\ 0 & \text{sonst} \end{cases} \tag{5.55}$$

und

$$r_2(\underline{s}) = \begin{cases} 10 & \text{wenn } \underline{s} \in \mathcal{S}_{T_i}, \\ 0 & \text{sonst .} \end{cases} \tag{5.56}$$

Daraus lässt sich zunächst die kumulierte Gütefunktion $V^*_{MDP}(s)$ des zugrundeliegenden MDPs bestimmen. Mit dem Modellierungsansatz aus (5.39) ergibt sich dann $Q_{l,g}(\underline{a},\underline{b})$. Dieses Vorgehen entspricht einer Planung der Eingaben i für die erfolgreiche Durchführung der Aufgabe mit unendlichem Planungshorizont und einer ein-Schritt-Planung des visuellen Aufmerksamkeitsfokus basierend auf V^*_{MDP}.

Die kumulierte Gütefunktion ist in Abbildung 5.32 exemplarisch für das Ziel T_0 dargestellt und ergibt sich analog für alle anderen Ziele.

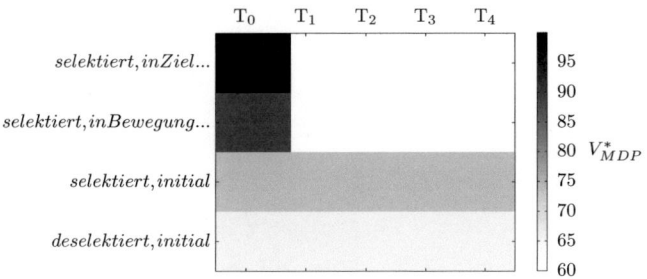

Abb. 5.32: Kumulierte Gütefunktion V^*_{MDP} für das Ziel T_0. Darstellung für reduzierten Zustandsraum.

Transformation von Blickbewegungsmessungen

Die Blickposition kann, wie in Abschnitt 5.5.2 beschrieben, in dem Versuchsaufbau nur für die vertikale Anzeige genau bestimmt werden. Dennoch wird der Zustandsraum für die Repräsentation der gemessenen Blickposition $\underline{\tilde{f}}_R$ zunächst über beide Anzeigen durch

$$\tilde{\mathcal{F}}_R = \{1,...,D_w\} \times \{1,...,2 \cdot D_h\} \tag{5.57}$$

definiert, wobei $D_w = 1024$ und $D_h = 768$ (siehe Abbildung 5.33). Bei der Abbildung einer gemessenen Blickposition in den Zustandsraum des Modells durch $P(\tilde{f}|\underline{\tilde{f}}_R)$ wird dann dieser Sachverhalt entsprechend berücksichtigt. Die zur Durchführung der Transformation benötigten Größen sind in Abbildung 5.33 grafisch dargestellt.

Durch die in Tabelle 5.10 dargestellte Abbildungsvorschrift wird einer gegebenen Messung jener Zustand im Modell zugeordnet, welcher den Zielbereich mit dem geringsten euklidschen Abstand zur gemessenen Blickposition repräsentiert oder jenem Bewegungszustand mit dem geringsten Winkel zur antizipierten Bewegungsrichtung $\Delta\underline{\tilde{f}}_R = \underline{\tilde{f}}_R - \underline{p}^P_R$. Dabei ist $\underline{\tilde{f}}_R = \left[\tilde{f}_{R,0}, \tilde{f}_{R,1}\right]$ die gemessene Blickposition und $\underline{p}^P_R$ die initiale Objektposition, beide in Displaykoordinaten.

Die Parameter wurden für die im nachfolgenden Abschnitt beschriebenen Ergebnisse mit $D_T = 140$ Pixel und $D_\angle = 5°$ belegt. Diese Werte wurden durch eine Suche

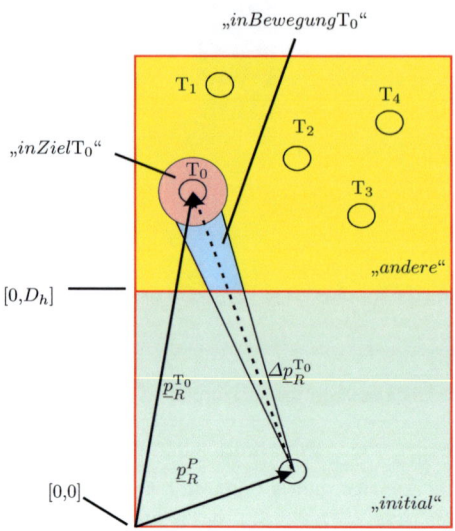

Abb. 5.33: Transformation von Blickposition in Aufmerksamkeitsfokus für Ziel T_0. Unterschiedliche, den Aufmerksamkeitsfokus im Modell beschreibende Zustände sind mit unterschiedlichen Farben gekennzeichnet.

Bedingung	Aufmerksamkeitsfokus $\tilde{f}$
$\tilde{f}_{R,0} \leq D_h$	„initial"
$\tilde{f}_{R,0} > D_h \wedge$ $\left\| \tilde{\underline{f}}_R - \underline{p}_R^{T_i} \right\| > D_T \wedge$ $\angle\left(\Delta\tilde{\underline{f}}_R, \Delta\underline{p}_R^{T_i} \right) \leq D_\angle \wedge$ $\forall j \neq i: \angle\left(\Delta\tilde{\underline{f}}_R, \Delta\underline{p}_R^{T_i} \right) < \angle\left(\Delta\tilde{\underline{f}}_R, \Delta\underline{p}_R^{T_j} \right)$	„inBewegungT_i"
$\left\| \tilde{\underline{f}}_R - \underline{p}_R^{T_i} \right\| \leq D_T \wedge$ $\forall j \neq i: \left\| \tilde{\underline{f}}_R - \underline{p}_R^{T_i} \right\| < \left\| \tilde{\underline{f}}_R - \underline{p}_R^{T_j} \right\|$	„inZielT_i"
sonst	„andere"

Tab. 5.10: Transformation einer gemessenen Blickposition $\tilde{\underline{f}}_R = \left[\tilde{f}_{R,0}, \tilde{f}_{R,1} \right]$ in den Zustandsraum des Modells durch $P(\tilde{f} | \tilde{\underline{f}}_R)$.

im Parameterraum als jene identifiziert, welche eine möglichst exakte Zuordnung bei möglichst kleinen Zuordnungsbereichen liefern.

5.5.4 Versuchsdurchführung und Ergebnisse

Im Folgenden wird zunächst das Vorgehen zur Durchführung der Benutzerstudie zur Evaluierung der Güte der modellbasierten Intentionsschätzung sowie der beiden Interaktionstechniken beschrieben. Im Anschluss werden die Ergebnisse der Studie dargestellt und diskutiert.

Versuchsdurchführung

Im Rahmen einer Benutzerstudie führen 16 Probanden (2 weiblich, 14 männlich) die Verschiebeaufgabe mit beiden Interaktionstechniken durch. Dabei wird ein Within-Subject-Design gewählt und die Probanden in zwei gleich große Gruppen unterteilt. Die Durchführungsreihenfolge der beiden Techniken wird zwischen den Gruppen variiert.

Jeder Versuchsteilnehmer muss insgesamt 80 Verschiebeaufgaben lösen, 40 Aufgaben mit jeder Interaktionstechnik. Die Probanden werden vor jeder Technik durch ein kurzes Video instruiert, in dem die jeweilige Interaktionstechnik zu sehen ist. Die Interaktionstechniken können vor Beginn der Studie nicht geübt werden.

Der Versuch wird als sogenanntes *Wizard-of-Oz-Experiment* durchgeführt. Dabei werden die Eingaben des Benutzers (Übergang zwischen Handposen beim Zeigen oder das Schubsen) nicht vom System erkannt, sondern vom Versuchsleiter wahrgenommen und die entsprechende Aktion manuell ausgelöst (hier die Bewegung des Objekts in den entsprechenden Zielbereich). Dies hat den Vorteil, dass Fehler bei der Erkennung von Eingaben größtenteils ausgeschlossen werden können, da unterschiedliche Ausführungsvarianten von Handposen und -gesten durch den Benutzer nicht zu Fehlreaktionen des Systems führen. In 36 von 40 Aufgaben wird das Objekt für jede Technik in den korrekten Zielbereich bewegt. Um den Einfluss von Fehlreaktionen auf das Blickverhalten zu untersuchen, werden für die Aufgaben 31, 32, 34 und 36 falsche Reaktionen des Systems ausgelöst, bei denen sich das Objekt in einen falschen Zielbereich bewegt.

Zwischen den beiden Techniken und am Ende des Versuchs werden die Probanden gebeten, einen Fragebogen auszufüllen. Dieser ist in Anhang E.4 dargestellt. Insbesondere wird dabei abgefragt, ob die Aufgabe verständlich war, das System erwartungsgemäß reagiert hat, wie anstrengend bzw. ermüdend und wie genau die Interaktion mit der jeweiligen Technik empfunden wird. Außerdem wird erfasst, ob von den Probanden bemerkt wurde, dass es sich bei dem Versuch um ein Wizard-of-Oz-Experiment handelt.

Im Folgenden werden zunächst die Ergebnisse zur Intentionsschätzung auf Basis des in Abschnitt 5.5.3 beschriebenen Formalismus' dargestellt. Weiter unten wird auf die durch den Fragebogen erfassten subjektiven Daten eingegangen.

Intentionsschätzung

Der Formalismus zur Intentionsschätzung auf Basis der oben beschriebenen Modellierung wurde bereits in Abschnitt 5.3.2 beschrieben. Da keine unterschiedlichen mentalen Modelle berücksichtigt werden, beschränkt sich die Abhängigkeit der Q-Funktion $Q_g(\underline{a}, \underline{b}_0)$ auf das Ziel g. Daraus lässt sich für eine beobachtete Aktion $\tilde{\underline{a}}$ bzw. einen Aufmerksamkeitsfokus $\tilde{f}$ eine Schätzung $\hat{g}$ für die Intention des Benutzers ableiten.

In Tabelle 5.11 sind die Ergebnisse zur Auswertung der Proaktivität des Blickverhaltens als auch zur Qualität der Intentionsschätzung für die beiden betrachteten Interaktionstechniken dargestellt. Die dargestellten Zahlen stellen dabei Mittelwerte über alle 16 Probanden und alle 40 Aufgaben für jede Technik dar. Das Blickverhalten wird als proaktiv kategorisiert, wenn bei der Bearbeitung einer Aufgabe die letzte Pre-Eingabe-Fixation auf das vertikale Display gerichtet ist. Den

	Schubsen	*Zeigen*
Proaktivität	85,73%	97,80%
Intentionsschätzung		
Genauigkeit	79,79%	87,82%
Sensitivität	71,16%	79,78%

Tab. 5.11: Proaktivität der letzten Pre-Eingabe-Fixation und Qualität der Intentionsschätzung für beide betrachteten Interaktionstechniken.

dargestellten Werten zur Bewertung der Qualität der Intentionsschätzung durch Genauigkeit und Sensitivität liegt die Betrachtung der Intentionsschätzung als Klassifikation zugrunde. Dabei werden die einzelnen Ziele als Klassen aufgefasst, wobei eine zusätzliche Rückweisungsklasse eingeführt wird, welcher jene Beispiele zugeordnet werden, für die keine Schätzung möglich ist. Bei der Bewertung der Klassifikationsergebnisse werden nur jene Messungen betrachtet, welche dem Vertikalmonitor zugeordnet wurden. Für die Ableitung der Maße, Genauigkeit und Sensitivität aus den Klassifikationsergebnissen bzw. der Konfusionsmatrix sei auf Anhang D verwiesen.

Für beide Interaktionstechniken zeigen sich sowohl ein hoher Anteil proaktiven Blickverhaltens als auch gute Ergebnisse für die Schätzung der Intention des Benutzers. Für die Interaktionstechnik *Zeigen* sind dabei deutlich höhere Werte zu beobachten. Die gesteigerte Proaktivität bei der Technik *Zeigen* lässt sich damit begründen, dass das die Bewegung des Objekts auslösende Ereignis (Wechsel der Handpose) in Kombination mit der Zeigegeste ausgeführt wird. Durch die Zeigegeste wird der Blick offensichtlich auf den Zielbereich gelenkt und muss zur Auslösung

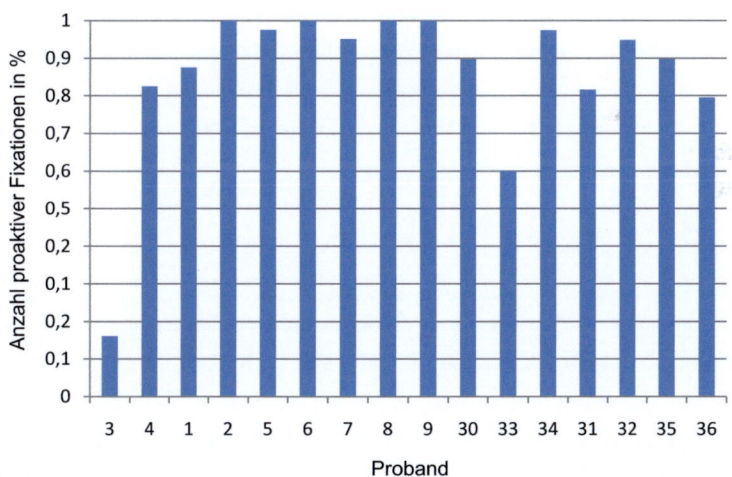

Abb. 5.34: Proaktivität der letzten Pre-Eingabe-Fixation für die Interaktionstechnik *Schubsen*. Die Probanden 1 und 11 weichen deutlich vom überwiegend proaktiven Blickverhalten der restlichen Probanden ab.

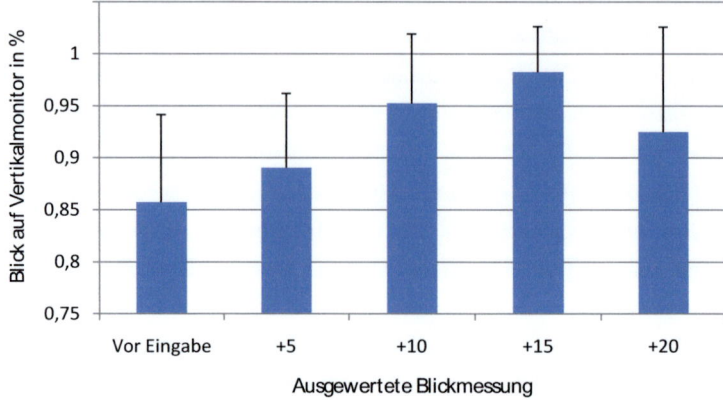

Abb. 5.35: Entwicklung des Anteils der dem vertikalen Display zugeordneten Blickmessungen für die Interaktionstechnik *Schubsen* und unterschiedliche Messungen nach der Eingabe des Benutzers. $+5, ..., +20$ bezeichnen die 5-te,...,20-te Blickmessung nach der Eingabe durch den Benutzer (Schubsbewegung).

der Objektbewegung nicht mehr abgewendet werden. Bei der Interaktionstechnik *Schubsen* geschieht die Ausführung der entsprechenden Eingabe (Schubsbewegung) hingegen auf der horizontalen Anzeigefläche. Der Aufmerksamkeitsfokus der meisten Benutzer ist bei der Ausführung der Eingabe zwar trotzdem auf den Vertikalmonitor gerichtet, allerdings weichen in der durchgeführten Benutzerstudie insbesondere zwei Versuchspersonen stark davon ab. Dies ist in Abbildung 5.34 ersichtlich, wo die Anzahl an proaktiven letzten Pre-Eingabe-Fixationen in Prozent über alle Aufgaben für die einzelnen Probanden dargestellt ist. Insbesondere bei den Probanden 1 und 11 kann in den aufgezeichneten Videos des Blickbewegungsmessgeräts beobachtet werden, dass diese zunächst durch Blickzuwendung auf die horizontale Anzeige überprüfen, ob das Objekt selektiert ist bzw. sich in Bewegung setzt und erst danach ihren Aufmerksamkeitsfokus auf das vertikale Display richten. In Abbildung 5.35 ist für Blickpositionsmessungen mit unterschiedlichem zeitlichen Abstand zur Eingabe des Benutzers der dem vertikalen Display zugeordnete Anteil über alle Benutzer für die Interaktionstechnik *Schubsen* dargestellt. Dieser steigt mit zunehmendem Abstand vom Zeitpunkt der Eingabe deutlich an und erreicht ähnliche Werte wie die bei der Interaktionstechnik *Zeigen*. Der Rückgang für die 20-te Blickpositionsmessung nach der Eingabe lässt sich damit begründen, dass sich zu diesem Zeitpunkt das Objekt schon fast im Zielbereich befindet und der Blick daher bereits zum Teil wieder anderen Objekten bzw. der Darstellung des nächsten Objekts auf dem horizontalen Display zugewendet wird.

Der aus Tabelle 5.11 ersichtliche Unterschied zwischen den beiden Techniken bezüglich der Qualität der Intentionsschätzung (Genauigkeit, Sensitivität) lässt sich ähnlich wie bei der Proaktivität begründen. Durch die Zeigegeste konzentriert sich die letzte Pre-Eingabe-Fixation bei der Technik *Zeigen* mehr auf den Zielbereich als auf die Bewegungsphase des Objekts. Letzteres ist bei der Technik *Schubsen* der Fall. Fixationen im Zielbereich lassen sich robuster dem jeweiligen Ziel zuordnen als Fixationen entlang des Bewegungspfades des Objekts. Dies zeigt sich insbesondere in der Verwechslungshäufigkeit von Intentionsschätzungen für Zielbereiche mit fast identischen Bewegungspfaden des Objekts (z.B. T_3 und T_4). Dies ist aus den in Tabelle 5.12 dargestellten Konfusionsmatrizen ersichtlich. Auch bei der Qualität der Schätzung der Intention des Benutzers zeigt sich ein Anstieg, wenn Messungen der Blickposition nach der Eingabe des Benutzers als Basis für die Schätzung herangezogen werden. Dies ist aus Abbildung 5.36 ersichtlich. Für die 10-te Messung nach der Eingabe ergibt sich eine Genauigkeit von 82,35% und eine Sensitivität von 72,64%. Bei der 15-ten steigen diese Werte auf 87,40% bzw. 79,23% an und liegen

Wahres Ziel	Geschätztes Ziel					Wahres Ziel	Geschätztes Ziel				
	T_0	T_1	T_2	T_3	T_4		T_0	T_1	T_2	T_3	T_4
T_0	92	7	1	0	0	T_0	109	7	0	0	0
T_1	14	71	17	1	1	T_1	12	100	9	0	0
T_2	0	0	85	16	3	T_2	0	1	109	10	1
T_3	0	0	0	78	16	T_3	0	0	2	105	14
T_4	0	3	1	19	62	T_4	0	3	0	14	76
(a)						(b)					

Tab. 5.12: Konfusionmatrizen mit Ergebnissen der Intentionsschätzung für die Techniken *Schubsen* (a) und *Zeigen* (b).

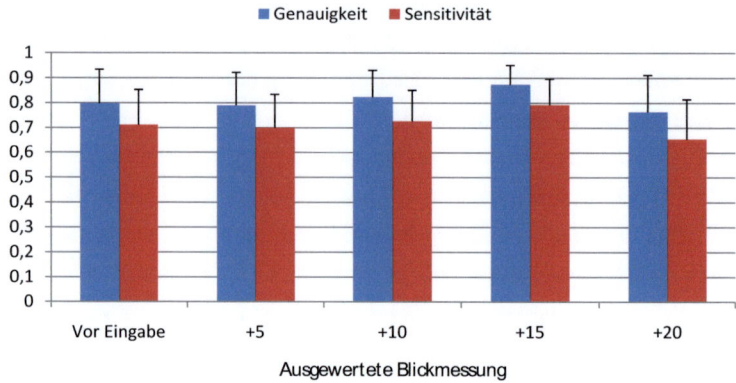

Abb. 5.36: Entwicklung der Qualität der Intentionsschätzung für Post-Eingabe Blickmessungen. $+5, ..., +20$ bezeichnen die 5-te,...,20-te Blickmessung nachdem die Eingabe
registriert wurde.

damit im gleichen Bereich wie die Werte für die Technik *Zeigen* vor der Eingabe des
Benutzers. Diese Werte entsprechen einer Korrektklassifikationsrate von 92,13%.

Subjektive Daten

Ergänzend zu den Blickbewegungsdaten werden durch den in Anhang E.4 dargestellten Fragebogen erhobene subjektive Daten ausgewertet. In Abbildung 5.37 sind die
Ergebnisse zu allgemeinen, nicht auf die Interaktionstechniken bezogenen Fragen
dargestellt.

Daraus ist ersichtlich, dass die Aufgabe für alle Probanden verständlich ist.
Drei von 16 Probanden geben an, dass sie bemerkt haben, dass es sich um ein
Wizard-of-Oz-Experiment handelt, d.h., dass der Versuchsleiter das System steuert.
Aufgrund der Reaktion der Probanden beim Lesen bzw. Beantworten der Frage
lässt sich allerdings sagen, dass dies während der Interaktion nur vermutet wurde
bzw. lediglich festgestellt wurde, dass sich das Objekt in der ersten Phase des
Experiments immer ins richtige Ziel bewegt.

Für beide Interaktionstechniken geben im Mittel 4 Probanden an, dass das
System nicht Erwartungskonform reagiert. Als Grund hierfür werden die künstlich

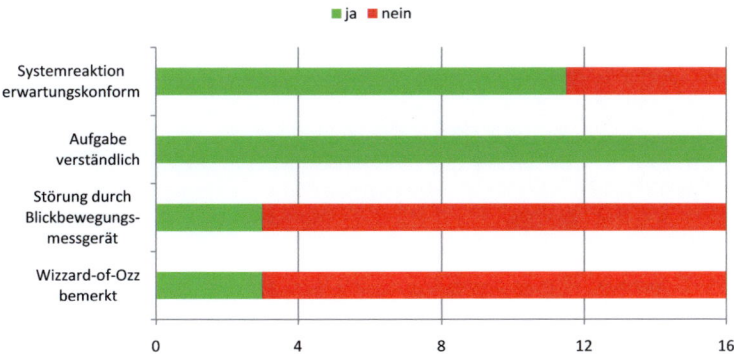

Abb. 5.37: Ergebnisse zu den allgemeinen Fragen des Fragebogens.

eingebauten Fehlreaktionen gegen Ende des Versuchs angegeben. Diese Angaben beziehen sich also nicht auf die Interaktionstechniken an sich.

In Abbildung 5.38 ist die Bewertung der beiden Interaktionstechniken anhand unterschiedlicher Kriterien dargestellt. Daraus geht hervor, dass die Technik *Zeigen* leicht besser bezüglich der Genauigkeit eingeschätzt wird. Wobei an dieser Stelle darauf hingewiesen wird, dass das Ergebnis beider Interaktionstechniken

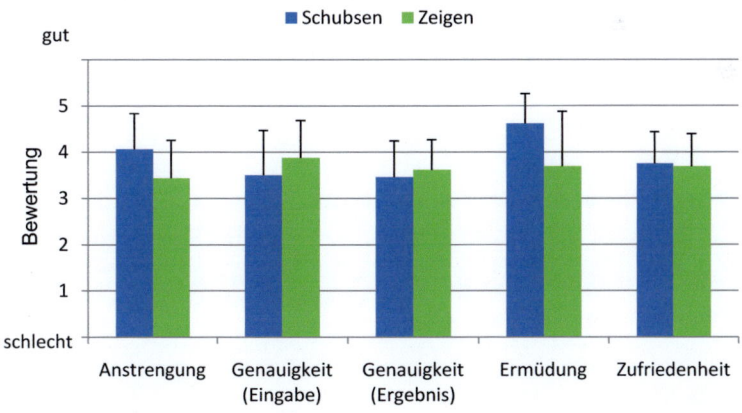

Abb. 5.38: Subjektive Bewertung der beiden Interaktionstechniken anhand unterschiedlicher Kriterien (einzeln).

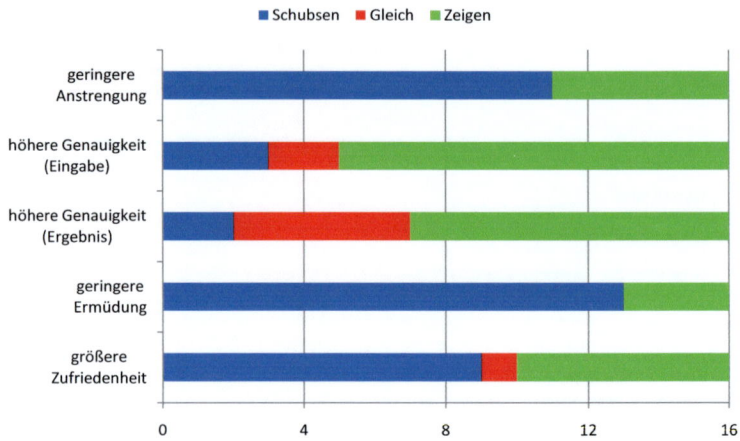

Abb. 5.39: Subjektive Bewertung der beiden Interaktionstechniken anhand unterschiedlicher Kriterien (direkter Vergleich).

aufgrund des Wizard-of-Oz-Experiments, objektiv gesehen, exakt gleich war. Der Mittelwertunterschied zwischen den beiden Techniken ist weder für die Bewertung der Genauigkeit des Ergebnisses noch für die der Eingabe statistisch signifikant (Ergebnis: $t(24) = 0{,}548$; $p = 0{,}589$; Eingabe: $t(30) = 1{,}192$; $p = 0{,}243$). Bei der Bewertung hinsichtlich Anstrengung und Ermüdung ergeben sich hingegen statistisch signifikante Mittelwertunterschiede zugunsten der Technik *Schubsen* (Anstrengung: $t(30) = -2{,}229$; $p = 0{,}033$; Ermüdung: $t(19) = -2{,}467$; $p = 0{,}024$). Bezüglich des Kriteriums Zufriedenheit ergibt sich kein statistisch signifikanter Unterschied ($t(30) = -0{,}255$; $p = 0{,}801$).

Werden die Probanden gebeten, die beiden Techniken direkt als besser oder schlechter bezüglich der einzelnen Kriterien einzuordnen, so ergibt sich das in Abbildung 5.39 dargestellte Bild. Dabei zeigt sich dieselbe Tendenz wie bei der getrennten Bewertung der Techniken.

5.5.5 Diskussion

Aus den subjektiven Bewertungen der beiden untersuchten Interaktionstechniken geht hervor, dass die Technik *Schubsen* den erwarteten Vorteil bezüglich körperlicher Ermüdung und Anstrengung tatsächlich bietet. *Schubsen* wird von 81% der Probanden als weniger ermüdend bewertet als *Zeigen*. Es ist zu erwarten, dass sich diese Bewertung noch weiter zugunsten der Technik *Schubsen* verschiebt, wenn die Nutzung der Techniken über einen längeren Zeitraum untersucht wird, als das im Rahmen dieser Arbeit möglich war.

Für eine genaue Interaktion mit einer Interaktionstechnik wie *Schubsen*, bei der die Eingabe durch den Benutzer nur sehr grob erfolgt, kann für eine exakte Interaktion eine weitere Eingabemodalität hinzugezogen werden. Die oben dargestellten Ergebnisse bezüglich der Proaktivität des Blickverhaltens vor und nach der auslösenden Schubsbewegung sowie zur Schätzung der Intention des Benutzers zeigen, dass der Blick in dieser Hinsicht eine vielversprechende Modalität darstellt. Mit dem hier gewählten Modellierungsansatz kann die Intention des Benutzers für die Technik *Schubsen* vor der Eingabe in 88% der Fälle und nach der Eingabe zu 92% korrekt geschätzt werden (Korrektklassifikationsrate). Als Fehler treten fast ausschließlich Verwechslungen mit räumlich nah beieinander liegenden bzw. entlang der Bewegungsbahn des Objekts auf einer Geraden liegenden Ziele auf. Eine multimodale Interaktionstechnik ließe sich daher so gestalten, dass das Objekt zunächst gemäß der Schätzung vor der Eingabe in die Richtung der voneinander nur schwer unterscheidbaren Ziele in Bewegung gesetzt wird und das Blickverhalten während der Bewegung des Objekts dann zur Verfeinerung der Schätzung genutzt wird. Ebenso könnten als Grundlage für die initiale Bewegungsrichtung des Objekts auch Daten aus dem Gestenerkennungssystem hinzugezogen werden.

Beim *Schubsen* wird ein deutlich geringerer Anteil an proaktiven Fixationen vor der Bewegung des Objekts festgestellt als beim *Zeigen*. Ein möglicher Grund hierfür ist die subjektive Wahrnehmung der Technik *Schubsen* als ungenau und grob. Wie in Abschnitt 5.2 und Abschnitt 5.4 gezeigt, hat die Sicherheit des mentalen Modells einen signifikanten Einfluss auf die Proaktivität von natürlichem Blickverhalten. Dies könnte auch in diesem Fall zu einer reduzierten Proaktivität des Blickverhaltens im Vergleich zur Technik *Zeigen* führen.

Auch hinsichtlich der Verbesserung der Genauigkeit von Zeigegesten durch die multimodale Kombination mit Blick kann auf Basis der Ergebnisse ein positives Fazit gezogen werden. Bei der Technik *Zeigen* kann in knapp 92% der Fälle die Intention des Benutzers vor der Eingabe korrekt geschätzt werden (Korrektklassifikationsrate) und das Blickverhalten vor der Auslösung der Objektbewegung durch den Wechsel der Handpose ist in 97% proaktiv.

Ein weiterer interessanter Aspekt bezüglich der Nutzung von natürlichem Blickverhalten als Eingabe ergibt sich aus der Bewertung von *Schubsen* als ungenaue Eingabe und den Kommentaren zum Wizard-of-Oz-Experiment. Aus den Kommentaren geht hervor, dass einige Benutzer sich während des Experiments wundern, warum sich das Objekt immer ins korrekte Ziel bewegt. Derselbe Effekt kann eintreten, wenn das System tatsächlich auf natürliches Blickverhalten im Sinne der Interaktionstechnik *Schubsen* reagiert. Im optimalen Fall würde sich das Objekt, wie im Experiment, immer ins korrekte Ziel bewegen. Bei einzelnen Versuchspersonen kann beobachtet werden, dass diese beginnen, Fehlreaktionen des Systems zu provozieren, wenn trotz der groben Eingabe per Handgeste das Objekt korrekt abgelegt wird. Daher könnte es bei der Umsetzung von Interaktionstechiken, welche natürliches Blickverhalten interpretieren und nutzen, sinnvoll sein, dem Benutzer das Funktionsprinzip der blickbasierten Interaktion bewusst zu machen (z.B. durch entsprechendes Feedback), um eine entsprechende mentale Modellbildung zu ermöglichen.

In dem hier vorgestellten Experiment sind die Zielbereiche räumlich relativ weit voneinander entfernt angeordnet. Wie nah sich einzelne Zielbereiche zueinander befinden dürfen, um noch eine robuste Intentionsschätzung gewährleisten zu können, hängt maßgeblich von der Genauigkeit der Blickbewegungsmessung ab. Daher kann mit der zunehmenden Genauigkeit von Blickbewegungsmessgeräten auch der Einsatz für feiner strukturierte Bedienoberflächen in Betracht gezogen werden.

Abschließend kann auf Basis der Ergebnisse aus der durchgeführten Benutzerstudie gesagt werden, dass auch in dem hier betrachteten Anwendungsfall das im Rahmen der Arbeit entwickelte Framework eine gute Basis für die Schätzung der Intention des Benutzers darstellt. Es konnte zudem gezeigt werden, dass sich zahlreiche Vorteile aus der Integration von Blick und Handgesten in eine multimodalen Interaktionstechnik ergeben, insbesondere ist dies die Verbesserung der Genauigkeit von ungenauen Eingabekanälen wie sie hier durch Schubs- und Zeigegesten repräsentiert sind. Durch multimodale Interaktionstechniken wie *Schubsen* ist eine deutliche Reduktion der subjektiv empfundenen körperlichen Beanspruchung möglich.

5.6 Zusammenfassung und Fazit

In diesem Kapitel wurde die Nutzung des Blicks in multimodalen Interaktionstechniken und insbesondere in Kombination mit Handgesten untersucht. Im Gegensatz zu den gängigen, in der Literatur nachgewiesenen Ansätzen wurde hier systematisch die Nutzung von *natürlichem* Blickverhalten untersucht. Dadurch wird insbesondere der natürlichen Verwendung des menschlichen Blicks zur Perzeption der Umwelt Rechnung getragen und eine bewusste Abweichung davon für dessen Nutzung als Eingabemodalität für die Mensch-Maschine-Interaktion vermieden.

Anhand von zwei Benutzerstudien konnten maßgebliche Einflussfaktoren auf natürliches Blickverhalten in interaktiven Umgebungen identifiziert und charakterisiert werden. Insbesondere sind dies die räumliche Distanz zwischen Start- und Zielposition bei Verschiebeaufgaben sowie das mentale Modell des Benutzers. Dabei wurden relevante Merkmale von Multi-Display-Umgebungen, wie die unterschiedliche Größe von Anzeigen, die Interaktion über Displaygrenzen hinweg und mit entfernten Anzeigen explizit berücksichtigt.

Auf Basis der Erkenntnisse aus den Benutzerstudien wurde ein formales Framework entwickelt und anhand von zwei Anwendungsbeispielen validiert und evaluiert. Dabei konnte gezeigt werden, dass sich sowohl das mentale Modell des Benutzers als auch dessen Intention auf Basis einer formalen Beschreibung der Interaktionsaufgabe und unterschiedlichen mentalen Modellen zuverlässig schätzen lässt. Diese aus natürlichem Blickverhalten abgeleitete Information lässt sich beispielsweise für die Gestaltung adaptiver Mensch-Maschine-Schnittstellen nutzen, welche sich an den Zustand des mentalen Modells des Benutzers anpasst (z.B. an Experten und Novizen). Anhand zweier Interaktionstechniken zum Verschieben von Objekten zwischen einer Anzeige im Greifraum des Benutzers und einer entfernten Anzeige wurden neue Möglichkeiten zur Kombination von Blick und Handgesten auf Basis des im Rahmen der Arbeit entwickelten Frameworks dargestellt und evaluiert. Die Ergebnisse zeigen, dass sich durch eine blickbasierte Intentionsschätzung insbesondere die fehlende Genauigkeit bei groben Handgesten (z.B. Schubsen) ausgleichen lässt und damit die Gestaltung von ermüdungsarmen multimodalen Interaktionstechniken möglich wird.

Gegenüber bisherigen Modellierungsansätzen aus der Literatur bietet das entwickelte Framework insbesondere die Möglichkeit der Berücksichtigung von unsicheren mentalen Modellen durch deren explizite Repräsentation, die automatische Ableitung von Lösungsstrategien aus der Aufgaben- und Systembeschreibung sowie der automatischen Interpretation von natürlichem Blickverhalten in interaktiven dynamischen Umgebungen.

Der Aufwand zur Beschreibung des Systemverhaltens kann für komplexe Systeme sehr groß werden, was die Anwendbarkeit des hier gewählten modellbasierten Ansatzes zunächst einschränkt. Allerdings setzen sich die meisten interaktiven Systeme aus Standardelementen zusammen (z.B. Menüs, Knöpfe, Fenster). Deren formale Beschreibung lässt sich für unterschiedliche Anwendungen wiederverwenden bzw. zu einer modularen Beschreibung von komplexeren Systemen zusammensetzen. Zudem könnte die Beschreibung des Systemverhaltens zukünftig automatisch aus der Programmlogik bzw. der Beschreibung der graphischen Benutzungsoberfläche abgeleitet werden.

Im Vergleich zu möglichen modellfreien Ansätzen lässt sich das vorgestellte Framework bei gegebener Systembeschreibung einfach auf neue Aufgaben in derselben interaktiven Umgebung anwenden. Bei modellfreien Ansätzen müsste das System für jede Aufgabe und für unterschiedliche mentale Modelle neu trainiert werden.

Im Rahmen dieser Arbeit wurden hauptsächlich Blickdaten vor der ersten Eingabe durch den Benutzer analysiert, um daraus Schätzungen für Intention und mentales Modell abzuleiten. Dies hat den Vorteil, dass die daraus abgeleitete Information bereits vor der ersten Eingabe zu Verfügung steht und entsprechend für die Gestaltung von Interaktionstechniken genutzt werden kann. Prinzipiell steckt auch im natürlichen Blickverhalten während des Interaktionsprozesses wertvolle Information über die genannten Größen, wie an entsprechender Stelle in diesem Kapitel bereits gezeigt. Das vorgestellte Framework lässt sich auch für die Interpretation dieser Daten nutzen.

Zusammenfassend kann gesagt werden, dass das natürliche Blickverhalten in interaktiven Umgebungen wertvolle Information enthält, welche sich gewinnbringend bei der Gestaltung von multimodalen Interaktionstechniken nutzen lässt. Mit dem im Rahmen dieser Arbeit entwickelten Framework wurde ein wichtiger Grundstein für dessen Interpretation gelegt und unterschiedliche Nutzungsmöglichkeiten aufgezeigt und evaluiert.

6 Schlussbetrachtungen

Im Rahmen dieser Arbeit wurden neue Ansätze zur Interaktion in Multi-Display-Umgebungen entwickelt und untersucht. Herkömmliche Eingabegeräte wie Maus, Tastatur und berührungs- oder stiftsensitive Oberflächen schränken die Interaktion in solchen Umgebungen stark ein. In dieser Arbeit wurden Handgesten und Blick als viel versprechende, sich gegenseitig in ihren Eigenschaften ergänzende Eingabemodalitäten betrachtet. Im Folgenden werden die Ergebnisse der Arbeit zusammengefasst, diskutiert und Anknüpfungspunkte für zukünftige Arbeiten abgeleitet.

Die Arbeit leistet im Wesentlichen Beiträge auf drei Gebieten. Auf dem Gebiet der **Erfassung und Interpretation von Eingaben** in Multi-Display-Umgebungen sowie bezüglich **gestenbasierter Interaktion** in Multi-Display-Umgebungen werden folgende Hauptbeiträge durch die Arbeit geleistet:

- Ein neues Verfahren zur videobasierten Lokalisierung von Hand und Fingerspitzen in 3D sowie zur Klassifikation von unterschiedlichen Handposen in einer Multi-User-/Multi-Display-Umgebung. Im Gegensatz zu bestehenden Ansätzen erlaubt das System insbesondere eine effiziente und robuste Klassifikation einer großen Menge an unterschiedlichen Handposen und ist auf handelsüblicher Hardware in Echtzeit lauffähig. Es wurde sowohl im Labor als auch auf Messen mit großen Besucherzahlen erfolgreich erprobt und evaluiert.

- *Lift-and-Drop*: Eine neue gestenbasierte Interaktionstechnik zum Verschieben von Objekten zwischen unterschiedlichen Displays im Greifraum des Benutzers. Aus der Untersuchung dieser Technik konnten neue Erkenntnisse bezüglich der Nutzung der dreidimensionalen Erfassung von Hand und Fingerspitzen für die displayübergreifende Interaktion gewonnen werden. Im direkten Vergleich mit Techniken aus der Literatur konnte im Rahmen einer Benutzerstudie gezeigt

werden, dass kontinuierliches Feedback während der Interaktion über Displaygrenzen hinweg im Vergleich zu Feedback, welches nur bei der Berührung
einzelner Anzeigen dargestellt wird, zu einer stabileren Leistung der Benutzer
führt.

- *PointMenues*: Eine neue gestenbasierte Interaktionstechnik zur Bedienung
  von entfernten Anzeigen in Multi-Display-Umgebungen. Die Untersuchung
  unterschiedlicher Gestaltungsoptionen zur Selektion von Objekten auf entfernten Anzeigen ergab, dass die untersuchten einhändigen Techniken sowohl
  bezüglich objektiver Leistungsdaten als auch in subjektiven Bewertungen signifikant besser abschneiden als die betrachtete zweihändige Technik. Bezüglich
  der Selektion von entfernten Objekten durch einen zeitlichen Schwellwert
  oder durch einen Wechsel der Handpose konnten keine signifikanten Unterschiede festgestellt werden. Allerdings konnte für die letztere Variante ein
  Geschwindigkeitsvorteil nachgewiesen werden.

Als Nebenbeiträge auf diesen Gebieten wurden unterschiedliche Möglichkeiten der
Nutzung von Handposen zur Erweiterung des Eingaberaums von Multi-Touchscreens
vorgeschlagen und bewertet sowie eine generische und modulare Softwarearchitektur
zur kontextsensitiven Interpretation von Eingaben in Multi-Display-Umgebungen
entwickelt.

Auf dem Gebiet der **multimodalen Interaktion** leistet die Arbeit im Wesentlichen folgende Beiträge:

- Eine Charakterisierung und formale Beschreibung von natürlichem Blickverhalten in interaktiven Umgebungen sowie die Identifikation unterschiedlicher
  Einflussfaktoren. Insbesondere konnten Zusammenhänge zwischen der Anzahl
  an Fixation und dem Abstand zwischen Start- und Zielbereich bei Verschiebeaufgaben sowie der Einfluss mentaler Modellbildung auf das natürliche
  Blickverhalten und insbesondere auf dessen Proaktivität nachgewiesen werden.

- Ein neuer Ansatz zur formalen Beschreibung der Zusammenhänge zwischen
  dem mentalen Modell des Benutzers, der Aufgabe, anderen Eingabemodalitäten und natürlichem Blickverhalten. Im Gegensatz zu existierenden Ansätzen
  aus dem Bereich kognitiver Modelle erlaubt das entwickelte Framework die

Beschreibung wissensbasierter Einflussfaktoren und die automatische Generierung von optimalen Lösungsstrategien auf Basis der Aufgabenbeschreibung. Der Ansatz wurde anhand von zwei Anwendungsbeispielen validiert und evaluiert. Der Einfluss der Aufgabe sowie des mentalen Modells des Benutzers auf dessen natürliches Blickverhalten konnte durch eine Vorwärtsmodellierung erklärt werden. Zudem konnte gezeigt werden, dass sich auf Basis des Modells aus gemessenen Blickbewegungsdaten Schätzungen für die Intention und das mentale Modell des Benutzers ableiten lassen.

- Durch die Gegenüberstellung zweier multimodaler Interaktionstechniken in einem Wizard-of-Oz-Experiment konnte gezeigt werden, dass sich durch die Nutzung von blickbasierten Intentionsschätzungen die Anforderungen an die Genauigkeit der Eingabe in einer anderen Modalität deutlich reduzieren lassen. Anhand einer neuen Interaktionstechnik *Schubsen* konnte zudem nachgewiesen werden, dass dadurch eine deutliche Reduktion der körperlichen Ermüdung bei der Interaktion in weiträumigen interaktiven Umgebungen möglich ist.

Die Ergebnisse dieser Arbeit bieten Hilfestellung bei der Gestaltung von Interaktionstechniken in Multi-Display-Umgebungen, umfassen aber auch konkrete Werkzeuge und Systeme zur Umsetzung der Techniken sowie zur multimodalen Integration von natürlichem Blickverhalten in Mensch-Maschine-Schnittstellen.

Auf Basis der oben skizzierten Ergebnisse dieser Arbeit ergibt sich eine Vielzahl an möglichen Anknüpfungspunkten für weiterführende Arbeiten. Aus technischer Sicht eröffnet die Verfügbarkeit von kostengünstiger Sensorik zur Erfassung von Tiefenbildern neue Möglichkeiten die Robustheit des im Rahmen der Arbeit entwickelten videobasierten Gestenerkennungssystems weiter zu verbessern bzw. die Verfahren in Umgebungen mit komplexerer Hintergrundstruktur zu übertragen. Die im Rahmen der Arbeit gewonnenen Erkenntnisse bezüglich gestenbasierter Interaktion in Multi-Display-Umgebungen können als Grundlage zur weiterführenden Exploration des Gestaltungsspielraums genutzt werden. Insbesondere die weitere Untersuchung und Etablierung von Metaphern zur Gestaltung von Post-WIMP-Benutzungskonzepten (engl.: *Windows, Icons, Menues, Pointers*), welche das volle Potential neuer Eingabemodalitäten wie Handgesten und Blick ausschöpfen, birgt für Multi-Display-Umgebungen noch viele wissenschaftliche Fragestellungen. Ebenso kann das entwickelte Framework zur multimodalen Integration von natürlichem Blickverhalten als Basis zur weiterführenden Untersuchung von Einsatzmöglichkeiten von Blick als zusätzliche Eingabemodalität genutzt werden. Insbesondere die Erweiterung des Frameworks um zusätzliche relevante Einflussfaktoren sowie die Anwendung auf weitere Interaktionsaufgaben bietet Raum für weiterführende, interdisziplinäre Forschungsarbeiten.

A Überführung eines POMDP in ein Belief-MDP

Ein Belief-MDP $(\mathcal{B},\mathcal{A},P(\underline{\boldsymbol{b}}_{t+1}|\underline{\boldsymbol{a}}_t,\underline{\boldsymbol{b}}_t),r(\underline{a},\underline{b}))$ ist eine äquivalente Darstellung für ein POMDP $(\mathcal{S},\mathcal{A},\mathcal{O},P(\underline{\boldsymbol{s}}_{t+1}|\underline{\boldsymbol{a}}_t,\underline{\boldsymbol{s}}_t),P(\underline{\boldsymbol{o}}_{t+1}|\underline{\boldsymbol{a}}_t,\underline{\boldsymbol{s}}_{t+1}),r(\underline{a},\underline{s}))$. Im Folgenden wird dargestellt, wie ein POMDP in die Darstellung als Belief-MDP überführt werden kann. Die skizzierte Herleitung ist dabei an [19] angelehnt.

Der Zustandsraum des Belief-MDP besteht aus kontinuierlichen Zuständen $\underline{b} \in \mathcal{B}$, welche die Überzeugung des Agenten beschreiben, dass sich das System in einem bestimmten Zustand befindet. Dies kann durch

$$\underline{b}(\underline{s}) = P(\underline{\boldsymbol{s}} = \underline{s}) \tag{A.1}$$

ausgedrückt werden. Die Menge an Aktionen $\mathcal{A}$ ist dieselbe wie die des POMDPs. Die Zustandsübergangswahrscheinlichkeit ergibt sich durch

$$
\begin{aligned}
P(\underline{\boldsymbol{b}}_{t+1}|\underline{\boldsymbol{a}}_t,\underline{\boldsymbol{b}}_t) &= \sum_{\underline{o}\in\mathcal{O}} P(\underline{\boldsymbol{b}}_{t+1}|\underline{\boldsymbol{a}}_t,\underline{\boldsymbol{b}}_t,\underline{\boldsymbol{o}}_{t+1}=\underline{o})P(\underline{\boldsymbol{o}}_{t+1}=\underline{o}|\underline{\boldsymbol{a}}_t,\underline{\boldsymbol{b}}_t) \\
&= \sum_{\underline{o}\in\mathcal{O}} P(\underline{\boldsymbol{b}}_{t+1}|\underline{\boldsymbol{a}}_t,\underline{\boldsymbol{b}}_t,\underline{\boldsymbol{o}}_{t+1}=\underline{o}) \sum_{\underline{s}'\in\mathcal{S}} P(\underline{\boldsymbol{o}}_{t+1}=\underline{o}|\underline{\boldsymbol{a}}_t,\underline{\boldsymbol{s}}_{t+1}=\underline{s}') \\
&\quad \cdot \sum_{\underline{s}\in\mathcal{S}} P(\underline{\boldsymbol{s}}_{t+1}=\underline{s}'|\underline{\boldsymbol{a}}_t,\underline{\boldsymbol{s}}_t=\underline{s})b_t(\underline{s})
\end{aligned}
\tag{A.2}
$$

wobei

$$
P(\underline{\boldsymbol{b}}_{t+1}|\underline{\boldsymbol{a}}_t,\underline{\boldsymbol{b}}_t,\underline{\boldsymbol{o}}_{t+1}) = \begin{cases} 1 & \text{falls } \underline{b}_o^a = \underline{b}_{t+1}, \\ 0 & \text{sonst.} \end{cases}
\tag{A.3}
$$

und

$$\underline{b}_{\underline{o}}^{a}(\underline{s}') = \frac{P(\underline{\boldsymbol{o}}_{t+1} = \underline{o}|\boldsymbol{a}_t = \underline{a}, \boldsymbol{s}_{t+1} = \underline{s}') \sum_{\underline{s} \in \mathcal{S}} P(\boldsymbol{s}_{t+1} = \underline{s}'|\boldsymbol{a}_t = \underline{a}, \boldsymbol{s}_t = \underline{s}) b_t(\underline{s})}{P(\underline{\boldsymbol{o}}_{t+1} = \underline{o}|\boldsymbol{a}_t = \underline{a}, \boldsymbol{b}_t)} \quad . \text{(A.4)}$$

Dabei beschreibt $\underline{b}_{\underline{o}}^{a}(\underline{s}')$ den Belief-Zustand nachdem eine Aktion $\underline{a}$ ausgeführt und eine Beobachtung $\underline{o}$ gemacht wurde. Der Term im Nenner des Bruchs geht dabei aus dem Übergang von der ersten zur zweiten Zeile in (A.2) hervor. Die Gütefunktion ist definiert durch

$$r(\underline{b}_t, \underline{a}_t) = \sum_{\underline{s} \in \mathcal{S}} \underline{b}_t(\underline{s}) r(\underline{s}, \underline{a}_t) \quad . \tag{A.5}$$

B Zwischenrechnung zur Approximation von V_{bMDP}^*

B.1 Zwischenrechnung zu Modellierungsoption 1

Im Folgenden wird gezeigt, dass der in Abschnitt 5.4 als erste Modellierungsoption betrachtete Definition der kumulativen Gütefunktion zur Unabhängigkeit von der Blickposition $\underline{f}$ führt. Der Ansatz ist dabei

$$Q(\underline{a},\underline{b}) = \sum_{\underline{s}\in\mathcal{S}} \underline{b}(\underline{s})r(\underline{a},\underline{s}) + \gamma \sum_{\underline{o}\in\mathcal{O}} P(\underline{o}_{t+1} = \underline{o}|\underline{a}_t = \underline{a}, \underline{b}_t = \underline{b}) \cdot \sum_{\underline{s}'\in\mathcal{S}} \underline{b}_{\underline{o}}^{\underline{a}}(\underline{s}') \cdot V_{MDP}^*(\underline{s}').$$

Der zweite Summand der Formel lässt sich wie folgt umformen:

$$
\begin{aligned}
&\sum_{\underline{o}\in\mathcal{O}} P(\underline{o}_{t+1}|\underline{a}_t,\underline{b}_t) \cdot \sum_{\underline{s}'\in\mathcal{S}} \underline{b}_{\underline{o}}^{\underline{a}}(\underline{s}') \cdot V_{MDP}^*(\underline{s}') \\
&= \sum_{\underline{o}\in\mathcal{O}} P(\underline{o}_{t+1}|\underline{a}_t,\underline{b}_t) \cdot \sum_{\underline{s}'\in\mathcal{S}} \frac{P(\underline{o}_{t+1}|\underline{a}_t,\underline{s}_{t+1})\sum_{\underline{s}\in\mathcal{S}} P(\underline{s}_{t+1}|\underline{a}_t,\underline{s}_t)b_t(\underline{s})}{P(\underline{o}_{t+1}|\underline{a}_t,\underline{b}_t)} \cdot V_{MDP}^*(\underline{s}') \\
&= \sum_{\underline{o}\in\mathcal{O}} \sum_{\underline{s}'\in\mathcal{S}} P(\underline{o}_{t+1}|\underline{a}_t,\underline{s}_{t+1}) \sum_{\underline{s}\in\mathcal{S}} P(\underline{s}_{t+1}|\underline{a}_t,\underline{s}_t)b_t(\underline{s}) \cdot V_{MDP}^*(\underline{s}') \\
&= \sum_{\underline{s}'\in\mathcal{S}} \sum_{\underline{o}\in\mathcal{O}} P(\underline{o}_{t+1}|\underline{a}_t,\underline{s}_{t+1}) \sum_{\underline{s}\in\mathcal{S}} P(\underline{s}_{t+1}|\underline{a}_t,\underline{s}_t)b_t(\underline{s}) \cdot V_{MDP}^*(\underline{s}') \\
&= \sum_{\underline{s}'\in\mathcal{S}} \sum_{\underline{s}\in\mathcal{S}} P(\underline{s}_{t+1}|\underline{a}_t,\underline{s}_t)b_t(\underline{s}) \cdot V_{MDP}^*(\underline{s}').
\end{aligned}
\tag{B.1}
$$

Damit ergibt sich

$$Q(\underline{a},\underline{b}) = \sum_{\underline{s}\in\mathcal{S}} \underline{b}(\underline{s})r(\underline{a},\underline{s}) + \gamma \sum_{\underline{s}'\in\mathcal{S}} \sum_{\underline{s}\in\mathcal{S}} P(\underline{s}_{t+1}|\underline{a}_t,\underline{s}_t)b_t(\underline{s}) \cdot V_{MDP}^*(\underline{s}').$$

Dieser Term ist unabhängig von $\underline{f}$, da das Beobachtungsmodell $P(\underline{\boldsymbol{o}}_{t+1}|\underline{\boldsymbol{a}}_t,\underline{\boldsymbol{b}}_t)$ mit $\underline{\boldsymbol{a}}_t = \begin{bmatrix}\boldsymbol{f}_t,\boldsymbol{i}_t\end{bmatrix}$ nicht mehr enthalten ist.

B.2 Zwischenrechnung zu Modellierungsoption 2

Im Gegensatz zur ersten Modellierungsoption werden bei der zweiten lediglich positive Beobachtungen berücksichtigt. Damit ergibt sich der Ansatz

$$Q(\underline{a},\underline{b}) = \sum_{\underline{s}\in\mathcal{S}} \underline{b}(\underline{s})r(\underline{a},\underline{s}) + \gamma P(\underline{\boldsymbol{o}}_{t+1}=1|\underline{\boldsymbol{a}}_t=\underline{a},\underline{\boldsymbol{b}}_t=\underline{b}) \cdot \sum_{\underline{s}'\in\mathcal{S}} \underline{b}^{\underline{a}}_o(\underline{s}') \cdot V^*_{MDP}(\underline{s}').$$

Bis auf die letzte Zeile ist die Umformung identisch mit der für die erste Option. Als letzter Umformungsschritt ergibt sich

$$\sum_{\underline{s}'\in\mathcal{S}}\sum_{\underline{o}\in\mathcal{O}} P(\underline{\boldsymbol{o}}_{t+1}|\underline{\boldsymbol{a}}_t,\underline{\boldsymbol{s}}_{t+1}) \sum_{\underline{s}\in\mathcal{S}} P(\underline{\boldsymbol{s}}_{t+1}|\underline{\boldsymbol{a}}_t,\underline{\boldsymbol{s}}_t)b_t(\underline{s}) \cdot V^*_{MDP}(\underline{s}')$$
$$= \sum_{\underline{s}'\in\mathcal{S}} P(\underline{\boldsymbol{o}}_{t+1}=1|\underline{\boldsymbol{a}}_t,\underline{\boldsymbol{s}}_{t+1}) \sum_{\underline{s}\in\mathcal{S}} P(\underline{\boldsymbol{s}}_{t+1}|\underline{\boldsymbol{a}}_t,\underline{\boldsymbol{s}}_t)b_t(\underline{s}) \cdot V^*_{MDP}(\underline{s}')$$

und damit

$$Q(\underline{a},\underline{b}) = \sum_{\underline{s}\in\mathcal{S}} \underline{b}(\underline{s})r(\underline{a},\underline{s}) + \gamma \sum_{\underline{s}'\in\mathcal{S}} P(\underline{\boldsymbol{o}}_{t+1}=1|\underline{\boldsymbol{a}}_t,\underline{\boldsymbol{s}}_{t+1}) \sum_{\underline{s}\in\mathcal{S}} P(\underline{\boldsymbol{s}}_{t+1}|\underline{\boldsymbol{a}}_t,\underline{\boldsymbol{s}}_t)b_t(\underline{s}) \cdot V^*_{MDP}(\underline{s}').$$

C Hinweise zur Wahl der Gütefunktion

Bei der Berechnung der Q-Funktion nach (5.39) wird der aufgrund des mentalen Modells und einer Eingabe erwartete nächste Systemzustand sowohl mit der kumulierten Gütefunktion V^*_{MDP} als auch mit der Beobachtungswahrscheinlichkeit $P(\boldsymbol{o}_{t+1} = 1|\underline{\boldsymbol{a}}_t, \underline{\boldsymbol{b}}_t)$ gewichtet. Durch die Definition der Gütefunktion $r(\underline{a}, \underline{s})$ kann auf das Gewichtungsverhältnis indirekt Einfluss genommen werden. Dies wird im Folgenden dargestellt und analysiert.

Durch die Wahl der Werte in der Gütefunktion $r(\cdot)$ nach (5.28) wird die optimale kumulative Gütefunktion V^*_{MDP} in zweierlei Hinsicht beeinflusst. Einerseits wird die Verteilung der Werte für unterschiedliche $\underline{s}$ über die Höhe der Belohnung für bestimmte Zielbereiche beeinflusst. Andererseits wird die Höhe dieser Werte durch die Differenz zwischen positiven Werten von $r(\cdot)$ (z.B. Belohnung im Zielbereich) und negativen Werten (z.B. Kosten für Aktionen) indirekt vorgegeben. Um diese Einflüsse des Modellparameters besser beschreiben zu können wird V^*_{MDP} im Folgenden aufgetrennt in

$$V^*_{MDP}(\underline{s}) = v_s \cdot \bar{V}^*_{MDP}(\underline{s}) + v_a \ , \tag{C.1}$$

wobei $\bar{V}^*_{MDP}$ die auf den Bereich zwischen 0 und 1 normierte Version von V^*_{MDP} und v_s bzw. v_a die entsprechenden skalaren Normierungsgrößen bezeichnen. Dabei ist $v_a = \min\{V^*_{MDP}\}$ und $v_s = \max\{V^*_{MDP}\} - v_a$. Wird (C.1) in (5.39) eingesetzt so ergibt sich

$$
\begin{aligned}
Q(\underline{a},\underline{b}) = &\sum_{\underline{s}\in S} \underline{b}(\underline{s}) r(\underline{a},\underline{s}) + \\
&v_s \cdot 0{,}9\gamma \sum_{\underline{s}'\in S_F} \sum_{\underline{s}\in S} P(\underline{s}_{t+1} = \underline{s}'|\underline{s}_t = \underline{s}, \underline{a}_t = \underline{a}) \cdot b(\underline{s}) \cdot \bar{V}^*_{MDP}(\underline{s}') + \\
&v_a \cdot 0{,}9\gamma \sum_{\underline{s}'\in S_F} \sum_{\underline{s}\in S} P(\underline{s}_{t+1} = \underline{s}'|\underline{s}_t = \underline{s}, \underline{a}_t = \underline{a}) \cdot b(\underline{s}) + \\
&v_s \cdot 0{,}1\gamma \sum_{\underline{s}'\in S_P} \sum_{\underline{s}\in S} P(\underline{s}_{t+1} = \underline{s}'|\underline{s}_t = \underline{s}, \underline{a}_t = \underline{a}) \cdot b(\underline{s}) \cdot \bar{V}^*_{MDP}(\underline{s}') + \\
&v_a \cdot 0{,}1\gamma \sum_{\underline{s}'\in S_P} \sum_{\underline{s}\in S} P(\underline{s}_{t+1} = \underline{s}'|\underline{s}_t = \underline{s}, \underline{a}_t = \underline{a}) \cdot b(\underline{s}).
\end{aligned}
\tag{C.2}
$$

Damit beschreiben die beiden Faktoren v_s und v_a die Gewichtung zwischen jenen Komponenten von $Q(\underline{a},\underline{b})$ die die Aktion $\underline{a}$ und den Zustand $\underline{b}$ unter Einbeziehung der kumulativen Gütefunktion bewerten (durch v_s) und jenen die lediglich die Wahrscheinlichkeit einer Beobachtung beschreiben (durch v_a). Während v_a maßgeblich durch die Werte von $r_2(\underline{s})$ beeinflusst werden kann, wird v_s hauptsächlich durch die Wahl der Kosten für Aktionen $r_1(\underline{a})$ bestimmt. Damit lässt sich das Verhältnis zwischen beiden Komponenten über den Quotienten

$$
v_o = \frac{v_a}{v_s} \propto \frac{r_2(\underline{s})}{r_1(\underline{a})}
\tag{C.3}
$$

ausdrücken, wobei wie in Abschnitt 5.4.1 erwähnt, bestimmte Einschränkungen für die Wahl von $r(\cdot)$ und damit auch für die Gültigkeit dieses Zusammenhangs gelten.

D Bewertung von Klassifikatoren

In einigen Kapiteln dieser Arbeit wird eine Bewertung der Leistung von Klassifikatoren auf Basis von empirischen Daten vorgenommen. In Kapitel 3 wird die Erkennungsleistung eines Systems zur videobasierten Handgestenerkennung evaluiert, in Kapitel 5 die Schätzung der Intention und des mentalen Modells des Benutzers. Im Folgenden werden die dort verwendeten Maße zur Bewertung der Klassifikationsleistung beschrieben. In Abschnitt D.1 wird zunächst auf die Bewertung von binären Klassifikatoren eingegangen. Abschnitt D.2 beschäftigt sich mit der in dieser Arbeit verwendeten Erweiterung auf mehrere Klassen.

D.1 Bewertung von binären Klassifikatoren

Die durch einen binären Klassifikator getroffene Entscheidung kann entweder positiv oder negativ ausfallen. Je nach Übereinstimmung mit der wahren Klassenzugehörigkeit eines Beispiels aus dem Testdatensatz kann die Entscheidung des Klassifikators einer der vier Kategorien, richtig-positiv (engl.: *true positive*, TP), falsch-negativ (engl.: *false negative*, FN), falsch-positiv (engl.: *false positive*, FP) oder richtig-negativ (engl.: *true negative*, TN) zugeordnet werden. Wird der Klassifikator auf einem Testdatensatz bestehend aus N_t Beispielen evaluiert, so ergeben sich die Größen

- n_{TP} = Anzahl richtig-positiv klassifizierter Beispiele,

- n_{FN} = Anzahl falsch-negativ klassifizierter Beispiele,

- n_{FP} = Anzahl falsch-positiv klassifizierter Beispiele,

- n_{TN} = Anzahl richtig-negativ klassifizierter Beispiele, welche häufig in Form einer Konfusionsmatrix dargestellt werden. Auf Basis dieser Größen lassen sich komplexere Maße zur Beurteilung der Leistung eines Klassifikators ableiten. Häufig werden Korrektklassifikationsrate, Genauigkeit oder Spezifität, und Sensitivität verwendet. Diese sind wie folgt definiert:

- Korrektklassifikationsrate (engl.: $accuracy$) $= \frac{n_{\mathrm{TP}}+n_{\mathrm{TN}}}{n_{\mathrm{TP}}+n_{\mathrm{FN}}+n_{\mathrm{FP}}+n_{\mathrm{TN}}}$

- Genauigkeit (engl.: $precision$) $= \frac{n_{\mathrm{TP}}}{n_{\mathrm{TP}}+n_{\mathrm{FP}}}$

- Sensitivität (engl.: $sensitivity, recall$) $= \frac{n_{\mathrm{TP}}}{n_{\mathrm{TP}}+n_{\mathrm{FN}}}$

- Spezifität (engl.: $specificity$) $= \frac{n_{\mathrm{TN}}}{n_{\mathrm{TN}}+n_{\mathrm{FP}}}$

Die Korrektklassifikationsrate stellt dabei eine Schätzung der Wahrscheinlichkeit dar, dass ein Beispiel richtig klassifiziert wird. Die Genauigkeit ist hingegen eine Schätzung für die bedingte Wahrscheinlichkeit, dass ein als positiv klassifiziertes Beispiel auch richtig-positiv ist. Die Sensitivität ist ein Maß dafür, mit welcher Wahrscheinlichkeit ein tatsächlich positives Beispiel auch als solches vom Klassifikator erkannt wird und die Spezifität beschreibt die Wahrscheinlichkeit, dass ein tatsächlich negatives Beispiel korrekt als solches klassifiziert wird.

Während die Korrektklassifikationsrate einzeln als Maß für die Bewertung eines Klassifikators herangezogen werden kann, so sind Spezifität und Genauigkeit nur in Kombination mit der Sensitivität aussagekräftig.

D.2 Erweiterung auf mehrere Klassen

Für die Erweiterung der obigen Maße auf mehrere Klassen wird zunächst die Konfusionsmatrix $\mathbf{X}$ definiert, wobei $x_{i,j}$ die Anzahl der Testdaten bezeichnet, welche von der Klasse h_i stammen und der Klasse h_j zugeordnet wurden.

Eine Möglichkeit zur Anwendung der Maße für binäre Klassifikatoren besteht darin, für jede Klasse ein binäres Klassifikationsproblem der Form „eine gegen alle anderen Klassen" zu formulieren. Damit ergeben sich für eine bestimmte Klasse h_i

$$n_{\mathrm{TP}}^i \;=\; x_{i,i} \;, \tag{D.1}$$

$$n_{\mathrm{FN}}^i \;=\; \sum_{j \neq i} x_{i,j} \;, \tag{D.2}$$

$$n_{\mathrm{FP}}^i \;=\; \sum_{j \neq i} x_{j,i} \text{ und} \tag{D.3}$$

$$n_{\mathrm{TN}}^i \;=\; \sum_{j \neq i} x_{j,j} \;. \tag{D.4}$$

Über Mittelwertbildung lassen sich daraus die obigen Größen Korrektklassifikationsrate, Genauigkeit, Sensitivität und Spezifität berechnen. Dabei lassen sich zwei Möglichkeiten zur Mittelwertbildung unterscheiden. Bei einer Makrobewertung (engl.: *macro averaging*) wird zunächst für jede Klasse die jeweilige Zielgröße berechnet und anschließend über alle Klassen der Mittelwert gebildet. Bei der Mikrobewertung (engl.: *micro averaging*) wird zuerst über n_{TP}^i, n_{FN}^i, n_{FP}^i und n_{TN}^i gemittelt und dann die entsprechende Zielgröße berechnet. Bei letzterem Ansatz wird damit der Umfang der einzelnen Klassen bei der Bewertung mit berücksichtigt, bei dem zuerst genannten nicht.

Da bei den in dieser Arbeit betrachteten Klassifikationsproblemen von einer ausgewogenen Anzahl an Beispielen für die einzelnen Klassen ausgegangen werden kann, wird, sofern nicht anders vermerkt, eine Makrobewertung durchgeführt. Für weitere Details und Grundlagen zu den oben dargestellten Maßen zur Bewertung von Klassifikatoren sei auf [38, 116] verwiesen.

E Verwendete Fragebögen

In diesem Abschnitt sind die im Rahmen der Arbeit verwendeten Fragebögen dargestellt. Diese dienen der Erfassung von subjektiven Eindrücken während den durchgeführten Benutzerstudien sowie von persönlichen Daten zu den einzelnen Probanden wie deren Alter und Geschlecht. Alle erhobenen Daten wurden in anonymisierter Form gespeichert.

E.1 Fragebogen zur Benutzerstudie in Abschnitt 4.2

Der Fragebogen wurde im Rahmen von [172] ausgearbeitet und ist angelehnt an [51].

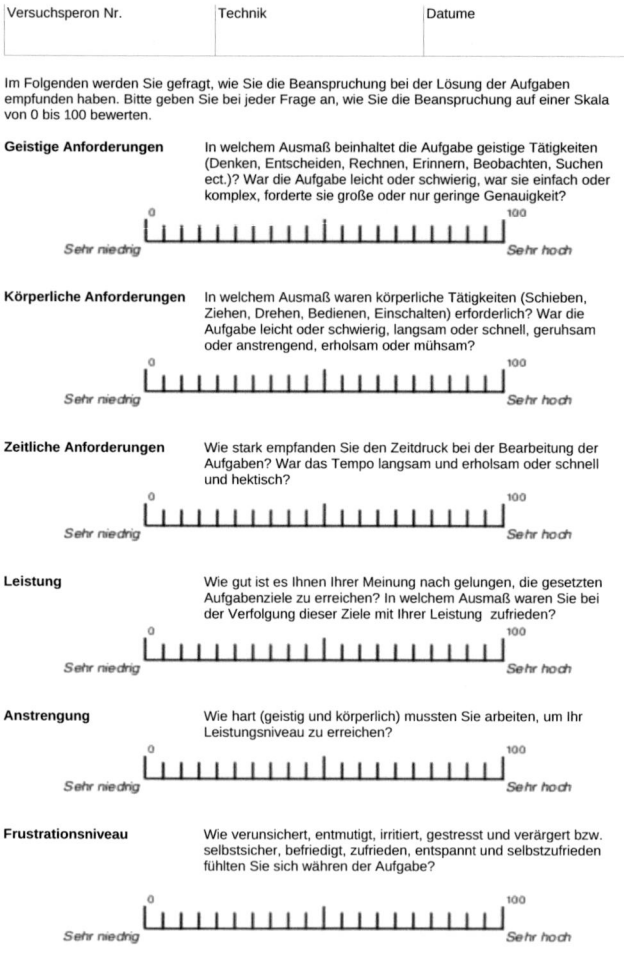

E.2 Fragebogen zur Benutzerstudie in Abschnitt 4.3

Der im Folgenden dargestellte Fragebogen wurde im Rahmen von [178] entwickelt.

Proband Nr.:   Datum:

FRAGEBOGEN

FRAGEN ZUR PERSON

Alter: ____ Jahre

Geschlecht: weiblich ❑   männlich ❑

Wie stufen Sie Ihre Kenntnisse im Umgang mit Computern ein?

sehr erfahren ❑   ❑   ❑   ❑   ❑   ❑   ❑   unerfahren

Wie häufig verwenden Sie im privaten oder beruflichen Bereich Geräte, die Multitouch-Fähig sind? (z.B. iPhone)

sehr häufig ❑   ❑   ❑   ❑   ❑   ❑   ❑   noch nie

Wie gefällt Ihnen die Möglichkeit über Handgesten zu interagieren?

sehr gut ❑   ❑   ❑   ❑   ❑   ❑   ❑   sehr schlecht

Haben Sie bereits vor diesem Versuch Erfahrung mit dem Digitalen Lagetisch gemacht?

ja ❑   nein ❑

Proband Nr.:   Datum:

FRAGEN ZUM ERSTEN DURCHGANG (ZEIT)

Wie kamen Sie mit dem Öffnen des Scroll-Menüs durch längeres Zeigen auf das entfernte Fenster zurecht?

sehr gut   ❏   ❏   ❏   ❏   ❏   ❏   ❏   sehr schlecht

Wie kamen Sie mit dem Schließen des Scroll-Menüs zurecht, wenn sich das Menü nach zwei Sekunden von selbst schließt?

sehr gut   ❏   ❏   ❏   ❏   ❏   ❏   ❏   sehr schlecht

FRAGEN ZUM ZWEITEN DURCHGANG (DAUMEN)

Wie kamen Sie mit dem Öffnen des Scroll-Menüs durch Zeigen und anschließendem Anlegen des Daumens zurecht?

sehr gut   ❏   ❏   ❏   ❏   ❏   ❏   ❏   sehr schlecht

Wie kamen Sie mit dem Schließen des Menüs über den Schließen-Button zurecht?

sehr gut   ❏   ❏   ❏   ❏   ❏   ❏   ❏   sehr schlecht

FRAGEN ZUM DRITTEN DURCHGANG (ZWEI HÄNDE)

Wie kamen Sie mit dem Öffnen des Scroll-Menüs mit beiden Händen zurecht?

sehr gut   ❏   ❏   ❏   ❏   ❏   ❏   ❏   sehr schlecht

Wie kamen Sie mit dem Schließen des Scroll-Menüs durch Verschieben über den Bildschirm zurecht?

sehr gut   ❏   ❏   ❏   ❏   ❏   ❏   ❏   sehr schlecht

Proband Nr.:   Datum:

FRAGEN ZU DEN INTERAKTIONSTECHNIKEN (INTUITIVITÄT)

Wie intuitiv fanden Sie das jeweilige Verfahren zum Öffnen des Menüs?

Lange auf das Fenster Zeigen:

    sehr intuitiv ❑ ❑ ❑ ❑ ❑ ❑ ❑ gar nicht intuitiv

Zeigen und Daumen anlegen:

    sehr intuitiv ❑ ❑ ❑ ❑ ❑ ❑ ❑ gar nicht intuitiv

Zeigen und mit der anderen Hand das Menü öffnen:

    sehr intuitiv ❑ ❑ ❑ ❑ ❑ ❑ ❑ gar nicht intuitiv

Wie intuitiv fanden Sie das jeweilige Verfahren zum Schließen des Menüs?

Menü schließt sich nach zwei Sekunden von selbst:

    sehr intuitiv ❑ ❑ ❑ ❑ ❑ ❑ ❑ gar nicht intuitiv

Auswählen des Schließen-Buttons:

    sehr intuitiv ❑ ❑ ❑ ❑ ❑ ❑ ❑ gar nicht intuitiv

Menü aus dem Bildschirm schieben:

    sehr intuitiv ❑ ❑ ❑ ❑ ❑ ❑ ❑ gar nicht intuitiv

Proband Nr.:   Datum:

FRAGEN ZU DEN INTERAKTIONSTECHNIKEN (ANSTRENGUNG)

Wie anstrengend fanden Sie das jeweilige Verfahren zum Öffnen des Menüs?

Lange auf das Fenster Zeigen:

gar nicht anstrengend ❑ ❑ ❑ ❑ ❑ ❑ ❑ sehr anstrengend

Zeigen und Daumen anlegen:

gar nicht anstrengend ❑ ❑ ❑ ❑ ❑ ❑ ❑ sehr anstrengend

Zeigen und mit der anderen Hand das Menü öffnen:

gar nicht anstrengend ❑ ❑ ❑ ❑ ❑ ❑ ❑ sehr anstrengend

Wie anstrengend fanden Sie das jeweilige Verfahren zum Schließen des Menüs?

Menü schließt sich nach zwei Sekunden von selbst:

gar nicht anstrengend ❑ ❑ ❑ ❑ ❑ ❑ ❑ sehr anstrengend

Auswählen des Schließen-Buttons:

gar nicht anstrengend ❑ ❑ ❑ ❑ ❑ ❑ ❑ sehr anstrengend

Menü aus dem Bildschirm schieben:

gar nicht anstrengend ❑ ❑ ❑ ❑ ❑ ❑ ❑ sehr anstrengend

Haben Sie Anregungen oder Verbesserungsvorschläge zu den Interaktionstechniken?

_____

_____

_____

Seite 4 von 5

Proband Nr.:   Datum:

ALLGEMEINE FRAGEN ZUR STUDIE

Was gefällt Ihnen an dem gesamten System?

_____

_____

_____

Was stört Sie an dem System und was könnte man besser machen?

_____

_____

_____

Vielen Dank, dass Sie sich die Zeit genommen haben, an dieser Evaluation teilzunehmen! Die Auswertung der Daten erfolgt selbstverständlich anonym.

E.3 Fragebogen zur Benutzerstudie in Abschnitt 5.2.1

Name: _____   UID:_____
Geburtsjahr:_____
Datum: Nummer:_____

1. Welche Reaktion des Systems erwarten Sie bei folgenden Eingaben?

   Führen Sie beim Ausfüllen der jeweiligen Felder der Tabelle die dargestellte
   Eingabekombination mit dem Touchpad aus und tragen Sie dann in das Feld die
   Systemreaktion ein, welche Sie auf Basis ihres aktuellen Wissensstandes intuitiv erwarten
   würden.

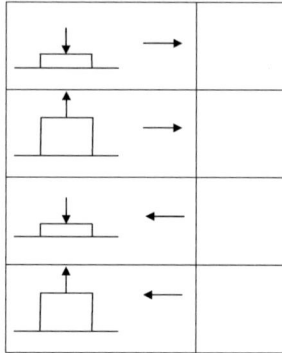

   a. Ausfüllhilfen: Füllen Sie die leeren Kästchen mit der Zahl,
      die Ihrer Meinung nach die Richtung angibt in die sich der
      Punkt aufgrund der Eingabe bewegen wird.

   b. Legende für dargestellte Eingaben:

      Taste gedrückt: Zeiger nach rechts: ⟶

      Taste nicht gedrückt: Zeiger nach links: ⟵

2. Wie sicher sind Sie bei Ihrer Aussage?

   unsicher   ○   ○   ○   ○   ○   sicher

Name: _____   UID:_____

Geburtsjahr:_____

Datum: Nummer:_____

1. Entlang welchen Pfades würden Sie den Punkt in den Zielbereich bewegen?

   Zeichnen Sie Ihren Lösungspfad mit Pfeilen in das Bild ein.

2. Welche Eingabesequenz würden Sie ausführen, um den Punkt entlang obigem Pfad zu bewegen?

Eingabe 1		Eingabe 2		Eingabe 3		Eingabe 4	
Taste		Taste		Taste		Taste	
Stift		Stift		Stift		Stift	

     a. Ausfüllanleitung: Geben Sie ihre Eingaben unter Verwendung folgender Symbole an

         „Taste" Felder: ↓   Taste gedrückt,   ↑   Taste nicht gedrückt

         „Stift" Felder: →   Stift nach rechts,   ←   Stift nach links

     b. Falls Sie mehrere Eingabekombinationen nacheinander verwenden würden, tragen Sie diese in der entsprechenden Reihenfolge in die Tabelle ein.

3. Wie sicher sind Sie bei Ihrer Aussage?

        unsicher   ○   ○   ○   ○   ○   sicher

E.4 Fragebogen zur Benutzerstudie in Abschnitt 5.5

Der im Folgenden dargestellte Fragebogen wurde im Rahmen von [171] entwickelt.

Gruppe   Versuchsnummer

_____   _____

Fragebogen

Objektive Daten

Linkshänder | Ja | | | Nein | |

Geschlecht | weiblich | | | männlich | |

Alter

unter 20 Jahren	20 – 29 Jahre	30 – 39 Jahre	40 – 49 Jahre	50 – 59 Jahre	ab 60 Jahren

Seheinschränkung

Brille	Kontaktlinsen		Falls Ja	Dioptrie links	Dioptrie rechts

1 / 6

Gruppe   Versuchsnummer

_____   _____

Subjektive Daten Versuch 1

War die Aufgabenstellung verständlich?

Ja [   ]   Nein [   ]

Hat das System gemäß Ihren Erwartungen reagiert?

Ja [   ]   Nein [   ]

Falls Nein, warum?

_____

_____

_____

Wie empfanden Sie die Anstrengung bei der Durchführung?

sehr unangenehm	unangenehm	normal	angenehm	sehr angenehm

Als wie genau empfanden Sie die durchgeführte Interaktionstechnik?

sehr ungenau	ungenau	normal	genau	sehr genau

Als wie genau empfanden Sie das Ergebnis der Interaktionstechnik?

sehr ungenau	ungenau	normal	genau	sehr genau

Wie ermüdend war die Interaktionstechnik (z.B. für die Schulter, den Arm, die Hand, die Finger,...)?

sehr ermüdend		normal		gar nicht

Wie zufrieden stellte Sie im Allgemeinen diese Interaktionstechnik?

sehr unzufrieden	unzufrieden	normal	zufrieden	sehr zufrieden

Gruppe   Versuchsnummer

_____   _____

Subjektive Daten Versuch 2

War die Aufgabenstellung verständlich?

Ja [   ]   Nein [   ]

Hat das System gemäß Ihren Erwartungen reagiert?

Ja [   ]   Nein [   ]

Falls Nein, warum?

_____

_____

_____

Wie empfanden Sie die Anstrengung bei der Durchführung?

sehr unangenehm	unangenehm	normal	angenehm	sehr angenehm

Als wie genau empfanden Sie die durchgeführte Interaktionstechnik?

sehr ungenau	ungenau	normal	genau	sehr genau

Als wie genau empfanden Sie das Ergebnis der Interaktionstechnik?

sehr ungenau	ungenau	normal	genau	sehr genau

Wie ermüdend war die Interaktionstechnik (z.B. für die Schulter, den Arm, die Hand, die Finger,…)?

sehr ermüdend		normal		gar nicht

Wie zufrieden stellte Sie im Allgemeinen diese Interaktionstechnik?

sehr unzufrieden	unzufrieden	normal	zufrieden	sehr zufrieden

Gruppe   Versuchsnummer

_____   _____

Vergleich der beiden Versuche

Bei welchem Versuch fanden sie die Durchführung als weniger anstrengend?

Versuch 1 [ ]   gleich [ ]   Versuch 2 [ ]

Bei welchem Versuch empfanden Sie die Interaktionstechnik als genauer?

Versuch 1 [ ]   gleich [ ]   Versuch 2 [ ]

Bei welchem Versuch empfanden Sie das Ergebnis der Interaktionstechnik als genauer?

Versuch 1 [ ]   gleich [ ]   Versuch 2 [ ]

Bei welchem Versuch war die Interaktionstechnik ermüdender?

Versuch 1 [ ]   gleich [ ]   Versuch 2 [ ]

Bei welchem Versuch stellte Sie die Interaktionstechnik zufriedener?

Versuch 1 [ ]   gleich [ ]   Versuch 2 [ ]

4 / 6

Gruppe   Versuchsnummer

_____   _____

Haben Sie bemerkt, dass die Systemreaktion nicht von der Gestenerkennung ausgelöst wurde, sondern vom Versuchsleiter?

Ja [ ]   Nein [ ]

Hat das Blickbewegungsmessgerät bei der Bearbeitung der Aufgabe gestört?

Ja [ ]   Nein [ ]

Falls Ja, inwiefern hat es gestört?

_____

_____

_____

Dauer: _____

Gruppe   Versuchsnummer

_____   _____

Notizen:

Abbildungsverzeichnis

Tabellenverzeichnis

Literaturverzeichnis

[1] AGARWAL, Ankur ; IZADI, Shahram ; MANMOHAN, Chandraker ; BLAKE-ANDREW: High Precision Multi-touch Sensing on Surfaces using Overhead Cameras. In: *Second Annual IEEE International Workshop on Horizontal Interactive Human-Computer Systems*. 2007, S. 197–200

[2] AHMED, N. ; NATARAJAN, T. ; RAO, K.R: Discrete Cosine Transfom. In: *IEEE Transactions on Computers* C-23 (1974), Nr. 1, S. 90–93

[3] AKYOL, Suat ; CANZLER, Ulrich ; BENGLER, Klaus ; HAHN, Wolfgang: Gesture Control for use in Automobiles. In: *IAPR Workshop on Machine Vision Applications*, 2000, S. 349–352

[4] ALBINSSON, Pär-Anders ; ZHAI, Shumin: High Precision Touch Screen Interaction. In: *Proceedings of conference on Human Factors in Computing Systems*, 2003, S. 105–112

[5] ALKHATEEB, Jawad H. ; REN, Jinchang ; JIANG, Jianmin ; IPSON, Stan S. ; EL ABED, Haikal: Word-based Handwritten Arabic Scripts Recognition using DCT Features and Neural Network Classifier. In: *5th International Multi-Conference on Systems, Signals and Devices*. 2008

[6] ANDERSON, John R. ; BOTHELL, Daniel ; BYRNE, Michael D. ; DOUGLASS, Scott ; LEBIERE, Christian ; QIN, Yulin: An Integrated Theory of the Mind. In: *Psychological Review* 111 (2004), S. 1036–1060

[7] ATHITSOS, V. ; SCLAROFF, S.: Estimating 3D hand pose from a cluttered image. In: *Proceedings of IEEE Conference on Computer Vision and Pattern Recognition*, 2003, S. II–432–9

[8] BARTON, John J. ; HSIEH, Tony ; JOHANSON, Brad ; VIJAYARAGHAVAN, Vikram ; FOX, Armando ; SHIMIZU, Tomoto: The MeetingMachine: Interactive Workspace Support for Nomadic Users. In: *Proceedings of the Fifth IEEE Workshop on Mobile Computing Systems and Applications*, 2003, S. 2–12

[9] BEERS, Robert J. ; SITTIG, Anne C. ; DENIER GON, Jan J. d.: The Precision of Proprioceptive Position Sense. In: *Experimental Brain Research* 122 (1998), Nr. 4, S. 367–377

[10] BELLENKES, A. H. ; WICKENS, C. D. ; KRAMER, A. F.: Visual Scanning and Pilot Expertise: The Role of Attentional Flexibility and Mental Model Development. In: *Aviation, space, and environmental medicine* 68 (1997), Nr. 7, S. 569–579

[11] BELLMAN, Richard: A Markovian Decision Process. In: *Indiana Univ. Math. J* 6, (1957), S. 679–684

[12] BELLMAN, Richard E.: *Dynamic Programming*. Dover. Dover Publications, 2003

[13] BERTSEKAS, Dimitri P.: *Athena Scientific Optimization and Computation Series*. Bd. 3: *Dynamic Programming and Optimal Control*. 3. Athena Scientific, 2007

[14] BIEDERT, Ralf ; BUSCHER, Georg ; DENGEL, Andreas: The eyeBook – Using Eye Tracking to Enhance the Reading Experience. In: *Informatik-Spektrum* 33 (2010), Nr. 3, S. 272–281

[15] BIEG, Hans-Joachim ; CHUANG, Lewis L. ; FLEMING, Roland W. ; REITERER, Harald ; BÜLTHOFF, Heinrich H.: Eye and Pointer Coordination in Search and Selection Tasks. In: *Proceedings of the 2010 Symposium on Eye-Tracking Research and Applications*, 2010, S. 89–92

[16] BOGEN, Manfred ; FRAUNHOFER IAIS (Hrsg.): *Produktblatt PointScreen*. 2008 (Produktblatt)

[17] BOLT, Richard A.: Put-that-there: Voice and Gesture at the Graphics Interface. In: *SIGGRAPH Computer Graphics* 14 (1980), S. 262–270

[18] BORING, Sebastian ; BAUR, Dominikus ; BUTZ, Andreas ; GUSTAFSON, Sean ; BAUDISCH, Patrick: Touch Projector: Mobile Interaction through Video. In: *Proceedings of the 28th international conference on Human factors in computing systems*, 2010, S. 2287–2296

[19] BRAZIUNAS, Darius ; UNIVERSITY OF TORONTO (Hrsg.): *POMDP solution methods*. 2003 (Technischer Bericht)

[20] BRÖCKL-FOX, Ulrich: Hand-Gesture Recognition as a 3-D Input Technique. In: *Selected Papers of the First Eurographics Workshop on Virtual Environments Advances in Research and Applications*. Springer Verlag, 1995

[21] BROWN, Liana E.: Limb Position Drift: Implications for Control of Posture and Movement. In: *Journal of Neurophysiology* 90 (2003), Nr. 5, S. 3105–3118

[22] BYRNE, Michael D.: Cognitive architecture. In: JACKO, Julie A. (Hrsg.) ; SEARS, Andrew (Hrsg.): *The Human-Computer Interaction Handbook*. Hillsdale, NJ, USA : L. Erlbaum Associates Inc, 2003, S. 97–117

[23] CARPENTER, Roger H.: *Movements of the Eyes*. 2. ed. rev. and enlarged. Pion, 1988

[24] CASSANDRA, Anthony ; LITTMAN, Michael L. ; ZHANG, Nevin L.: Incremental Pruning: A Simple, Fast, Exact Method for Partially Observable Markov Decision Processes. In: *Proceedings of the Thirteenth Conference on Uncertainty in Artificial Intelligence*, 1997, S. 54–61

[25] CHANG, Chih-Chung ; LIN, Chih-Jen: *LIBSVM: a library for support vector machines*. http://www.csie.ntu.edu.tw/~cjlin/libsvm. Version: 2001

[26] CHEN, Weiying ; FUJIKI, Ryuji ; ARITA, Daisaku ; TANIGUCHI, Rin-ichiro: Real-time 3D Hand Shape Estimation based on Image Feature Analysis and Inverse Kinematics. In: *Proceedings of the 14th International Conference on Image Analysis and Processing*, 2007, S. 247–252

[27] CHOJECKI, Paul ; LEINER, Ulrich: Berührungslose Gestik-Interaktion im Operationssaal Touchless Gesture-Interaction in the Operating Room. In: *i-com* 8 (2009), Nr. 1, S. 13–18

[28] COLLOMB, Maxime ; HASCOËT, Mountaz: Extending Drag-and-Drop to new Interactive Environments: A Multi-Display, Multi-Instrument and Multi-User Approach. In: *Interacting with Computers* 20 (2008), Nr. 6, S. 562–573

[29] COLLOMB, Maxime ; HASCOËT, Mountaz ; BAUDISCH, Patrick ; LEE, Brian: Improving Drag-and-Drop on Wall-Size Displays. In: *Proceedings of Graphics Interface*, 2005, S. 25–32

[30] DAYAN, Peter ; DAW, Nathaniel D.: Decision theory reinforcement learning and the brain. In: *Cognitive, Affective and Behavioral Neuroscience* 8 (2008), Nr. 4, S. 429–453

[31] DOHSE, K. C. ; DOHSE, Thomas ; STILL, Jeremiah D. ; PARKHURST, Derrick J.: Enhancing Multi-user Interaction with Multi-touch Tabletop Displays Using Hand Tracking. In: *Proceedings of the First International Conference on Advances in Computer-Human Interaction*, 2008

[32] DUCHOWSKI, Andrew T.: *Eye Tracking Methodology, Theory and Practice.* Springer, 2003

[33] DUDA, Richard O. ; HART, Peter E. ; STORK, David G.: *Pattern Classification.* 2. Wiles&Sons, 2001

[34] DZAACK, Jeronimo: *Analyse kognitiver Benutzermodelle für die Evaluation von Mensch-Maschine-Systemen.* Berlin, Technische Universität Berlin, Dissertation, 2008

[35] ELIPTICLABS: *Webseite Elliptic Labs.* http://www.ellipticlabs.com/, Abruf: 02.01.2011

[36] ERGONEERS: *Webseite Ergoneers GmbH.* http://www.ergoneers.com/, Abruf: 10.03.2011

[37] EROL, Ali ; BEBIS, George ; NICOLESCU, Mircea ; BOYLE, Richard D. ; TWOMBLY, Xander: Vision-based Hand Pose Estimation: A Review. In: *Computer Vision and Image Understanding* 108 (2007), Nr. 1-2, S. 52–73

[38] FERBER, Reginald: *Information Retrieval: Suchmodelle und Data-Mining-Verfahren für Textsammlungen und das Web.* 1. dpunkt-Verlag, 2003

[39] FISHER, Donald L.: Can Novice Drivers be Trained to Scan for Information that will Reduce Their Likelihood of a Crash? In: *Injury Prevention* 12 (2006), Nr. Suppl 1, S. i25–i29

[40] FLANAGAN, John R. ; JOHANSSON, Roland S.: Action Plans used in Action Observation. In: *Nature* 424 (2003), Nr. 6950, S. 769–771

[41] FOX, Armando ; JOHANSON, Brad ; HANRAHAN, Pat ; WINOGRAD, Terry: Integrating Information Appliances into an Interactive Workspace. In: *IEEE Computer Graphics and Applications* 20 (2000), Nr. 3, S. 54–65

[42] FRAUNHOFER FIT: *System gehorcht auf Fingerzeig – Softwaresteuerung durch Gesten.* http://www.fit.fraunhofer.de/presse/10-07-13.html. Version: 13. Juli 2010

[43] FUKUCHI, Kentaro ; SATO, Toshiki ; MAMIYA, Haruko ; KOIKE, Hideki: Pac-Pac: Pinching Gesture Recognition for Tabletop Entertainment System. In: *Proceedings of the International Conference on Advanced Visual Interfaces*, 2010, S. 267–273

[44] FUNK, S.: *Entwicklung eines gestisch-intuitiven Mensch-Maschine-Interfaces auf Basis der videogestützten Erkennung von Handzeichen: Technischer Bericht.* Dresden, 2002

[45] FUNKE, Joachim: *Lehr- und Forschungstexte Psychologie. Bd. 43: Wissen über dynamische Systeme: Erwerb, Repräsentation und Anwendung.* Springer, 1992

[46] GESIERICH, Benno ; BRUZZO, Angela ; OTTOBONI, Giovanni ; FINOS, Livio: Human gaze behaviour during action execution and observation. In: *Acta Psychologica* 128 (2008), Nr. 2, S. 324–330

[47] GORDON, James ; GHILARDI, Maria F. ; GHEZ, Claude: Accuracy of planar reaching movements. In: *Experimental Brain Research* 99 (1994), Nr. 1, S. 97–111

[48] GUAN, Haiying ; CHANG, Jae S. ; CHEN, Longbin ; FERIS, Rogerio S. ; TURK, Matthew: Multi-view Appearance-based 3D Hand Pose Estimation. In: *Proceedings of the 2006 Conference on Computer Vision and Pattern Recognition Workshop*, 2006, S. 154

[49] GUPTA, Lalit ; MA, Suwei: Gesture-Based Interaction and Communication: Automated Classification of Hand Gesture Contours. In: *IEEE Transactions on Systems, Man and Cybernetics, Part C (Applications and Reviews)* 31 (2001), Nr. 1, S. 114–120

[50] HAPNER, Mark ; BURRIDGE, Rich ; SHARMA, Rahul ; FIALLI, Joseph ; STOUT, Kate ; SUN MICROSYSTEMS, Inc (Hrsg.): *Java Message Service: JMS Specification: Version 1.1.* 2002

[51] HART, Sandra G. ; STAVELAND, Lowell E.: Development of NASA-TLX (Task Load Index): Results of Empirical and Theoretical Research. In: *Human Mental Workload* Bd. 1. North-Holland, 1988, S. 139–183

[52] HASCOËT, Mountaz: Throwing Models for large Displays. In: *HCI 2003, Designing for Society* 2, (2003), S. 77–108

[53] HAYHOE, Mary ; BALLARD, Dana: Eye Movements in Natural Behavior. In: *Trends in Cognitive Sciences* 9 (2005), Nr. 4, S. 188–194

[54] HINCKLEY, Ken: Synchronous Gestures for Multiple Persons and Computers. In: *Proceedings of the 16th annual ACM symposium on User interface software and technology*, 2003, S. 149–158

[55] HINCKLEY, Ken ; RAMOS, Gonzalo ; GUIMBRETIERE, Francois ; BAUDISCH, Patrick ; SMITH, Marc: Stitching: Pen Gestures that Span Multiple Displays. In: *Proceedings of the working conference on Advanced visual interfaces*, 2004, S. 23–31

[56] HOLMQUIST, Lars E. ; MATTERN, Friedemann ; SCHIELE, Bernt ; ALAHUHTA, Petteri ; BEIGL, Michael ; GELLERSEN, Hans-Werner: Smart-Its Friends: A Technique for Users to Easily Establish Connections between Smart Artefacts.

In: *Proceedings of the 3rd international conference on Ubiquitous Computing.* Springer-Verlag, 2001, S. 116–122

[57] HORNIK, Kurt: Approximation capabilities of multilayer feedforward networks. In: *Neural Networks* 4 (1991), Nr. 2, S. 251–257

[58] HSU, Chih-Wei ; CHANG, Chih-Chung ; LIN, Chih-Jen ; NATIONAL TAIWAN UNIVERSITY (Hrsg.): *A Practical Guide to Support Vector Classification: Technischer Bericht.* 2003

[59] HSU, Chih-Wei ; LIN, Chih-Jen: A Comparison of Methods for Multiclass Support Vector Machines. In: *IEEE Transactions on Neural Networks* 13 (2002), Nr. 2, S. 415–425

[60] HYRSKYKARI, Aulikki ; MAJARANTA, Päivi ; RÄIHÄ, Kari-jouko: Proactive Response to Eye Movements. In: *Proc. INTERACT - IFIP Conference on Human-Computer Interaction*, 2003, S. 129–136

[61] JACOB, Robert J. ; KARN, Keith S.: Eye Tracking in Human-Computer Interaction and Usability Research: Ready to Deliver the Promises. In: *The Mind's Eye: Cognitive and Applied Aspects of Eye Movement Research.* Elsevier Science, 2003, S. 573–605

[62] JOHANSON, Brad ; FOX, Armando: The Event Heap: a coordination infra-structure for interactive workspaces. In: *Proceedings Fourth IEEE Workshop on Mobile Computing Systems and Applications*, 2002, S. 83–93

[63] JOHANSON, Brad ; FOX, Armando ; WINOGRAD, Terry: The Interactive Workspaces project: Experiences with Ubiquitous Computing Rooms. In: *IEEE Pervasive Computing* 1 (2002), Nr. 2, S. 67–74

[64] JOHANSSON, Roland S. ; WESTLING, Göran ; BÄCKSTRÖM, Anders ; FLANA-GAN, J. R.: Eye-Hand Coordination in Object Manipulation. In: *The Journal of Neuroscience* 21 (2001), Nr. 17, S. 6917–6932

[65] JOHNSON, Chris A. ; KELTNER, John L. ; BALESTRERY, Frank: Effects of Target Size and Eccentricity on Visual Detection and Resolution. In: *Vision Research* 18 (1978), Nr. 9, S. 1217–1222

[66] KAKUMANU, P. ; MAKROGIANNIS, S. ; BOURBAKIS, N.: A Survey of Skin-Color Modeling and Detection Methods. In: *Pattern Recognition* 40 (2007), S. 1106–1122

[67] KALGAONKAR, Kaustubh ; RAJ, Bhiksha: One-handed Gesture Recognition using Ultrasonic Doppler Sonar. In: *Proceeding of IEEE International Conference on Acoustics, Speech and Signal*, 2009

[68] KANDEMIR, Melih ; SAARINEN, Veli-Matti ; KASKI, Samuel: Inferring Object Relevance from Gaze in Dynamic Scenes. In: *Proceedings of the 2010 Symposium on Eye-Tracking Research and Applications*, 2010, S. 105–108

[69] KATZ, Irvin R. ; MACK, Robert ; MARKS, Linn ; ROSSON, Mary B. ; NIELSEN, Jakob ; ZIMMERMAN, Thomas G. ; SMITH, Joshua R. ; PARADISO, Joseph A. ; ALLPORT, David ; GERSHENFELD, Neil: Applying electric field sensing to human-computer interfaces. In: *Proceedings of the SIGCHI conference on Human factors in computing systems*, 1995, S. 280–287

[70] KIERAS, David E. ; MEYER, David E.: An overview of the EPIC architecture for cognition and performance with application to human-computer interaction. In: *Human-Computer Interaction* 12 (1997), S. 391–438

[71] KINECT: *Webseite Kinect für Xbox 360.* http://www.xbox.com/kinect/, Abruf: 03.01.2011

[72] KLEMM, Elmar: *Einführung in die Statistik: Für die Sozialwissenschaften.* 1. Westdt. Verl, 2002

[73] KOIKE, Hideki ; SATO, Yoichi ; KOBAYASHI, Yoshinori: Integrating Paper and Digital Information on EnhancedDesk: A Method for Realtime Finger Tracking on an Augmented Desk system. In: *ACM Transactions on Computer-Human Interaktion* 8 (2001), S. 307–322

[74] KOLLORZ, Eva ; PENNE, Jochen ; HORNEGGER, Joachim ; BARKE, Alexander: Gesture Recognition with a Time-Of-Flight Camera. In: *International Journal of Intelligent Systems Technologies and Applications* 5 (2008), Nr. 3/4, S. 334

[75] KOMOGORTSEV, Oleg V. ; JAYARATHNA, Sampath ; KOH, Do H. ; GOWDA, Sandeep M.: Qualitative and Quantitative Scoring and Evaluation of the Eye Movement Classification Algorithms. In: *Proceedings of the 2010 Symposium on Eye-Tracking Research and Applications*, 2010, S. 65–68

[76] KRAMER, Arthur F. ; WIEGMANN, Douglas A. ; KIRLIK, Alex: *Series in human-technology interaction*. Bd. 4: *Attention: From Theory to Practice*. Oxford University Press, 2007

[77] LAND, Michael F.: Vision, eye movements, and natural behavior. In: *Visual Neuroscience* (2009), Nr. 26, S. 51–62

[78] LAND, Michael F. ; LEE, D. N.: Where we Look when we Steer. In: *Nature* 369 (1994), Nr. 6483, S. 742–744

[79] LAND, Michael F. ; MCLEOD, Peter: From Eye Movements to Actions: How Batsmen Hit the Ball. In: *Nature Neuroscience* 3 (2000), Nr. 12, S. 1340–1345

[80] LAW, Benjamin ; ATKINS, M. S. ; KIRKPATRICK, A. E. ; LOMAX, Alan J.: Eye gaze patterns differentiate novice and experts in a virtual laparoscopic surgery training environment. In: *Proceedings of the 2004 symposium on Eye tracking research and applications*. San Antonio, Texas : ACM, 2004, S. 41–48

[81] LETESSIER, Julien ; BÉRARD, François: Visual Tracking of Bare Fingers for Interactive Surfaces. In: *Proceedings of the 17th annual ACM symposium on User interface software and technology*. New York, NY, USA : ACM, 2004, S. 119–122

[82] LIN, Yijia ; DOU, Jiqing ; WANG, Hongmei: Contour shape description based on an arch height function. In: *Pattern Recognition* 25 (1992), Nr. 1, S. 17–23

[83] LU, Feng ; LU, Wei: Handwritten Numeral Recognition Based on DCT Coefficients and Neural Network. In: *2005 International Conference on Neural Networks and Brain*, 2005, S. 219–221

[84] MAJARANTA, Päivi ; KARI-JOUKO, Räihä: Twenty years of eye typing: systems and design issues. In: *Proceedings of the 2002 symposium on Eye tracking research and applications*, 2002, S. 15–22

[85] MARTIN, J. ; DEVIN, V. ; CROWLEY, J. L.: Active Hand Tracking. In: *Proceedings of the 3rd. International Conference on Face and Gesture Recognition*, 1998, S. 573–578

[86] MATHWORKS: *Webseite MathWorks Deutschland.* http://www.mathworks.de/, Abruf: 20.02.2011

[87] MICROSOFT: *Webseite Microsoft Surface.* http://www.microsoft.com/surface/, Abruf: 13.02.2011

[88] MISTRY, Pranav ; MAES, Pattie ; CHANG, Liyan: WUW - Wear Ur World: A Wearable Gestural Interface. In: *Proceedings of the 27th international conference extended abstracts on Human factors in computing systems*, 2009, S. 4111–4116

[89] MIT: *Softwarepaket mit Kinect-Demos: mit-ros-pkg.* http://www.ros.org, Abruf: 10.03.2011

[90] MOLLER, Martin F.: A Scaled Conjugate Gradient Algorithm for Fast Supervised Learning. In: *Neural Networks* 6 (1993), Nr. 4, S. 525–533

[91] NACENTA, Miguel A. ; ALIAKSEYEU, Dzmitry ; SUBRAMANIAN, Sriram ; GUTWIN, Carl: A Comparison of Techniques for Multi-Display Reaching. In: *Proceedings of the SIGCHI conference on Human factors in computing systems*, 2005, S. 371–380

[92] NACENTA, Miguel A. ; SALLAM, Samer ; CHAMPOUX, Bernard ; SUBRAMANIAN, Sriram ; GUTWIN, Carl: Perspective Cursor: Perspective-Based Interaction for Multi-Display Environments. In: *Proceedings of the SIGCHI conference on Human Factors in computing systems*, 2006, S. 289–298

[93] NACENTA, Miguel A.: *Cross-Display Object Movement in Multi-Display Environments*, The University of Saskatchewan, Diss., 2010

[94] NEWELL, Allen: *The William James Lectures.* Bd. 1987: *Unified Theories of Cognition.* Harvard Univ. Press, 1994

[95] NICKEL, Kai ; STIEFELHAGEN, Rainer: Pointing Gesture Recognition based on 3D-Tracking of Face, Hands and Head Orientation. In: *Proceedings of the 5th International Conference on Multimodal Interfaces*, 2003, S. 140–146

[96] NINTENDO: *Webseite Nintendo.* http://www.nintendo.de/, Abruf: 13.02.2011

[97] OBLONG: *Webseite Oblong.* http://www.oblong.com, Abruf: 15.02.2011

[98] OH, Ji-Young ; STUERZLINGER, Wolfgang: Laser Pointers as Collaborative Pointing Devices. In: *Graphics Interfaces.* 2002, S. 141–149

[99] O'HAGAN, Rochelle ; ZELINSKY, Alexander: Visual Gesture Interfaces for Virtual Environments. In: *Proceedings of the First Australasian User Interface Conference*, 2000, S. 73–80

[100] OKA, Kenji ; SATO, Yoichi ; KOIKE, Hideki: Real-Time Tracking of Multiple Fingertips and Gesture Recognition for Augmented Desk Interface Systems. In: *Proceedings of the Fifth IEEE International Conference on Automatic Face and Gesture Recognition*, 2002

[101] PAPADIMITRIOU, Christos H. ; TSITSIKLIS, John N.: The Complexity of Markov Decision Processes. In: *Mathematics of Operations Research* 12 (1987), Nr. 3, S. 441–450

[102] PAVLOVIC, V.I ; SHARMA, R. ; HUANG, T.S: Visual Interpretation of Hand Gestures for Human-Computer Interaction: A Review. In: *IEEE Transactions on Pattern Analysis and Machine Intelligence* 19 (1997), Nr. 7, S. 677–695

[103] PELZ, Jeff ; HAYHOE, Mary ; LOEBER, Russ: The Coordination of Eye, Head, and Hand Movements in a Natural Task. In: *Experimental Brain Research* 139 (2001), Nr. 3, S. 266–277

[104] PMDTEC: *Webseite PMDTec.* http://www.pmdtec.com/, Abruf: 10.03.2011

[105] POINT GREY RESEARCH: *Webseite Point Grey Research.* http://www.ptgrey.com/, Abruf: 10.03.2011

[106] PRIMESENSE: *Webseite PrimeSense.* http://www.primesense.com/, Abruf: 02.01.2011

[107] QUEK, Francis K. H.: Toward a Vision-Based Hand Gesture Interface. In: *Proceedings of the Conference on Virtual Reality Software and Technology,* 1994, S. 17–31

[108] QUEK, Francis K. H.: Eyes in the Interface. In: *Image and Vision Computing* 13 (1995), Nr. 6, S. 511–525

[109] RASMUSSEN, Jens: Skills, Rules, and Knowledge; Signals, Signs, and Symbols, and other Distinctions in Human Performance Models. In: *IEEE Transactions on Systems, Man, and Cybernetics* 13 (1983), Nr. 3, S. 257–266

[110] REHFELD, Nils: *Codierte Marker als Mess- und Interaktionskomponente für das Kindermuseum ZOOM in Wien.* 2001 (Fraunhofer IITB Jahresbericht)

[111] REKIMOTO, Jun: Pick-and-Drop: A Direct Manipulation Technique for Multiple Computer Environments. In: *Proceedings of the 10th annual ACM symposium on User interface software and technology,* 1997, S. 31–39

[112] REKIMOTO, Jun: A Multiple Device Approach for Supporting Whiteboard-Based Interactions. In: *Proceedings of the SIGCHI Conference on Human Factors in Computing Systems,* 1998, S. 344–351

[113] REKIMOTO, Jun: GestureWrist and GesturePad: Unobtrusive Wearable Interaction Devices. In: *Proceedings of the 5th IEEE International Symposium on Wearable Computers.* IEEE Computer Society, 2001, S. 21

[114] REKIMOTO, Jun ; SAITOH, Masanori: Augmented Surfaces: A Spatially Continuous Work Space for Hybrid Computing Environments. In: *Proceedings of the SIGCHI conference on Human factors in computing systems: the CHI is the limit,* 1999, S. 378–385

[115] ROSALES, Rómer ; ATHITSOS, Vassilis ; SIGAL, Leonid ; SCLAROFF, Stan: 3D Hand Pose Reconstruction using Specialized Mappings. In: *Proceedings of the Eighth IEEE International Conference on Computer Vision* Bd. 1. 2001, S. 378–385

[116] SALTON, Gerard ; MCGILL, Michael J.: *Introduction to Modern Information Retrieval.* McGraw-Hill, 1983 (McGraw-Hill Computer Science Series)

[117] SALVUCCI, Dario D.: An Integrated Model of Eye Movements and Visual Encoding. In: *Cognitive Systems Research* 1 (2001), Nr. 4, S. 201–220

[118] SALVUCCI, Dario D. ; ANDERSON, John R.: Automated Eye-Movement Protocol Analysis. In: *Human-Computer Interaction* 16 (2001), Nr. 1, S. 39–86

[119] SALVUCCI, Dario D. ; GOLDBERG, Joseph H.: Identifying Fixations and Saccades in Eye-Tracking Protocols. In: *Proceedings of the 2000 symposium on Eye tracking research and applications*, 2000, S. 71–78

[120] SALVUCCI, Dario D. S.: Toward a Unified Framework for Tracking Cognitive Processes. In: *Proceedings of the 25th Annual Conference of the Cognitive Science Society.* 2003, S. 1023–1028

[121] SATO, Yoichi ; SAITO, Makiko ; KOIK, Hideki: Real-Time Input of 3D Pose and Gestures of a User's Hand and Its Applications for HCI. In: *Proceedings of the Virtual Reality Conference*, 2001

[122] SCHICK, Alexander ; CAMP, Florian van d. ; IJSSELMUIDEN, Joris ; STIEFELHAGEN, Rainer: Extending touch: towards interaction with large-scale surfaces. In: *Proceedings of the ACM International Conference on Interactive Tabletops and Surfaces*, 2009

[123] SCHMIDTKE, Heinz: *Handbuch der Ergonomie: HdE, mit ergonomischen Konstruktionsrichtlinien und Methoden.* 2., überarb. und erw. Hanser, 1989

[124] SCHÖLKOPF, Bernhard ; SMOLA, Alexander J.: *Learning with kernels: Support vector machines, regularization, optimization, and beyond.* MIT Press, 2002 (Adaptive computation and machine learning)

[125] SHAPIRO, S. S. ; WILK, M. B.: An analysis of variance test for normality (complete samples). (1965)

[126] SHNEIDERMAN, Ben ; PLAISANT, Catherine: *Designing the User Interface: Strategies for Effective Human-Computer Interaction*. 4. Pearson, 2005

[127] SMARTEYE: *Webseite SmartEye*. `http://www.smarteye.se/`, Abruf: 10.03.2011

[128] SMI: *Webseite Sensomotoric Instruments*. `http://www.smivision.com/`, Abruf: 10.03.2011

[129] SMI ; SENSOMOTORIC INSTRUMENTS GMBH (Hrsg.): *iView X Manual Version 1.03.09*. 2003

[130] SMITH, Barton A. ; HO, Janet ; ARK, Wendy ; ZHAI, Shumin: Hand Eye Coordination Patterns in Target Selection. In: *Proceedings of the 2000 symposium on Eye tracking research and applications*, 2000, S. 117–122

[131] SMITH, J. R.: Field Mice: Extracting Hand Geometry from Electric Field Measurements. In: *IBM Systems Journal* 35 (1996), Nr. 3, S. 587–608

[132] STREITZ, Norbert A. ; GEISSLER, Jörg ; HOLMER, Torsten ; KONOMI, Shin'ichi ; MÜLLER-TOMFELDE, Christian ; REISCHL, Wolfgang ; REXROTH, Petra ; SEITZ, Peter ; STEINMETZ, Ralf: i-LAND: An Interactive Landscape for Creativity and Innovation. In: *Proceedings of the SIGCHI conference on Human factors in computing systems: the CHI is the limit*, 1999, S. 120–127

[133] SYNERGY: *Webseite Synergy*. `http://synergy-foss.org/`, Abruf: 08.01.2011

[134] THRUN, Sebastian ; BURGARD, Wolfram ; FOX, Dieter: *Probabilistic robotics*. MIT Press, 2006 (Intelligent robotics and autonomous agents)

[135] TOBII: *Webseite Tobii Technology*. `http://www.tobii.com/`, Abruf: 10.03.2011

[136] UEDA, Etsuko ; MATSUMOTO, Yoshio ; IMAI, Masakazu ; OGASAWARA, Tsukasa: Hand Pose Estimation for Vision-Based Human Interface. In: *Proceedings of 10th IEEE International Workshop on Robot and Human Interactive Communication*. 2001, S. 473–478

[137] ULLMER, Brygg ; ISHII, Hiroshi: The metaDESK: Models and Prototypes for Tangible User Interfaces. In: *Proceedings of the 10th annual ACM Symposium on User Interface Software and Technology*, 1997

[138] WACOM: *Webseite Wacom.* http://www.wacom.com, Abruf: 09.03.2011

[139] WARE, Colin ; BALAKRISHNAN, Ravin: Reaching for Objects in VR Displays: Lag and Frame Rate. In: *ACM Transactions on Computer-Human Interaction* 1 (1994), Nr. 4, S. 331–356

[140] WICKENS, Christopher D. ; GOH, Juliana ; HELLEBERG, John ; HORREY, William J. ; TALLEUR, Donald A.: Attentional Models of Multitask Pilot Performance Using Advanced Display Technology. In: *Human Factors* 45 (2003), Nr. 3, S. 360–380

[141] WICKENS, Christopher D. ; HOLLANDS, Justin G.: *Engineering Psychology and Human Performance.* 3. Prentice-Hall, 2000

[142] WICKENS, Christopher D. ; MCCARLEY, Jason S.: *Applied Attention Theory.* CRC Press, 2008

[143] WICKENS, Christopher D. ; MCCARLEY, Jason S. ; ALEXANDER, Amy L. ; THOMAS, Lisa C. ; AMBINDER, Michael ; ZHENG, Sam: Attention-Situation Awareness (A-SA) Model of Pilot Error. In: FOYLE, David C. (Hrsg.): *Human performance modeling in aviation.* CRC Press/Taylor & Francis, 2008

[144] WILSON, Andrew ; GUIMBRETIÈRE, François ; HILLIGES, Otmar ; IZADI, Shahram ; WILSON, Andrew D. ; HODGES, Steve ; GARCIA-MENDOZA, Armando ; BUTZ, Andreas: Interactions in the Air: Adding Further Depth to Interactive Tabletops. In: *Proceedings of the 22nd annual ACM symposium on User interface software and technology*, 2009, S. 139–148

[145] WILSON, Andrew D. ; BENKO, Hrvoje: Combining Multiple Depth Cameras and Projectors for Interactions On, Above and Between Surfaces. In: *Proceedings of the 23nd annual ACM symposium on User interface software and technology*, 2010, S. 273–282

[146] WILSON, Andrew D. ; SARIN, Raman: BlueTable: Connecting Wireless Mobile Devices on Interactive Surfaces Using Vision-Based Handshaking. In: *Proceedings of Graphics Interface*, 2007, S. 119–125

[147] WIXON, Dennis ; MYERS, Brad A. ; BHATNAGAR, Rishi ; NICHOLS, Jeffrey ; PECK, Choon H. ; KONG, Dave ; MILLER, Robert ; LONG, A. C.: Interacting at a Distance: Measuring the Performance of Laser Pointers and Other Devices. In: *Conference on Human factors in computing systems*, 2002, S. 33–40

[148] YARBUS, Alfred L.: *Eye Movements and Vision.* Plenum Press, 1967

[149] YOO, ByungIn ; HAN, Jae-Joon ; CHOI, Changkyu ; YI, Kwonju ; SUH, Sungjoo ; PARK, Dusik ; KIM, Changyeong: 3D User Interface Combining Gaze and Hand Gestures for Large-Scale Display. In: *Proceedings of the 28th of the international conference extended abstracts on Human factors in computing systems*, 2010, S. 3709–3714

[150] YOUNG, Laurence R. ; SHEENA, David: Survey of Eye Movement Recording Methods. In: *Behavior Research Methods and Instrumentation* 7 (1975), Nr. 5, S. 397–429

[151] ZHAI, Shumin ; MORIMOTO, Carlos ; IHDE, Steven: Manual and Gaze Input Cascaded (MAGIC) Pointing. In: *Proceedings of the SIGCHI conference on Human factors in computing systems: the CHI is the limit*, 1999, S. 246–253

[152] ZHANG, Yun ; FU, Hong ; LIANG, Zhen ; CHI, Zheru ; FENG, Dagan: Eye Movement as an Interaction Mechanism for Relevance Feedback in a Content-Based Image Retrieval System. In: *Proceedings of the 2010 Symposium on Eye-Tracking Research and Applications*, 2010, S. 37–40

[153] ZIOLA, Ryder ; GRAMPUROHIT, Shweta ; LANDES, Nate ; FOGARTY, James ; HARRISON, Beverly ; INTEL LABS SEATTLE (Hrsg.): *OASIS: Examining a Framework for Interacting with General-Purpose Object Recognition.* 2010 (Technischer Bericht)

[154] ZOBL, Martin ; NIESCHULZ, Ralf ; GEIGER, Michael ; LANG, Manfred ; RIGOLL, Gerhard: Gesture Components for Natural Interaction with In-Car

Devices. In: *Gesture-Based Communication in Human-Computer Interaction* Bd. 2915. Springer Berlin / Heidelberg, 2004, S. 367–368

Eigene Veröffentlichungen

[155] BADER, Thomas: Videobasierte Handgestenerkennung: Anforderungen und Umsetzung für die Interaktion an horizontalen Anzeigen. In: *tm - Technisches Messen* 75 (2008), Nr. 7-8, S. 429–436

[156] BADER, Thomas: A Framework for Analyzing Natural Gaze Behavior in Dynamic Environments. In: BEYERER, Jürgen (Hrsg.) ; HUBER, Marco (Hrsg.): *Proceedings of the 2009 Joint Workshop of Fraunhofer IOSB and Institute for Anthropomatics, Vision and Fusion Laboratory.* KIT Scientific Publishing, 2009, S. 79–94

[157] BADER, Thomas: Natural Gaze Behavior During Human-Computer Interaction under Varying Mental Models. In: BEYERER, Jürgen (Hrsg.) ; HUBER, Marco (Hrsg.): *Proceedings of the 2010 Joint Workshop of Fraunhofer IOSB and Institute for Anthropomatics, Vision and Fusion Laboratory* Bd. 7. KIT Scientific Publishing, 2010, S. 121–133

[158] BADER, Thomas ; BEYERER, Jürgen: Putting Gaze into Context: A Framework for Analyzing Gaze Behavior in Interactive and Dynamic Environments. In: *IUI Workshop on Eye Gaze in Intelligent Human Machine Interaction*, 2010

[159] BADER, Thomas ; BEYERER, Jürgen: Influence of user's mental model on natural gaze behavior during human-computer interaction. In: *Workshop on Eye Gaze in Intelligent Human Machine Interaction*, 2011

[160] BADER, Thomas ; ECK, Ralf: Echtzeitfähige videobasierte Handgestenerkennung für die Interaktion mit tischartigen Anzeigen. In: PUENTE LEÓN,

Fernando (Hrsg.) ; HEIZMANN, Michael (Hrsg.): *Bildverarbeitung in der Mess- und Automatisierungstechnik, VDI-Berichte Nr. 1981*, 2007, S. 91–100

[161] BADER, Thomas ; HECK, Astrid: Lift-and-Drop: Lückenlose Interaktion über Displaygrenzen hinweg. In: ZIEGLER, Jürgen (Hrsg.) ; SCHMIDT, Albrecht (Hrsg.): *Mensch und Computer 2010*, 2010, S. 17–26

[162] BADER, Thomas ; HECK, Astrid ; BEYERER, Jürgen: Lift-and-Drop: Crossing Boundaries in a Multi-Display Environment by Airlift. In: *Proceedings of the Working Conference on Advanced Visual Interfaces*, 2010, S. 139–146

[163] BADER, Thomas ; KLAUS, Edmund: Blickverhalten bei gestenbasierter Interaktion an großflächigen Anzeigen. In: GRANDT, Morten (Hrsg.) ; BAUCH, Anna (Hrsg.): *Beiträge der Ergonomie zur Mensch-System-Integration, DGLR-Bericht 2008-04*, 2008, S. 107–119

[164] BADER, Thomas ; MEISSNER, Andreas ; TSCHERNEY, Rolf: Digital Map Table with Fovea-Tablett®: Smart Furniture for Emergency Operation Centers. In: FIEDRICH, Frank (Hrsg.) ; WALLE, Bartel van d. (Hrsg.): *Proceedings of the 5th International Conference on Information Systems for Crisis Response and Management*, 2008, S. 679–688

[165] BADER, Thomas ; RÄPPLE, René ; BEYERER, Jürgen: Fast Invariant Contour-Based Classification of Hand Symbols for HCI. In: JIANG, Xiaoyi (Hrsg.) ; PETKOV, Nicolai (Hrsg.): *Computer Analysis of Images and Patterns* Bd. 5702. Springer Berlin / Heidelberg, 2009, S. 689–696

[166] BADER, Thomas ; VOGELGESANG, Matthias ; KLAUS, Edmund: Multimodal Integration of Natural Gaze Behavior for Intention Recognition During Object Manipulation. In: *Proceedings of the International conference on Multimodal Interfaces*, 2009, S. 199–206

[167] MAIER, Sebastian ; BADER, Thomas: Neue Interaktionstechniken auf Grundlage videobasierter Handgestenerkennung für eine Multi-Display-Umgebung. In: *Innovative Interaktionstechnologien für Mensch-Maschine-Schnittstellen: 52. Fachausschusssitzung Anthropotechnik*. Deutsche Gesellschaft für Luft- und Raumfahrt e.V. (DGLR), 2010, S. 87–100

[168] PEINSIPP-BYMA, Elisabeth ; ECK, Ralf ; BADER, Thomas ; GEISLER, Jürgen: Teamarbeit am Digitalen Lagetisch mit Fovea-Tablett. In: *MMI-interaktiv* (2007), Nr. 12, S. 36–42

[169] SCHLEIPEN, Miriam ; BADER, Thomas: A Concept for Interactive Assistant Systems for Multi-User Engineering Based on AutomationML. In: *Proceedings of CAPE Conference*, 2010

Betreute studentische Arbeiten

[170] ACHENBACH, Dirk: *Untersuchungen zum Einfluss mentaler Modellbildung auf das menschliche Blickverhalten*, Universität Karlsruhe (TH), Studienarbeit, 2009

[171] FENGLER, Tim: *Evaluierung und Gestaltung von blickbasierten Interaktionstechniken für eine Multi-Display-Umgebung*, Hochschule Karlsruhe, Bachelorarbeit, 2011

[172] HECK, Astrid: *Untersuchung von Interaktionstechniken für eine Multidisplay-Umgebung*, Karlsruher Institut für Technologie, Diplomarbeit, 2009

[173] KLAUS, Edmund: *Intentionserkennung aus Blickdaten bei Handgestenbasierter Interaktion*, Hochschule Heilbronn, Diplomarbeit, 2008

[174] MAIER, Sebastian: *Displayübergreifende Interaktion mit räumlichen GIS-Daten*, Hochschule Karlsruhe, Bachelorarbeit, 2008

[175] MAIER, Sebastian: *Neue Interaktionstechniken auf Grundlage von videobasierter Handgestenerkennung für eine Multi-Display Umgebung*, Hochschule Karlsruhe, Masterarbeit, 2010

[176] RÄPPLE, René: *Integration von Kontextwissen bei der videobasierten Handgestenerkennung*, Universität Karlsruhe (TH), Diplomarbeit, 2008

[177] SCHUSTER, Thomas: *Einsatz des Digitalen Lagetisches bei Organisationen mit Sicherheitsaufgaben*, Fachhochschule für Verwaltung und Dienstleistung, Bachelorarbeit, 2009

[178] SKRENKOVIC, Ana S.: *Untersuchung der Gebrauchstauglichkeit neuer Interaktionstechniken für eine Multi-Display Umgebung*, Hochschule Karlsruhe, Bachelor Thesis, 2011

[179] STUMM, Sebastian: *Framework für die interaktive Konfiguration eines GIS-basierten Multi-Display-Systems*, Hochschule Karlsruhe, Diplomarbeit, 2008

[180] VOGELGESANG, Matthias: *Ein probabilistischer Modellierungsansatz für die blickgestützte Intentionsschätzung*, Universität Karlsruhe (TH), Studienarbeit, 2008

Karlsruher Schriftenreihe zur Anthropomatik
(ISSN 1863-6489)

Herausgeber: Prof. Dr.-Ing. Jürgen Beyerer

Die Bände sind unter www.ksp.kit.edu als PDF frei verfügbar oder
als Druckausgabe bestellbar.

Band 9   Thomas Bader
          Multimodale Interaktion in Multi-Display-Umgebungen. 2011
          ISBN 3-86644-760-8